"一带一路"会计基础设施研究系列丛书

科技发展、区域合作与
会计基础设施建设

李扣庆　白容　刘明华　魏代森　付建华　陈虎／编著

立信会计 出版社
LIXIN ACCOUNTING PUBLISHING HOUSE

图书在版编目（CIP）数据

科技发展、区域合作与会计基础设施建设 / 李扣庆
等编著. —上海：立信会计出版社，2021.12
（"一带一路"会计基础设施研究系列丛书）
ISBN 978 - 7 - 5429 - 6969 - 9

Ⅰ.①科… Ⅱ.①李… Ⅲ.①"一带一路"—企业会
计—研究 Ⅳ.①F275.2-39

中国版本图书馆 CIP 数据核字（2021）第 254074 号

策划编辑 张巧玲
责任编辑 方士华

科技发展、区域合作与会计基础设施建设
KEJI FAZHAN QUYU HEZUO YU KUAIJI JICHU SHESHI JIANSHE

出版发行	立信会计出版社			
地 址	上海市中山西路 2230 号		邮政编码	200235
电 话	(021)64411389		传 真	(021)64411325
网 址	www.lixinaph.com		电子邮箱	lixinaph2019@126.com
网上书店	http://lixin.jd.com			http://lxkjcbs.tmall.com
经 销	各地新华书店			

印 刷	上海天地海设计印刷有限公司			
开 本	710 毫米×1000 毫米	1/16		
印 张	22		插 页	1
字 数	339 千字			
版 次	2021 年 12 月第 1 版			
印 次	2021 年 12 月第 1 次			
书 号	ISBN 978 - 7 - 5429 - 6969 - 9/F			
定 价	89.00 元			

"一带一路"会计基础设施研究系列丛书

编　委　会

　　2019 年 4 月，国家主席习近平在第二届"一带一路"国际合作高峰论坛上提出，要顺应第四次工业革命发展趋势，共同把握数字化、网络化、智能化发展机遇，共同探索新技术、新业态、新模式，探寻新的增长动能和发展路径，建设数字丝绸之路、创新丝绸之路，继续实施共建"一带一路"科技创新行动计划。鉴于科技发展对完善会计基础设施，进而推动"一带一路"互联互通的重要性，2019 年 7 月 10 日，上海国家会计学院联合中国会计学会、特许公认会计师公会（ACCA）、德勤中国、浪潮集团和用友网络主办了"科技发展与会计基础设施建设"高层研讨会。2020 年，新冠肺炎疫情席卷全球，世界经济遭遇前所未有的重创，加强区域经济合作成为各国携手抗击疫情冲击的关键选择。考虑到会计基础设施对助推区域经济合作的重要作用，2020 年 10 月，上海国家会计学院联合中亚区域经济合作学院、ACCA 和德勤中国举办了"会计基础设施助推区域经济合作"线上研讨会。同时，为深入推进区域经济合作，上海国家会计学院与 ACCA、中兴新云联合组建了课题组，对中亚国家会计基础设施进行了专题研究，现在呈献在大家面前的就是课题研究报告和两次研讨会的专家演讲文稿。

　　书稿分为上中下三篇，上篇聚焦于"科技发展与会计基础设施"专题，中篇聚焦于"中亚国家会计基础设施比较研究"专题，下篇聚焦于"会计基础设施助推区域经济合作"专题，我们希望此书能为所有有志于研究相关问题的朋友们提供有益的参考。"一带一路"是一项规模宏大、影响深远的重大工程，我们也衷心希望本书的出版能对"一带一路"建设中的科技发展、区域经济合作与会计相关问题的研究起到积极的推动作用，建设"一带一路"更为坚实的会计基础设施。

本书编辑组

2021 年 7 月 7 日

C 目录

ONTENTS

中篇　中亚国家会计基础设施比较研究

下篇　会计基础设施助推区域经济合作

英文缩略语注解

序号	缩略语	英文全称	中文含义
1	ACCA	The Association of Chartered Certified Accountants	特许公认会计师公会
2	AFC	Assessment of Fundamental Capability	基本能力评估
3	AFDI	Asia Pacific Finance and Development Institute	亚太财经与发展学院
4	AFRS for SSEs	Accounting and Financial Reporting Standards for Small Enterprises	小企业会计和财务报告法规
5	AI	Artificial Intelligence	人工智能
6	AISA	Afghanistan Investment Support Agency	阿富汗投资支持机构
7	AOSSG	Asian-Oceanian Standard-Setters Group	亚洲-大洋洲会计准则制定机构组织
8	APEC	Asia-Pacific Economic Cooperation	亚太经济合作组织
9	API	Application Programming Interface	应用程序编程接口
10	APP	Application	应用程序
11	AR	Augmented Reality	增强现实
12	ATBFD	Association of Teachers of Business and Finance Department	专业会计师组织——商业和财务学科教师协会
13	AWS	AWS Enterprise BPM Platform	业务流程管理开发平台
14	B/S	Browser/Server	计算机/服务器
15	BBC	British Broadcasting Corporation	英国广播公司
16	BDO	BDO China SHU LUN PAN Certified Public Accountings	立信会计师事务所
17	BI	Business Intelligence	商业智能

序号	缩略语	英文全称	中文含义
18	BOT	Build-Operate-Transfer	建设-拥有-移交模式
19	BP	Business Partner	业务伙伴
20	CAA	Association of Accountants and Auditors	会计师和审计师协会
21	CAAR	Committee of Audit of Azerbaijan Republic	阿塞拜疆共和国审计委员会
22	CAP	Certified Anti-Fraud Professional	国际注册反舞弊师
23	CAPA	Confederation of Asian and Pacific Accountants	亚太会计师联合会
24	CAREC	Central Asia Regional Economic Cooperation	中亚区域经济合作
25	CAS	China Accounting Standards	中国企业会计准则
26	CAT	Certified Accounting Technician	国际公认会计技师
27	CB	Consultative Board	协商委员会
28	CBU	Central Bank of Uzbekistan	乌兹别克斯坦中央银行
29	CEO	Chief Executive Officer	首席执行官
30	CFO	Chief Financial Officer	首席财务官
31	CHAUZ	Audit Committee of Uzbekistan	乌兹别克斯坦审计委员会
32	CIMA	The Chartered Institute of Management Accountants	英国特许管理会计师公会
33	CIPA	Certified Islamic Professional Accountant	注册伊斯兰专业会计师
34	CLLCLA	Corporations and Limited Liability Companies Law of Afghanistan	阿富汗公司和有限责任公司法
35	CLMon	Company Law of Mongolia	蒙古国公司法
36	CMEC	China Machinery Engineering Corporation	中国机械设备工程股份有限公司
37	CPEC	China-Pakistan Economic Corridor	中巴经济走廊

（续表）

序号	缩略语	英文全称	中文含义
38	CQ	Creative Quotient	创造力
39	CRM	Customer Relationship Management	客户关系管理
40	DaAB	Da Afghanistan Bank	阿富汗中央银行
41	DaABL	Da Afghanistan Bank Law	阿富汗中央银行法
42	DOS	Disk Operating System	磁盘操作系统
43	DQ	Digital Quotient	数字商数
44	ECC	Economic Coordination Committee	巴基斯坦经济协调委员会
45	EMBA	Executive Master of Business Administration	高级管理人员工商管理硕士
46	EMPAcc	Executive Master of Professional Accountancy	高级财会人员专业会计学硕士
47	EQ	Emotional Intelligence Quotient	情商
48	ERP	Enterprise Resource Planning	企业资源计划
49	ETL	Extract-Transform-Load	抽取-转换-加载模式
50	FAU	Federation of Accountants of Uzbekistan	乌兹别克斯坦会计师联合会
51	FDI	Foreign Direct Investment	外国直接投资
52	Full IFRS	Full International Financial Reporting Standards	全面国际财务报告准则
53	G20	Group of 20	二十国集团
54	GAIAA	Georgian Association of Independent Accountants and Auditors	格鲁吉亚独立会计师和审计师协会
55	Gartner	Gartner Group	高德纳咨询公司
56	GDP	Gross Domestic Product	国内生产总值
57	GEL	General Extension Language	通用扩展语言
58	GFAAFM	Georgian Federation of Auditors, Accountants and Financial Managers	格鲁吉亚审计师、会计师和财务经理联合会

序号	缩略语	英文全称	中文含义
59	GFPAA	Georgian Federation of Professional Accountants and Auditors	格鲁吉亚专业会计师和审计师联合会
60	GS Cloud	GS Cloud	浪潮大型企业数字化平台
61	HEC	Higher Education Commission（Pakistan）	巴基斯坦高等教育委员会
62	IAAA	Institute of Accountants and Auditors of Afghan	阿富汗会计师和审计师协会
63	IAAD	Institute of Accounting and Audit Development	会计和审计发展研究所
64	IaaS	Infrastructure-as-a-Service	基础设施即服务
65	IAS/IFRS	International Accounting Standards/ International Financial Reporting Standards	国际会计准则/国际财务报告准则
66	IASB	International Accounting Standards Board	国际会计准则理事会
67	IBM	International Business Machines Corporation	国际商业机器公司
68	IBOR	Inter Bank Offered Rate	银行间同业拆借利率
69	ICAEW	The Institute of Chartered Accountants in England and Wales	英格兰及威尔士特许会计师协会
70	ICAP	Institute of Chartered Accountant of Pakistan	巴基斯坦特许会计师协会
71	ICMAP	Institute of Certified Management Accountant of Pakistan	巴基斯坦成本和管理会计师协会
72	ICT	Information and Communications Technology	信息与通信技术
73	IDI	ICT Development Index	信息与通信技术发展指数
74	IE	Instituto de Empresa	西班牙 IE 商学院
75	IES	International Educational Standard	国际教育准则
76	IESBA	International Ethics Standards Board for Accountants	国际会计师道德标准委员会

（续表）

序号	缩略语	英文全称	中文含义
77	IFAC	International Federation of Accountants	国际会计师联合会
78	IFIAR	The International Forum of Independent Audit Regulators	国际独立审计监管机构论坛
79	IFRS	International Financial Reporting Standards	国际财务报告准则
80	IFRS for SMEs	International Financial Reporting Standards for Small and Medium Enterprises	中小企业国际财务报告标准
81	IFRS IC	International Financial Reporting Standards Interpretations Committee	国际财务报告准则解释委员会
82	IFRS Taxonomy	International Financial Reporting Standards of Taxonomy	国际财务报告准则分类标准
83	IMF	International Monetary Fund	国际货币基金组织
84	IPSAS	International Public Sector Accounting Standards	国际公共部门会计准则
85	IQ	Intelligence Quotient	智商
86	ISA	International Standards on Auditing	国际审计准则
87	ISAE	International Standards on Assurance Engagements	国际鉴证业务准则
88	ISRE	International Standards on Review Engagements	国际业务审查准则
89	ISRS	International Standards on Related Service	国际相关服务标准
90	IT	Information Technology	信息技术
91	LBA	Law of Banking in Afghanistan	阿富汗银行法
92	LGAAR	Law of Georgia on Accounting、Auditing、and Reporting	格鲁吉亚会计、审计和报告法
93	LGAF	Law of Georgia on Accounting and Financial Audit	格鲁吉亚会计和财务审计法
94	LGI	Law of Georgia on Insurance	格鲁吉亚保险法
95	LGIF	Law of Georgia on Investment Funds	格鲁吉亚投资基金法

（续表）

序号	缩略语	英文全称	中文含义
96	LGM0	Law of Georgia on Microfinance Organisations	格鲁吉亚小额信贷组织法
97	LGMon	Law on Government of Mongolia	蒙古国政府法
98	LGNDIU	Law of Georgia on Non-Bank Deposit Institutions-Credit Union	格鲁吉亚非银行存款机构法-信用社
99	LGNPIW	Law of Georgia on Non-State Pension Insurance and Welfare	非国家养老保险和福利法
100	LGSM	Law of Georgia on Securities Market	格鲁吉亚证券市场法
101	LMonA	Law of Mongolia on Accounting	蒙古国会计法
102	LMonL	Law of Mongolia on Licensing	商业活动许可法
103	LPTAFR	Law of the Republic of Tajikistan on Accounting and Financial Reporting	塔吉克斯坦会计和财务报告法
104	LRGE	Law of the Republic of Georgia on Entrepreneurs	格鲁吉亚企业家法
105	LTAFR	Law of Turkmenistan on Accounting and Financial Reporting	土库曼斯坦的会计和财务报告法
106	MonICPA	Mongolian Institute of Certified Public Accountants	蒙古国会计师协会
107	M-Pesa	M-Pesa	肯尼亚移动运营商Safaricom推出的手机银行业务
108	MSA	Multiple Subjects Assessment	多学科评估
109	NAAA UZ	National Accountants and Auditors Association of Uzbekistan	乌兹别克斯坦会计师和审计师协会
110	NAS	National Accounting Standard	国家会计准则
111	NBFI	Non-Bank Financial Institutions	非银行金融机构
112	NBK	National Bank of Kazakhstan	哈萨克斯坦中央银行
113	NC-ERP	Network Computer-Enterprise Resource Planning	集团应用信息化管理

（续表）

序号	缩略语	英文全称	中文含义
114	OCI	Oracle Call Interface	甲骨文公司调用接口
115	OCR	Optical Character Recognition	光学字符识别
116	OLG	Organic Law of Georgie	格鲁吉亚组织法
117	Oracle	Oracle	甲骨文股份有限公司
118	P2P	Peer to Peer Lending	互联网借贷平台
119	PaaS	Platform-as-a-Service	平台即服务
120	PC	Personal Computer	个人计算机
121	PFI	Private Finance Initiative	民间主动融资
122	PIPAART	International Professional Accountants and Auditors of the Republic of Tajikistan	塔吉克斯坦共和国公共专业会计师和审计师协会
123	PIPFA	Pakistan Institute of Public Finance Accountants	巴基斯坦公共财政会计师协会
124	PkR	Pakistan Rupee	巴基斯坦卢比
125	POA	Public Oversight Authority	公共监督局
126	PPP	Public-Private-Partnership	政府社会资本合作模式/公私合作伙伴关系
127	PS	Photoshop	图像处理软件
128	RAA	Republic of Azerbaijan Accounting Law	阿塞拜疆共和国会计法
129	RCEP	Regional Comprehensive Economic Partnership	区域全面经济伙伴关系协定
130	ROSC	Report on Observance of Standards and Codes	关于遵守标准和规范的报告
131	RPA	Robotic Process Automation	机器人流程自动化
132	SaaS	Software-as-a-Service	软件即服务
133	SAFA	SouthAsian Federation of Accountants	南亚会计师联合会

（续表）

序号	缩略语	英文全称	中文含义
134	SAP	System Applications and Products	企业管理解决方案
135	SARAS	Services of Accounting, Reporting and Audit Supervise	会计、报告和审计监督服务下属机构
136	SBP	Federation of Professional Accountants	巴基斯坦国家银行
137	SECP	The Securities and Exchange Commission of Pakistan	巴基斯坦证券交易委员会
138	SGK	The State Great Khural	国家大呼拉尔议会
139	SLFRS Education	Sri Lanka Financial Reporting Standards Education	斯里兰卡财务报告准则教育机构
140	SMO	Statements of Membership Obligations	会员义务公告
141	SOAT	Statements of Alternative Treatment	替代处理声明
142	SROs	Statutory Regulatory Orders	特别法令
143	SWIFT	Society for Worldwide Interbank Financial Telecommunications	环球银行金融电信协会
144	TEQ	Technical and Ethical Competencies	专业能力和道德水平
145	TLAA	The Law on Audit Activities	审计活动法
146	TLAFR	The Law on Accounting and Financial Reporting	哈萨克斯坦会计和财务报告法
147	UAA	Union of Accountants and Auditors	会计师和审计师联盟
148	VQ	Vision Quotient	远见
149	VR	Virtual Reality	虚拟现实
150	Web	World Wide Web	万维网
151	WTO	World Trade Organization	世界贸易组织
152	XBRL	eXtensible Business Reporting Language	可扩展商业报告语言
153	XQ	Experience Quotient	经验

上 篇

科技发展与会计基础设施建设

从财务共享服务到财务数字化

陈　虎

（中兴新云服务有限公司总裁）

　　本文主要介绍企业的全球化和会计的变革。中兴新云和 ACCA、上海国家会计学院合作完成了中亚国家会计基础设施比较研究。我分管过全球分支机构的财务业务，因而深刻地体会到中国企业在全球化过程中需要学习的东西还有很多。部分中国企业不熟悉国际法规，不熟悉全球不同国家和地区的准则、税收的规定、资金的流动，导致它们在全球化过程中举步维艰。但是中国的发展又需要有一大批国际化的企业，需要一大批中国企业走出去，助力实现中国梦，推动全球的进步。我们希望将中兴新云在国际化过程中的经验和教训，与上海国家会计学院、ACCA 一起传递给中国的企业。

　　本文的主题是"从财务共享服务到财务数字化"。1999 年，也就是 20 多年前，最热门的一个词是"互联网"。大家今天所知道的中国知名互联网公司大多数是在1999 年成立的：阿里是 1999 年成立的，腾讯是 1999 年成立的，携程也是 1999 年成立的。到今天 23 年过去了，如果再过 20 年，到 2039 年的时候，回过头来再看，"数字化"应该是我们最关注的词。技术与财务的演变过程如图 1 所示。

图 1　技术与财务的演变过程

图片来源：作者整理。

科技革命伴随着财务的演变。最初的财务计算工具是算盘，记录工具是账本，在我们学习会计的时候，财务是手工的。过去的 20 年，财务发生了巨大的变化，计算机的广泛应用产生了会计电算化，B/S（计算机/服务器）架构产生了 ERP，ERP 厂商倡导业务财务一体化，这极大且深刻地影响着财务信息的采集方式。第三次变革是财务云。2005 年，中兴通讯建立了中国企业第一家财务共享服务中心，2011 年将其命名为"财务云"。

一、财务云的命名

2010 年，内部讨论认为云计算是会计发展未来的趋势，云计算和财务结合会推动财务共享服务中心的发展。当今，全社会的计算能力都在"云"上。当时我们发现财务共享服务中心其实是企业内部财务计算能力的集合，非常符合云计算的特征——无时不在，无处不在，且随需取用。

你不知道它在哪里，由谁提供，但只要你提出服务请求，它就会实时响应，你可随时获取满足需求的财务服务。因此，2011 年我们将财务共享服务中心命名为"财务云"，寓意着财务能像水和电一样触手可得，为员工、供应商、客户等利益相关者提供 5A 式云服务，即任何时间（Anytime）、任何地点（Anywhere）、任何人（Anyone）都可以通过任何工具（Anydevice）获得任何财务服务（Anything）。2019 年，上海国家会计学院发布了"影响中国会计从业人员的十大信息技术"评选结果，结果显示财务云为十大信息技术中的第一名。

可以说，会计电算化推动财务从手工走向计算机技术，是从 0 到 1 的变化；ERP 使财务拓展到广泛的业务财务连接，是从 1 到 N。而财务云，即财务共享服务的出现，使财务又重新聚合成一个平台，是从 N 到一。

在数字化浪潮下，未来我们可以看到万物互联的世界，可以看到大数据，可以看到在网络边缘计算和网络切片，可以看到 AR 和 VR 走入我们的生活和工作，可以看到工业 4.0 对工业制造带来的巨大变化，在财务领域还可以看到基于 RPA 财务机器人和人工智能给财务带来的巨大变化，这些都是科技给企业已经带来的或即将带来的无穷的想象。

二、财务未来去向何处

本文认为财务会经过四个步骤的演化迈向未来。

财务有两大能力：第一，它必须得拥有计算能力，从算盘——曾经最先进的计算工具开始，到计算机，到服务器，到云计算中心，再到万物互联的计算能力。你感受不到计算，但其实计算无处不在，这个计算能力是财务所拥有的。第二，财务要拥有自己的模型和算法。这两大能力是财务所拥有的财富。

在手工时代，企业把时间凝结在纸上，财务仅仅是简单的记录仪，产生"小数据"。歌德说，复式记账法是伟大的艺术，因为它把纷纭复杂的经济业务，通过会计科目，通过"有借必有贷，借贷必相等"，压缩到凭证中，压缩到明细账中，再压缩到总账中，最终产生会计报表。所以，它是

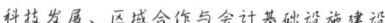

精美的平衡，可以把所有复杂业务、所有企业拉到同一水平线上进行比较。那个时代的会计拥有最先进的计算工具，拥有最精准的模型和算法。

财务的转型，第一步必须完成自身的工业化革命，分散的财务、封闭的财务和手工计算的财务不能满足企业规模化、国际化、多元化的发展。中兴通讯在2005年建立了财务共享服务中心，财务共享服务将成为中国企业的标配。2008年我们写了《财务共享服务》一书，曾经做了一个预言：未来的企业一定是财务共享服务的天下。本文将这句话修正一下：未来的大型企业一定是财务共享服务的天下。因为我们发现财务共享服务在百亿元以上的企业、在多元化和国际化的企业、在增长达到一定速度的企业中是一个非常重要的工具和方法，它可以促进财务的转型。

三、财务共享服务是什么

财务共享服务就是财务的工业化革命，财务共享服务就是专业化、标准化、流程化和信息化。这"四化"在财务领域的落地和结合本质是财务的工业化革命。

但是，财务共享服务不仅仅是为了建立一个共享服务中心，它利用共享服务中心的计算能力来解放财务，来赋能企业整体的数据利用能力，所以它的目标之一是实现财务的组织架构转型。2006年，中兴通讯的财务组织被称为战略财务、业务财务和共享服务中心三者互为支撑的财经管理体系。这种称呼已成为中国企业财务部门的通用语言。

财务共享服务是企业财务的第一步变化。如果企业没有财务共享服务中心，很难聚集起强大的计算能力；如果企业没有财务的工业化革命，很难确保产品质量。财务的产品是什么？财务的产品是从经营活动中采集的数据、加工的数据以及提供的信息。

工业化革命完成后，财务人员面临的挑战更大了。当你发现一件事情可以专业化、标准化、流程化和信息化以后，人类却最有可能被自动化取代。2019年3月，我们出版了《财务机器人》一书，财务机器人实际上是机器人流程自动化（RPA）在财务领域的应用（图2）。财务机器人没有那么神化，但是它对财务会计带来了巨大的帮助。分散的财务是不会产生规模效应的，而建立共享服务中心会产生规模效应。在重复业务量大、规则明确的情况下，当有多个异构系统，但对方不向你开放接口时，财务机器人就会产生巨大的作用。在财务日常工作中，财务有三种操作方法：第一种，人工处理，即让员工手工操作，不停点击各个系统、录入各种数据；第二种，完全自动化，使用应用程序编程接口（API），实现不同系统之间的连接；第三种，人工和全自动化之间的半自动化，这种半自动化介于这两者之间，指的是财务机器人，用自动化的程序执行数量较大的人工操作。这样可以极大地减轻财务人员的工作量，可以很好地提高财务的工作效率。这是财务经历的第二步变化。

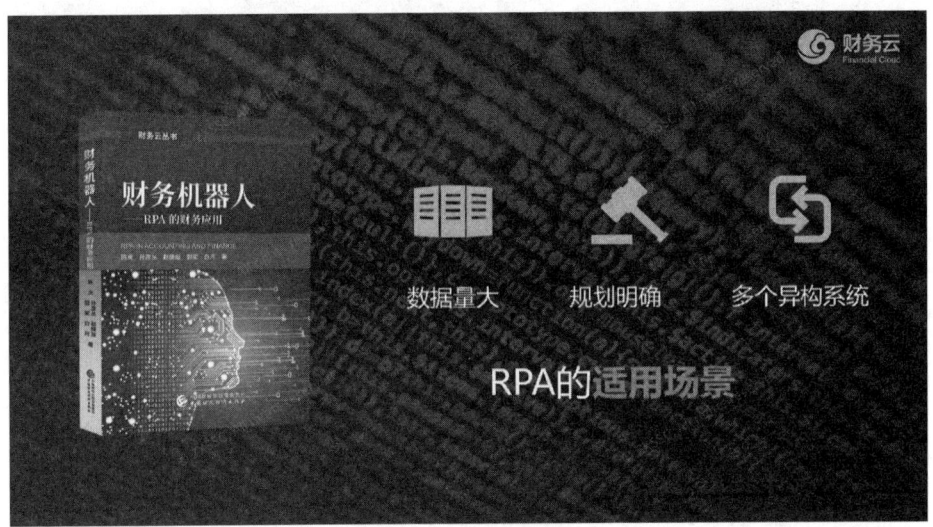

图 2　RPA 的适用场景

图片来源：作者整理。

　　财务的第三步变化是人工智能在财务领域中的应用（图 3）。财务在具体操作过程中，受制于自己的采集能力，采集了大量的"小数据"。当业务部门交给你一份单据的时候，当 ERP 系统向你传输一个数据的时候，你所记录的仅仅是会计科目以及会计科目维度上的数据信息，大量数据都被丢弃了。人工智能——机器人视觉可以帮你解决这个问题，可以替代人工操作和人眼识别，进行大量数据采集、机器学习和文本挖掘，可以通过学习来完成智能的判断。现在大量审核方面的工作都是由财务人员在判断、审核、录入，未来这些工作都将被人工智能所取代。

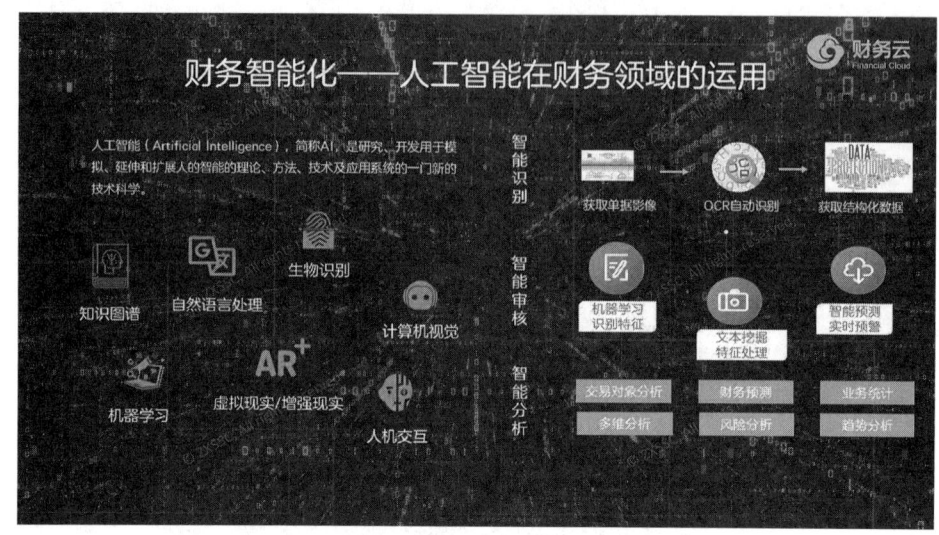

图3 人工智能在财务领域的运用

图片来源：作者整理。

自动化和智能化给财务人员带来巨大的挑战。这个挑战有两个方面：一方面是基础财务人员会被大量替代。中国财务人员比例很高，财政部统计有2 000多万名持证会计人员，现在各地财政局在统计的会计从业人数应该不会低于2 000万人，这在中国适龄劳动人口中占2%～3%的比重，也就是说，每100人中有两三个人是财务人员。另一方面是企业对财务人员的要求会提高。财务人员不再仅仅是懂会计就可以了，他需要为企业经营和管理过程提供支撑，因为大部分基础工作会被替代。财务人员要懂会计、懂财务、懂企业经营、懂管理过程，最重要的一点是要懂信息技术，懂得怎样利用信息技术帮助进行数据采集和数据加工。

完成这三步变化，实现工业化、自动化和智能化之后，2019年是第四步财务数字化的元年。财务部门的数据现在像冰山一样，只有10%的数据在财务部门，90%的数据都被财务部门遗忘了，它沉睡在企业经营和管理过程中，沉睡在企业内外部的交易过程中（图4）。

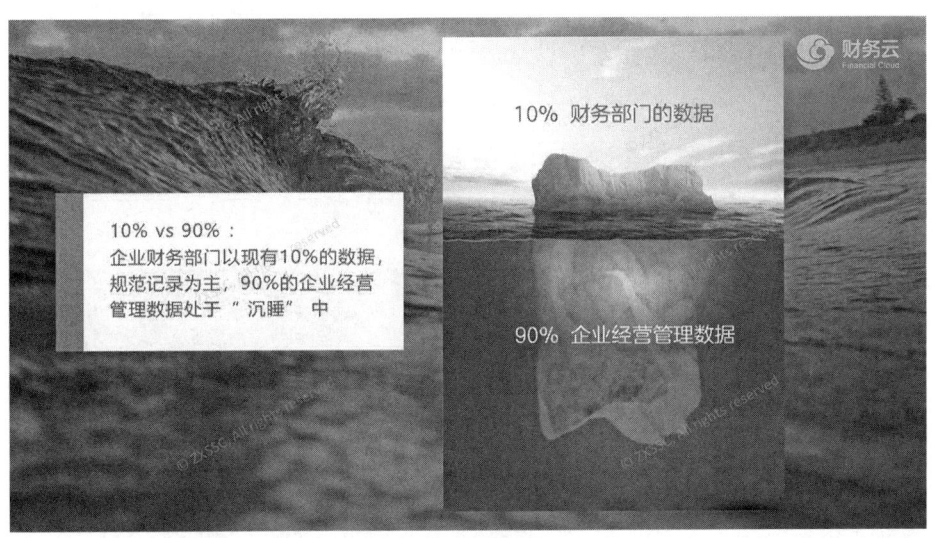

图4　企业数据的分布

图片来源：作者整理。

举个例子，如果你问财务部门差旅费用有多少，财务会告诉你。如果你问财务部门机票和酒店费用各有多少，财务会统计了告诉你。如果你问财务部门每个航空公司出票数量各有多少，航线行程中，上海到深圳的有多少，上海到北京的有多少，平均机票价格折扣有多少……往下追问一层，财务部门就不愿意再回答了。其实这些数据企业都有，但是财务没有采集。如果你问财务部门销售收入多少、同比多少、环比多少，财务会很高兴告诉你。如果你问销售收入中，产品分布、区域分布、客户比重、项目情况、部门情况以及每个销售人员带来多少收入，财务愿意统计一下告诉你。如果你问销售收入主要来源于哪些客户、这些客户规模和分布如何、行业排名如何、市值多少、互相之间的关系是什么、跟客户交易频次是多少、交易金额有没有变化、符合什么样的分布状态，财务部门应该不会再回答你了。

人工智能是计算机和统计学的结合。在传统会计中，对企业经济事项的统计学分析是简单的统计分析，统计学有大量方法没有应用到财务过程中。在计算机的支持下，财务和统计学的结合会产生财务数字化。企业要唤醒企业经营过程中 90% 的冰山以下的数据，让财务部门在企业经营中发挥更加重要的作用，以建立财务和业务的广泛连接，实现企业数字化赋能（图 5）。企业再也不会有像财务部门这样一个部门，而是拿出 2%～3% 的人员专门采集数据、加工数据和提供数据。企业财务部门如果不能实现向数据中心的转变，就会在企业中被边缘化、被淘汰。

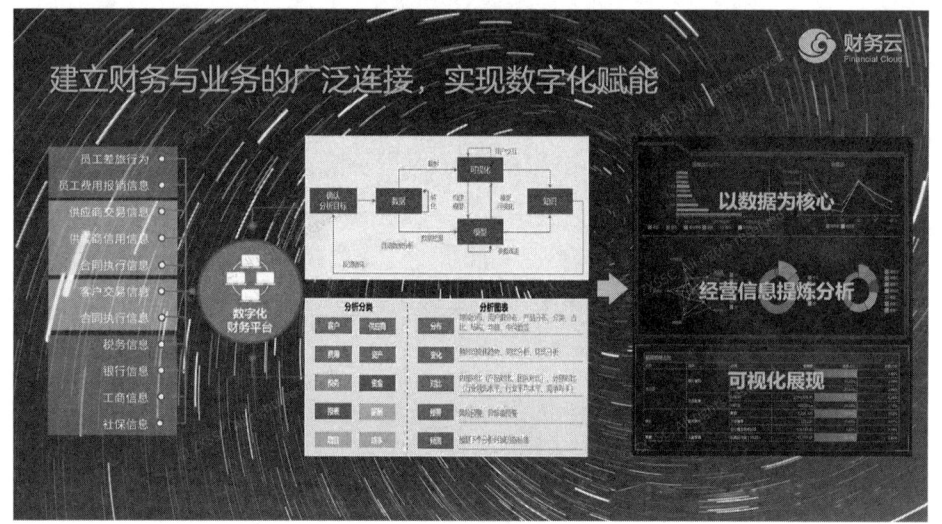

图 5　数字化赋能

图片来源：作者整理。

曾经，财务部门拥有企业的全部数据，计算机和通信技术的发明带来的第三次工业革命产生了企业信息系统，极大地降低了传统财务部门的作用。在第四次工业革命到来之前，我们应该认识到这个差距。因此，财务不仅应该把企业经营过程中量化、金额化的信息，而且应该把企业行为信息和交易信息，通过数据采集平台采集起来，把数据通过模型转化成信息，转化成知识，把数据可视化地呈现给企业各级经营管理者和企业利益相关者。企业利益相关者包含投资者、债权人、员工、供应商、客户、政府和媒体，这些都是企业财务部门重要的客户。财务要用数字化可视化的方式去展示企业的经营成果和管理过程。

中兴新云帮助不少企业推动财务向经营转型。财务部门不仅仅要知道"我情"——自己的状况，还要知道企业现在的经营情况，还要帮助企业对过去的信息进行总结、建立模型，对未来的情况进行预测、判断。这是财务部门对"我情"的了解，所以财务部门要从"倒后镜"转变成"仪表盘""导航仪"。财务部门还得知道"客情"——客户情况（广义的客户），即知道所有相关者的信息，包含客户、供应商。同时，供应商某种程度上也是你的客户。财务部门还得知道"竞情"——竞争对手的情况，知道"国情"——国家宏观经济形势和全球经济变化，这样才能真正帮助企业把数据变成信息，使信息转化成知识、凝结成智慧，帮助企业产生利润和现金流。著名的统计学家戴明说过这样一句话——除了上帝，所有人都必须用数据说话。财务部门在企业中拥有巨大的优势，数据在企业管理的过程中，在社会经济生活中，就是权力，就是垄断。

未来的财务是数字化的，会大幅减少对人力的需求，就像飞机技术进步过程中对人员需求的变化。飞机刚面世时，机舱有5个人，2个飞行员、1个导航员、1个通讯员和1个机械师；随着飞机稳定性的提高，机械师走下了飞机；随着通信设备的发展，通讯员走下了飞机；随着自动导航设备的发明，导航员走下了飞机。企业未来也是一样，财务部门要建立全自动化的导航设备，用数据来帮助企业经营，让企业能够用数据去管理，用数据去决策，用数据去创新，这才是财务部门真正的价值所在。

全球化对企业提出了极高的要求，企业在国内做生意，就像在长江、黄河行船一样，会遇到非常多的艰难险阻，但都是可以预见的。在国际化的过程中，企业像在大海里行船一样，有很多的困难，是你不能预测和无法想象的。中国企业在国际化的进程中一定会越走越远，财务部门在这个过程中应该更多地帮助企业了解国际规则，同时，利用科技手段实现财务部门的升级改造，把财务部门从简单的信息化转化为工业化——财务共享服务，在工业化的基础上实现自动化和智能化。未来20年，财务是数字化的，就像1999年说互联网扑面而来，财务应该拥抱互联网一样；就像2005年说财务共享服务是财务的未来一样，今天可以说，未来财务一定是数字化的。

科技助力会计信息"互联互通"

付建华

（用友网络科技股份有限公司副总裁）

　　"一带一路"倡议是习近平主席在 2013 年提出的一个伟大畅想，自"一带一路"倡议提出后，在近些年的历程中，社会各界在"一带一路"方面的研究和实践丰富且深入。同样，在财政部的引领和指导下，我国的会计政策制定部门、会计研究领域、会计教育领域、会计及信息化实践领域，对"会计基础设施助推'一带一路'"的相关问题也开展了丰富的研究、探索、讨论和实践。我本人对"一带一路"的关注和研究更多的也是近几年在上海国家会计学院的带动之下逐渐开展的。

　　由于我长期从事管理软件及云服务行业，始终在"会计及财务管理数字化"领域开展研究、进行管理实践、开展 IT 落地实践工作，因此，我对"一带一路"倡议与会计基础设施、会计及相关服务方面的关注和研究以及实践参与，均是从科技发展、数字化手段如何支撑"一带一路"企业有效开展会计核算及财务管理，以及科技如何助力"一带一路"倡议下的沿线国家建设会计基础设施,这两个大的方面开展。

本文的主题为"科技助力会计信息'互联互通'",本文的观点及一些实践经验总结均着眼于这一主题。

"一带一路"倡议的推行,涉及宏观、微观层面的多方面规划、举措和行动。其中,在微观层面,企业必定会成为"一带一路"倡议落地的重要载体;在宏观层面,众多政策、法规、措施,以及公共服务组织、第三方服务组织所需要提供的服务,均应围绕"一带一路"沿线的国际化企业不断创新。为这些国际化企业提供卓越的数字化设施、数字化工具、数字化服务,解决"一带一路"沿线企业在经营管理过程中的会计信息互通、会计管理规范化、风险控制、各项财务管理工作有效开展、管理决策准确及时等问题,是数字联通"一带一路"的重要工作。通过近几年在会计及财务数字化领域为一些"一带一路"沿线的企业提供服务的实践和观察思考,我总结了一些"走出去"企业会计数字化问题的解决方案和最佳实践,下文将详细阐述。

在探讨"走出去"企业会计数字化问题的解决方案和最佳实践之前,我们先提出问题:在国际化过程中,这些企业究竟面临着怎样的会计及财务管理难题和挑战?结合经历的项目,我把"一带一路"沿线的企业在开展国际化经营初期面临的会计及财务管控问题总结为以下三类:

第一类,集团公司总部如何及时有效地获取分布在全球各地的分支机构的会计信息,并实时开展信息查询、汇总、合并,同时保证这些会计信息处理的规范性、标准化、可靠性和可比性。

第二类,以工程建设为主业的企业及服务型企业,所有的工程项目收支或者经营收支,如何做到快捷处理入账、风险实时管控、成本有效控制、信息实时获取。

第三类,跨国公司如何通过共享服务模式解决境外分支机构实现会计核算的准确性、及时性、标准化及实现低成本、高效率的问题。

在实践领域,这三个方面的管控难题都已经通过数字化工具和手段的支撑，得以良好解决并形成了一些最佳实践。下面我们共同探讨两个最佳实践。

一、最佳实践1：全球一本账

对前述提及的第一个管控难题进行详细剖析可以了解到，跨国经营企业在合规、准确、有效完成会计核算及信息互通方面遇到了一系列的挑战：

（1）不同国家有不同的会计准则、税收法规、核算币种以及语言的要求，国际化企业的各境外经营机构需要按照不同国家的准则、法规、币种、语言等进行会计记录及报告；同时，也需要满足集团企业总部开展会计监督、进行会计信息汇总、合并及报告的要求。

（2）跨国经营企业，其组织分布在"一带一路"沿线国家或者全球，总部与各机构之间地域遥远，如何确保总部能够实时掌握各经营机构的经营成果和财务状况，实时开展财务监督和有效决策。

过去若干年，伴随着信息技术的发展，网络通信条件的不断改善，IT厂商已经为这些企业的上述要求提供了一套适合的数字化解决方案。例如，用友公司在其高端管理软件产品 NC 套件中，为国际化企业提供了"全球一本账"解决方案。其核心产品和技术表现为以下几个特征：

（1）基于 B/S 架构的 ERP 套件，满足企业核心数据和软件应用部署在集团总部服务器端，全球所有分支机构均可通过浏览器远程使用该系统进行业务处理、会计核算及报告加工等。数据直接存储在总部。

（2）NC-ERP 套件中提供了"多账簿"核算功能：即可以满足跨国集团的不同经营机构按照不同的准则、法规、币种和语言分别设立各自的核算账簿，日常开展会计核算；同时，系统能够自动地完成境外机构核算记录向集团总部要求的母国核算记录的自动转换，自动完成率可以达到80%以上。

这一软件产品的创新以及技术方案的提出，已经在众多国际化企业中实现了管理落地。

国家开发银行（下文简称国开行）是服务于"一带一路"倡议和国家大计的开发性金融机构。国开行成立于 1994 年，是直属中国国务院领导的政策性金融机构；其于 2008 年 12 月改制为国家开发银行股份有限公司。2005 年 3 月，国务院明确将国开行定位为开发性金融机构。国开行是全球最大的开发性金融机构，目前在中国内地设有 37 家一级分行和 3 家二级分行，境外设有中国香港分行和开罗、莫斯科、里约热内卢、加拉加斯、伦敦、万象等 10 家代表处，旗下拥有国开金融、国开证券、国银租赁和中非基金等子公司。

国开行在国际化经营过程中，其境外机构面临集团及当地政府的双重监管，因此，国开行的境外机构会计核算，面临以下要求（图 1）：

（1）对内：依据集团会计核算准则和口径计量记录境外机构经济业务的会计数据，从而满足母国信息汇总合并及内部管理要求。

（2）对外：依据境外当地税务、准则要求开展会计记录和报告，满足当地政府监管要求。

现状	多准则	多币种	多语言	多汇率
中国香港分行 非法人机构 经营机构	同时核算并出具中国香港会计准则与中国准则会计报表	涉及货币主要为港币、人民币	中文 英语	共享系统依据自动抓取即期汇率进行折算
莫斯科代表处 非法人机构 非经营机构	手工依据集团会计要求进行记账，德勤协助出具俄罗斯准则报表	涉及货币主要为卢布、美元	俄语	手工依据即期汇率将卢布折算为美元报送总行
开罗代表处 非法人机构 非经营机构	手工依据集团会计要求进行记账，普华永道协助出具当地准则报表	涉及货币主要为埃磅、美元	阿拉伯语	手工依据即期汇率将埃磅折算为美元报送总行
里约代表处 （筹建）	手工依据集团会计要求进行记账，尚未形成代表处，尚未出具过当地准则报表	涉及货币主要为雷亚尔、美元	葡萄牙语	手工依据季末（月末）汇率将雷亚尔折算为美元报送总行

图 1 国开行境外机构会计核算要求

图片来源：作者依据国开行相关要求整理。

针对国开行提出的上述管理诉求，用友公司从 2008 年开始依托 NC-ERP 产品，持续为国开行提供相应的国际化会计核算及报告解决方案，构建了以下管理方案：

（1）全球所有的分行、代表处、子公司均基于互联网条件使用 NC 系

统进行会计核算及报告处理。

（2）NC 系统及数据库部署在国开行总行所在地，数据集中存储。

（3）在 NC 系统中为各境外代表处建立"双核算账簿"——按照各境外代表处所在地监管要求（图 2）的核算账簿以及中国会计准则下的核算账簿。

准则选用	为满足当地监管要求的核算与列报	为满足集团要求的核算与列报
中国香港	中国香港会计准则	中国会计准则
莫斯科	俄罗斯会计准则	
里约	巴西会计准则	
开罗	埃及会计准则	
委瑞内拉	墨西哥一般会计准则	

图 2　国开行境外机构的会计准则选用

图片来源：作者整理。

（4）财务人员先按照各国会计准则的要求，在属地核算账簿中开展日常记录记账工作；同时，由软件系统根据预置的规则，按集团会计准则的要求，自动完成中国会计准则账簿的折算转换工作，在不增加财务人员工作量的情况下，实现双账簿核算的目标。

这一技术和软件产品，为国开行在国际化经营过程中，较好地解决了国际化核算及报告的难题，同时满足了总行动态实时掌握全行财务信息的要求。

近几年，随着云计算技术的成熟和全球云计算设施的广泛布局和能力提升，用友的 NC-ERP 产品可以直接部署在云端，国际化企业可以借助云计算设施的存储和计算能力，来支撑其全球经营机构的交易处理、会计核算、数据分析等，更高效、更安全、更便捷。

二、最佳实践 2：境外智能报账平台＋智能核算服务平台

中国机械设备工程股份有限公司（CMEC）成立于 1978 年，以工程承包为核心业务，是以贸易、投资、研发以及国际服务为主体的工贸结合、技贸结合的大型国际化综合性企业集团。截至 2017 年年底，CMEC 营销

市场覆盖5大洲，拥有国内26家全资、控股子公司，及境外24家全资、控股子公司。2017年，CMEC实现营业收入236.82亿元，其中，国际工程收入占比57.2%，工程项目覆盖50多个国家和地区，是一家典型的以工程项目建设为主业的跨国公司。

对于一家工程项目遍布全球各地的集团企业来说，如何确保各地工程项目开支合理、合规、安全、透明、信息实时获取，如何及时收回工程款项并实时入账，这些都是摆在企业财务管理者面前的难题，而且这是一个管理难题，也是一个技术难题。

在没有良好的解决方案和数字化手段支撑之前，CMEC境外工程项目的各项收支管理方法和流程如下：发生各类工程项目开支事项时，境外员工手工填写各类报账单据，主管手工审批之后由出纳人员进行付款，付款后将所有单据及原始单据寄回国内，由国内财务人员记账，记账之后再与境外出纳进行对账。

由于缺乏信息化工具的支撑，上述管理方法和流程存在以下弊端：

（1）对于所有境外工程项目的开支，没有办法实现事前管控，让企业承担了巨大的财务风险及经营风险。

（2）手工处理上述各项开支，导致效率低下、员工等待周期长和付款不及时。

（3）所有原始单据寄回中国后才能入账，会计信息生成及获取严重滞后，无法有效开展会计监督。

（4）无论是预算事前控制、资金支付计划控制等均无法得以实现。

为解决上述管理问题，CMEC于2017年与用友公司合作，双方基于用友公司的新一代云产品——"友报账"产品和"用友云—财务服务"产品，共同构建了部署在云端的"CMEC智能报账平台＋智能核算服务平台"，这两款云产品均部署在中国的公有云端，供其全球的境外机构和项目部共享使用。同时，用友公司采用混合云解决方案，最终帮助CMEC将其境外机构的财务数据全部实时同步至集团总部的NC数据中心（这个数据中心是部署在CMEC集团总部服务器上的私有化数据中心），实现全集团财务信息完整汇总。这套部署方案如图3所示。

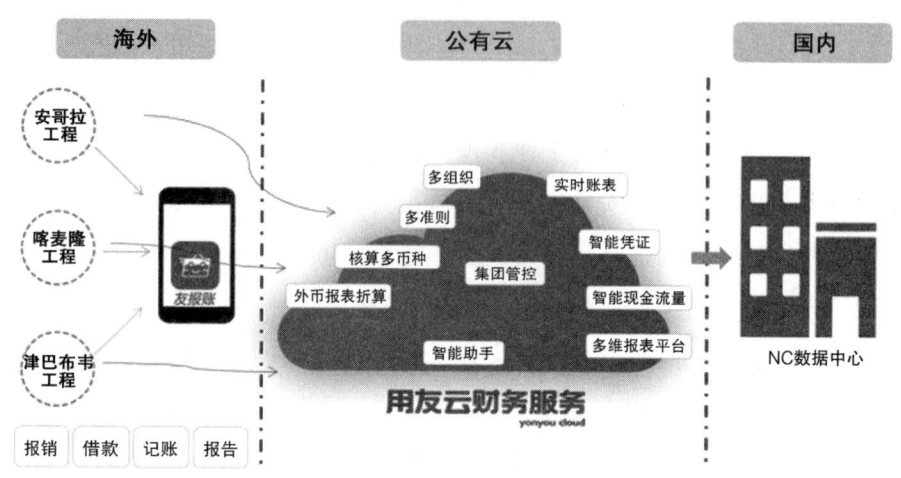

图3　CMEC智能报账与智能核算混合云部署方案

图片来源：作者整理。

在阐述上述解决方案给CMEC带来的管理改变和价值之前，我们先来分析一下上述方案的技术优势和给企业创造的价值。

为境外机构搭建的"CMEC智能报账平台＋智能核算服务平台"部署在中国公有云上，无需境外机构采购服务器、搭建计算机房、配备专门的IT人员，无需后续IT运行维护工作，方便快捷、低成本，且更加安全可靠；该方案是国际化经营企业，特别是"一带一路"沿线的企业解决境外机构业务处理自动化、会计核算自动化、业务财务一体化的优秀IT方案，类似企业可广泛借鉴。

CMEC应用此解决方案后，无论是其工程项目管理的规范性、项目收支的风险管控能力、所有工程项目收支信息的实时入账，还是集团总部及时获得境外机构的财务信息并实时开展财务监督等方面，均有大幅度的管理改善。这种管理改善体现在境外机构、集团总部两级组织层面，涉及境外一线员工、业务主管、集团财务工作者、集团管理者等各种角色，并且渗透了业务开展及财务工作的方方面面，这一点从图4的应用场景中就可以深刻感受到。

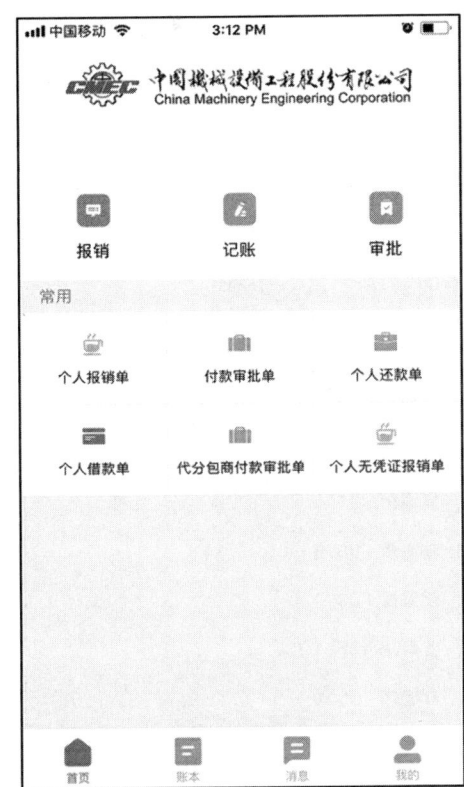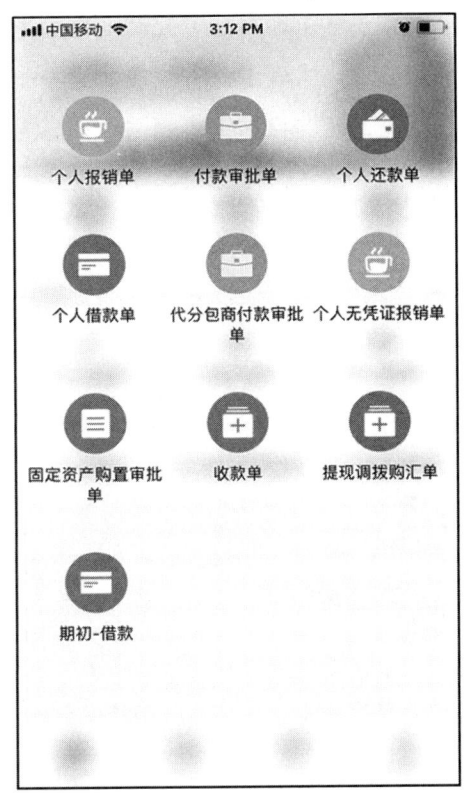

图 4　CMEC 境外机构智能移动端报账示意

图片来源：CMEC 境外机构智能移动端。

如图 4 所示，所有境外机构的各类对私对公收付款业务（或报账业务），均通过不同类型的报账单据定制在系统中。境外员工可以直接在"友报账"手机端发起各类报销业务、收付款业务，并将配套的原始单据通过手机拍照，由系统自动采集到云端数据库中；境外的各级主管可在手机端直接执行审批动作。之后，集团总部的财务人员可以直接在中国看到各境外机构的报账业务申请及所有原始资料的影像文件，及时开展审核工作，在审核通过后，由系统自动完成付款。

应用此解决方案实现了所有工程项目开支与合同条款、付款进度的自动关联以及自动实施检查控制，实现了所有开支事项与预算的关联及事前自动检查控制，实现了与员工借款的自动匹配和检查控制（图 5）。应用此解决方案真正地将财务控制不断前置到业务发生的前期，有效降低了企业财务风险；实现了业务财务循环一体化，保证了境外业务在发生的同时，会计凭证能够自动生成，两者信息完全一致。

图 5　CMEC 境外机构智能移动端审批示意

图片来源：CMEC 境外机构智能移动端。

上述 CMEC 的管理实践和数字化实践，恰恰解决了上文谈到的"一带一路"沿线的企业在开展国际化经营初期面临的会计及财务管控问题中的第二类问题。

而第三类管理诉求，目前也已经有了非常好的数字化解决方案和工具，也已经有了很多国际化企业成熟成功的实践，限于本文篇幅要求，作者不在此论述，今后可再专门探讨及分享。

　　关于"一带一路"倡议下的会计基础设施建设，我个人还有一点建议。"一带一路"倡议下的会计基础设施建设，由上海国家会计学院李扣庆院长提出并阐释，其中包含会计准则和政策制定、会计人才培养以及会计监督体系三大构成内容。在科技将成为主要驱动力的当今时代和未来时代，无论是会计政策的制定，还是会计人才的培养以及会计监督体系的改变，均已经并且将会更紧密地与科技相关。因此，我建议未来"一带一路"倡议下的会计基础设施建设，均应充分与科技发展接轨，构建"数字化时代的会计基础设施"。

The Power of Digital: the Implications for Emerging Markets

Vikas Aggarwal

(Regional Head of Policy for Emerging Markets at ACCA)

ACCA is the world's most forward-thinking professional accountancy body. The accountancy profession is vital for economies to grow and prosper, which is the reason that ACCA works all over the world to build the profession and make society fairer and more transparent. With more than 219,000 highly qualified members and nearly 530,000 students around the world, our network is not only on top of emerging trends but also is actively helping to shape them. With this in mind, the main emphasis of this paper is to explore and discuss those trends.

When mentioning about the future of digital finance, most people would relate it to mobile banking. Though mobile banking will be covered in the later sections of this paper, it is also important to first have a general understanding regarding the development of technologies. Additionally，in terms of organisation decision-making，the role of technology is becoming more and more vital. In line with this thought，this paper will be organised in the following fashion：

- Technologies that are impacting the society
- Skills required in managing new technologies
- What this means for emerging markets

The opportunity for finance

It is important to note that opportunities tend to vary by organisations，sectors，and the age of companies. There is no one-size-

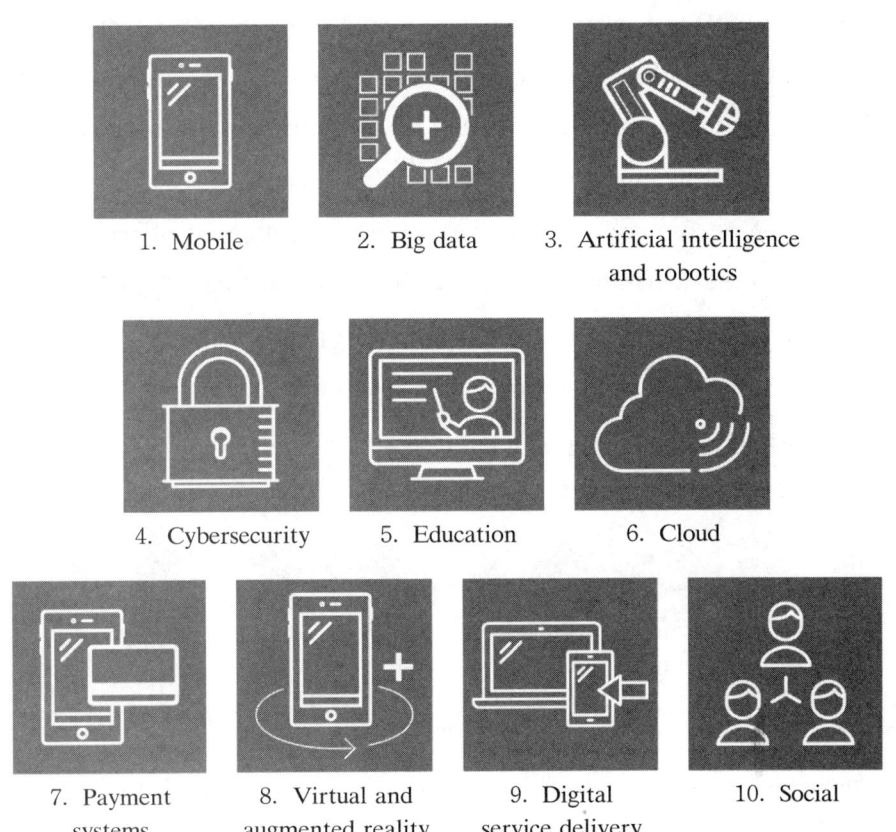

1. Mobile   2. Big data   3. Artificial intelligence and robotics

4. Cybersecurity   5. Education   6. Cloud

7. Payment systems   8. Virtual and augmented reality   9. Digital service delivery   10. Social

Figure 1　Technologies in play

fits-all model for technology applications. It is worth noting that in previous summer a report named "Race for Relevance" has been published. This report emphasises heavily on introducing technologies that are either impacting businesses now or may be influential in the future.

Artificial Intelligence (AI)

The application of such technology is extensively broad. With the increase of application opportunities and the reduction of computing power costs, the impacts of AI have increased drastically over time. It is important to note that we cannot merely focus on the development of humanoid robots — even though the external appearances may vary, different AIs can all have their own specific applications. AI gives us the ability to apply technology to detect potential patterns and solve problems, which is important for a changing society.

AI is an encompassing term that embraces a number of technologies such as machine learning. Similar to AI, another technology known as the "Robotic Process Automation" tends to operate exactly the same as the pre-set procedures. The diagram below shows the types of tasks that can be automated, resulting in a significant improvement in the quality and efficiency of data input.

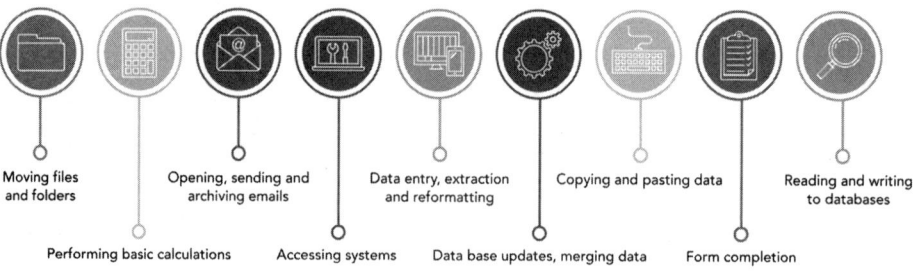

Figure 2　Robotic automation task type

Why analytics are needed? They are essential because data will lose its value if we do not know how to utilise and process it. With an exponential amount of data being created, when harnessed properly, it enables business leaders to shorten decision-making time, to monitor performance in real time, to discern the latest trends quicker, and to react to competition more rapidly.

Cloud Computing

In terms of cloud computing, since it has a diverse range of applications and service models, each with its inherent pros and cons, this paper will only touch lightly on such technology. Below are the benefits and challenges regarding cloud computing.

Benefits：
- Cost savings
- Employee enabling
- Security improving
- Agility enhancing

Challenges：
- Data quality
- Governance and location for data storing
- Integration across enterprises
- Accessibility and security

Blockchain

The importance of the blockchain is constantly evolving and the scope of application is broader than our initial expectations. In order to assess its key applicability, more than 40 central banks have tested the application of the technology in various scenarios. Trade finance is one of

the main areas in which blockchain can provide value, and it can play an incalculable boost in an increasingly globalised world.

Social media

Social media, a place where sharing personal holiday photos and cat videos is made possible; but more importantly, it allows the sharing of real-time news and customer voices also. Nowadays, no public has the patience to wait hours for their requests to be answered; instead, they want a reply within few minutes. Often there are examples that several brands have encountered a major hit due to their improper (late) response. However, if put in good use, social media can become a tool with the power beyond imagination and can promote the flow of positive messages and create viral propagation.

Cyber

Along with the benefits of network, some issues are gradually emerging. No matter in what sizes, enterprises will inevitably encounter network attacks. Cybercriminals are becoming more and more cunning. A recent report by "SWIFT" has found that attackers now tend to have the operation time set between 9 a. m. to 5 p. m. as the probability of being detected during this period is low. Regarding cyber-attacks, three keywords must be kept in mind: defence capabilities, recovery plans, and backup options.

Building capabilities and maintaining moral ethics

A crucial challenge that CFOs face in actively embracing technology is building new capabilities and skills.

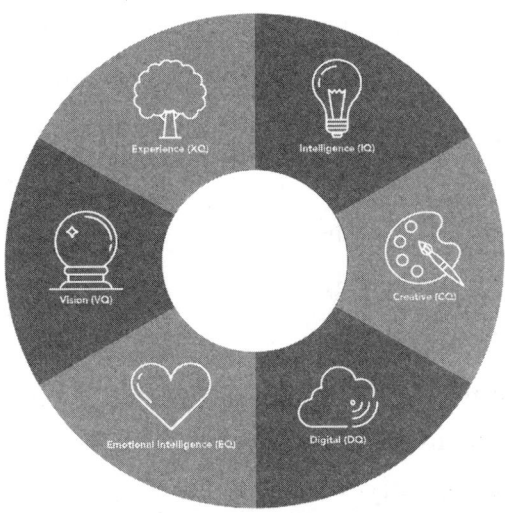

Figure 3　Professional quotients of success

Sources from：http：//thefuture. accaglobal. com/.

What are the essential skills? In order to add value，future finance professionals need to combine a range of professional qualities — including professional expertise， skills and literacy， as well as interpersonal behaviour. Please refer to the diagram above for the six professional quotients of success. Each of the quotients will be briefly introduced below.

Technical and ethical competencies quotient （**TEQ**）：Consistently executing professional competencies and skills based on the defined quality and compliance standards. As business models and technologies continue to change，new ethical challenges and dilemmas will emerge，and we need to ensure that finance personnel will work according to the code of conducts.

Intelligence quotient （**IQ**）：The ability to acquire and apply knowledge， i. e. the ability to think，reason，and solve problems. We need to face the complexity and cease to seek simple answers；for difficult issues，a more comprehensive response should be actively envisaged as well as determining the implementation of such response.

Creative quotient（CQ）：The ability to use existing knowledge in new situations to connect, explore potential outcomes, and present new ideas. Through opening and expanding new areas, roles, and boundaries, it opens the door of new possibilities for future development.

Vision quotient（VQ）：Through inferring current trends and facts, one can accurately predict trends of the future and utilise innovative thinking to fill the current gap.

Experience quotient（XQ）：The capability to understand customer needs, to achieve desired goals, and to create value.

Emotional quotient（EQ）：The ability to perceive, regulate and manage the emotions of individuals and others, and to utilise them well at work.

Digital quotient（DQ）：This quotient is also tied with the main emphasis of this article. Digital quotient is the awareness and application of existing and emerging digital technologies in areas of practice, strategy and culture.

Rapid technological change is creating new situations like never before, and this makes it valuable in successfully avoiding ethical crises. With the spread of automation, reasonable ethical judgment has becoming extremely vital for high-level decision makers, who must ensure that innovation and adoption of digital technologies do not violate ethical behaviour.

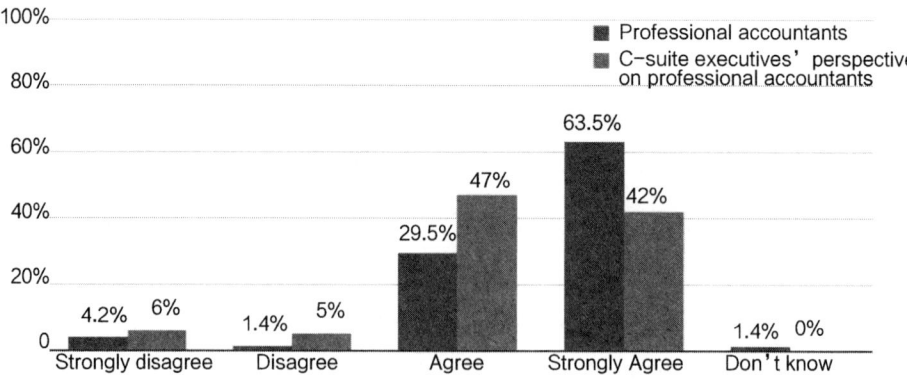

Figure 4　Ethics and trusts

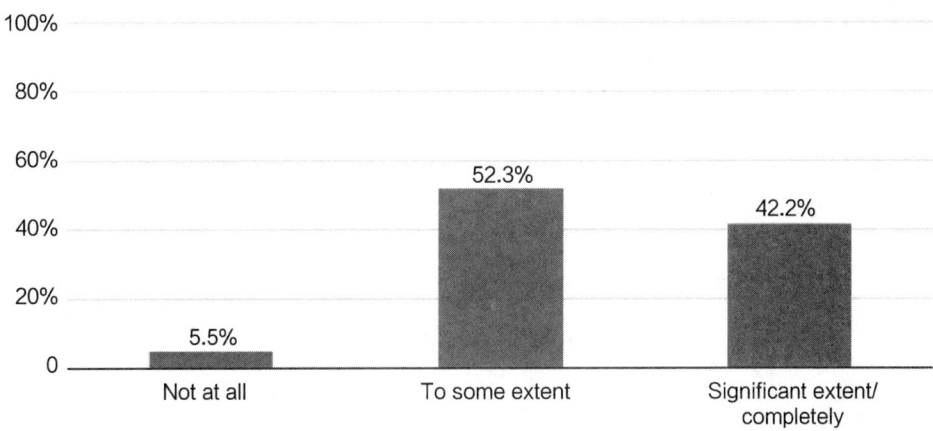

Figure 5 Senior view: The chief executive believes that the professional ethics of accountants can help the enterprise build trust with internal and external stakeholders

Why are ethics and trusts so important? Behaviours that deemed moral and ethical can help in forming trusts in the digital age. The ability of professional accountants to create values is determined by whether they can win the trusts of stakeholders and the general public. It is also worth noting that, as the graph below shows, The International Ethics Standards Board for Accountants（IESBA）principles still apply and remain relevant in the digital age.

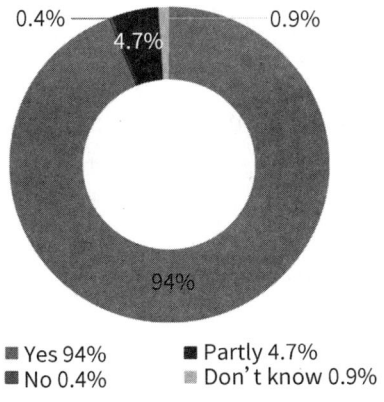

Figure 6 IESBA principles still apply and remain relevant

The implications for emerging markets

What does technology have to do with emerging markets? Technology is changing everything: the way we shop, work, travel, eat, and express our feelings.

Figure 7   The distance learning scene in the WOW lecture hall of IE Business School in Madrid

Source: Financial Times / IE BS.

Learning is also with no exceptions. The photo shown above is from the WOW lecture hall at IE Business School in Madrid, where distance learning is conducted. With artificial intelligence, instructors can assess the level of engagements and focus of a student through eye tracking and facial expressions. Learners can be in any locations, even the disabled ones can join the lectures from afar. With classrooms like this, do we still need a large campus?

When considering applying technologies, it is important to determine the initial point and the application speed. China's technology adoption is among the fastest. As for other emerging markets，many of them are placed in the middle. It is also worth noting that several western markets have slowed down and are at the risk of falling behind.

Mobile has become the key to all activities. The advent and the rapid spread of smartphones around the world have changed almost every aspect of our lives. To many people，the changes that mobile phones bring are extraordinary.

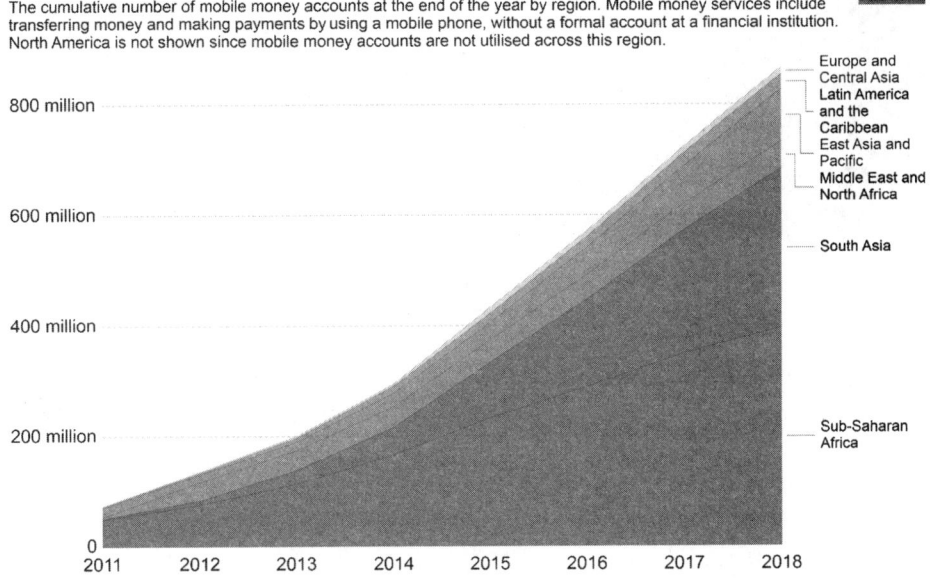

The cumulative number of mobile money accounts at the end of the year by region. Mobile money services include transferring money and making payments by using a mobile phone, without a formal account at a financial institution. North America is not shown since mobile money accounts are not utilised across this region.

Figure 8　Registered mobile money accounts by region

Source：GSMA（2017）. Global Mobile Money Database.
OurWorldlnData. org/technology-adoption/ • CC BY

Take the mobile banking in sub-Saharan Africa as an example（please refer to the diagram above）. In the past，people had to travel miles to reach the nearest bank，which may only operate for one or two days a week. With mobile currency accounts such as M-Pesa，it has completely eliminated the need for physical banking infrastructure. In contrast，

Western societies are more dependent on traditional banking infrastructure. Currently, mobile banking services are growing strongly in South and South-East Asia.

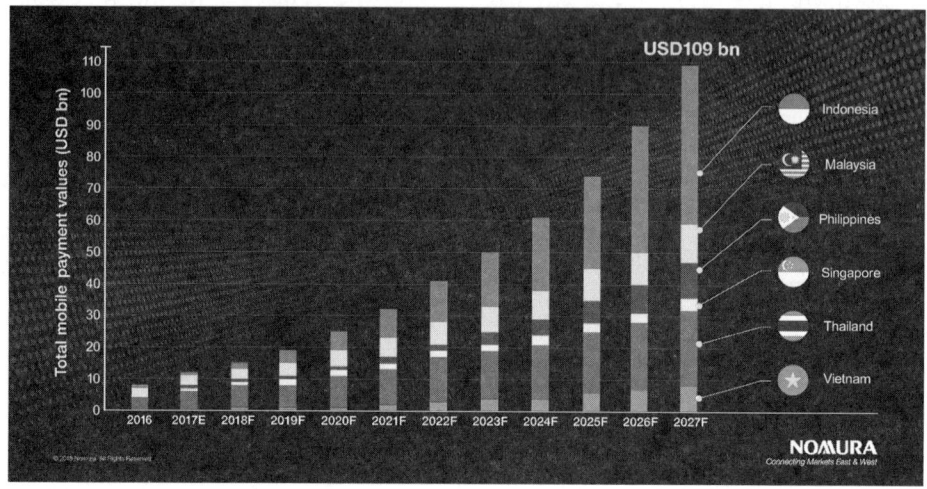

Figure 9   Estimated mobile payment transaction value over ten years
Source: Nomura.

Furthermore, there is a famous rap song called "C. R. E. A. M." . The caption reads: "Cash Rules All Around Me" . However, the situation is now very different since then. I have been to more than a dozen countries this year and I don't seem to have paid cash once. As we move into a cashless society, we are bound to see new patterns such as increased financial inclusion, greater access to health services, and more efficiency on taxation.

Moreover, the study has also found that with the reduction of business start-up barriers, as shown on the graph above, the number of newly registered businesses has continued to increase. Technologies of mobile system and software have made start-ups easier, so anyone with ideas can become entrepreneurs.

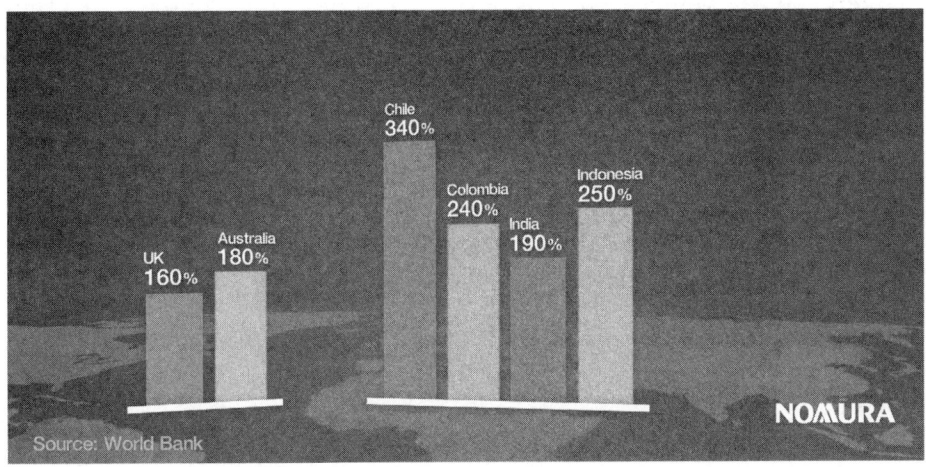

Figure 10　Rates of new business registration 2006—2016

So, what does that mean for consumers? The famous writer Francis Bacon once wrote, "If the mountain doesn't come to Muhammad, then Muhammad will go to the mountain." In the past, this is exactly the case when comes to shopping. Now on the other hand, online shopping allows people to order almost everything-they want, and the goods will be delivered directly to their doorstep. As more subscription-based vendors emerge, people can enjoy the products or services that they are fond of for a long time. In addition, with the expansion of application-based enterprises into a wider range of businesses, they are challenging the traditional organisations across different industries.

Uber — Transport made easy

Uber is a well-known business that has made transportation easy. We can see that even the pioneer businesses that first introduced the application-based technologies to the public are now being overtaken by the newly rise local innovative competitors. This is the same for emerging markets. With young and innovative entrepreneurs continue to find opportunities，applications are springing up in emerging markets，particularly in Central Asia. With this growth，international investors also have a great opportunity to enter into new markets and gain access to a growing middle-class consumer base.

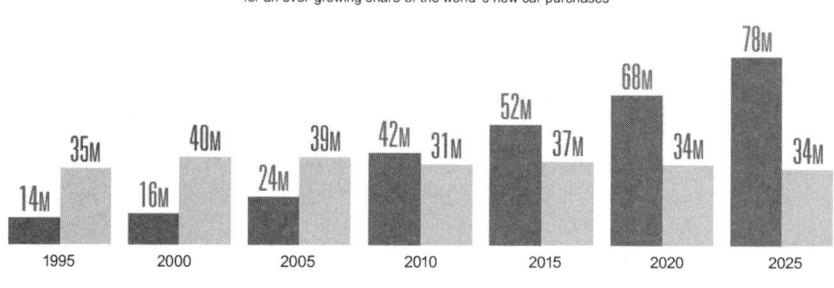

Figure 11　Emerging markets dominate future growth

Figure 12　Space for cars, bicycles and buses

Source: Goldman Sachs.

More investment, more challenges

When comparing the growth rates in car ownership (please refer to the graph shown above) and the space needed for cars, bikes, and buses (please refer to the above photo), it is interesting to see that in developed markets the growth has peaked and is now in decline. In UK, as studies suggested, most people will have bought their last ever car as the automobile era is now heading towards autonomous vehicles. Emerging markets on the other hand, are still seeing significant growth, and the infrastructure needs are growing. These needs are not just for road. Instead, they can include airports, seaports, hospitals, warehouses, data centres, battery factories and more.

In short, this paper can be summarised into the following points:

— Based on the above views, it is believed that the Belt and Road Initiative is essential to support technological development in emerging markets;

— Companies involved in the Belt and Road Initiative need an international governance model to ensure investment can go smoothly;

— Countries also need to build a strong talent pool on the basis of these technologies in order to be successful.

数字新动能：技术对新兴市场的影响

维卡斯·阿佳沃尔

（ACCA 新兴市场政策区域主管）

ACCA 是全球最具前瞻性的专业会计团体。会计行业对于经济的增长与繁荣至关重要——正因如此，ACCA 致力于在世界各地发展财会行业，从而使社会更为公平与透明。凭借超过 21.9 万名具备专业资质的会员和近 53 万名学员组成的庞大网络，ACCA 不仅需要驾驭新兴趋势，更需要积极地塑造未来。本文要重点探讨的正是这些趋势。

提及财务数字化的未来时，多数人一般会先想到的是移动银行业务。但需要强调的是，ACCA 应广泛了解各类技术的发展。此外，在企业决策方面，技术正发挥着日益重要的作用。所以，本文将围绕以下主题展开：

（1）正在影响社会的各种技术。

（2）管理新技术所需的技能。

（3）这对新兴市场而言意味着什么。

一、财务行业面临的机遇

必须注意的是，机遇会因企业、行业、公司历史而有所差异，并不存在放之四海而皆准的技术应用模式。2019年夏天，ACCA制作了一份题为"相关性竞赛"的报告，着重介绍了现在和未来影响企业的一系列技术。

下面介绍几种正在发挥作用的技术（图1）。

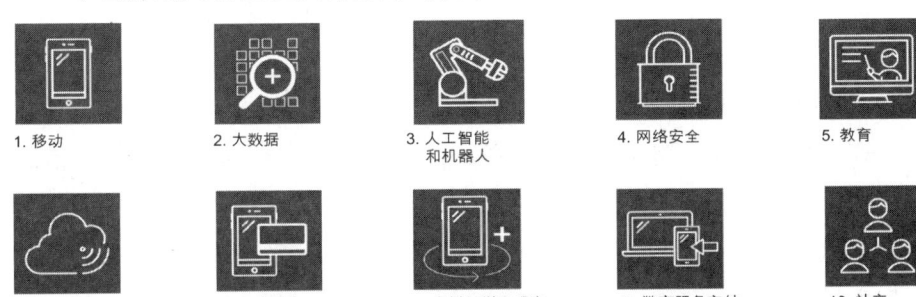

图 1　正在重塑商业和会计工作新局面的前十大技术

信息来源：ACCA，"数字达尔文：在技术变革下的繁荣发展"，2015.

1. 人工智能

人工智能（AI）的应用领域相当广泛。随着应用机会持续涌现，同时，算力的成本不断下降，AI的影响正在日益扩大。需要注意的是，只关注人形机器人是不够的——尽管外观千差万别，因为各种人工智能都可以发挥特定作用。AI使人们能够利用技术来发现潜在的规律并解决问题，这对于一个正在变革的社会十分重要。

AI是一个含义丰富的术语，囊括了机器学习在内的诸多技术。与AI类似，另一种被称为机器人流程自动化（RPA）的技术会完全按照预先设定的过程进行操作。数据输入的质量和效率都能由此得到显著提高。图2显示了可以实现自动化的任务类型。

为何需要分析技术？分析技术的重要性显而易见，如果不知晓如何处理，那么数据就毫无价值；反之，面对迅猛增长的海量数据，若能妥善加以利用，便可助力业务负责人缩短决策时间，实时监控绩效，更快地洞悉最新趋势，并能更加迅速地应对竞争。

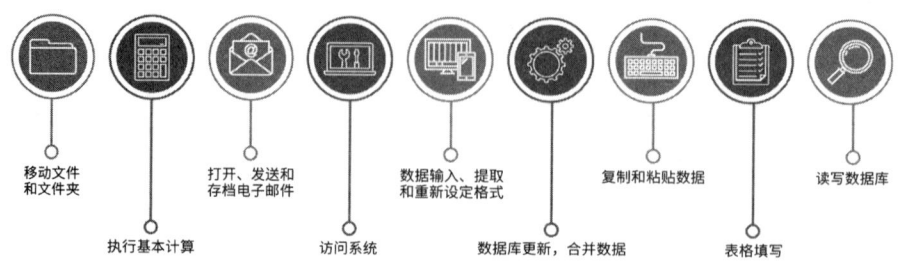

移动文件和文件夹　　打开、发送和存档电子邮件　　数据输入、提取和重新设定格式　　复制和粘贴数据　　读写数据库

执行基本计算　　访问系统　　数据库更新,合并数据　　表格填写

图 2　机器人自动化的任务类型

2. 云技术

在云计算方面,由于它有各种各样的应用和服务模式,每个都有其内在的优缺点,本文只对此类技术进行简单介绍。云计算的优势主要为节约成本、赋能员工、提高安全性、提高反应速度;云计算面对的挑战主要为数据质量、治理和存储地点、跨企业的数据整合、可访问性与安全问题。

3. 区块链

区块链的重要性在不断变化,应用范围比我们最初的预期要广泛。为了评估区块链的主要性能,40 多家中央银行测试了该技术在各种情况下的应用。贸易融资是区块链提供价值的主要领域之一,在日益全球化的世界中,它可以起到不可估量的推动作用。

4. 社交媒体

社交媒体是一个可以分享个人度假照片和猫咪视频的地方。但更重要的是,它也可以共享实时新闻和顾客的反馈意见。现在,公众希望自己的意见在几分钟内就能得到答复,无法像从前那样有等待几个小时的耐心。时常会有几个品牌由于回复不及时而遭遇重大打击。然而,如果运用得当,社交媒体就能成为超乎想象的强大工具,推动正能量的讯息发布,或创造病毒式传播。

5. 网络

伴随着网络带来的种种好处,一些弊端也在逐渐浮现。无论规模大小,企业都不可避免地会遭遇网络攻击。网络犯罪分子正变得越来越狡猾。环球银行金融电信协会(SWIFT)发布的一份报告指出,攻击者目前将行动时间设定为早上9点至下午5点，因为在这期间被侦测出的概率较低。对于网络攻击，我们必须谨记三个关键词：防御能力、恢复计划、备份选项。

二、培养能力与坚守道德

CFO在积极接纳技术的过程中，面临的最大挑战之一便是掌握新技能。

（一）成就未来的职业商数

哪些技能不可或缺？为了提升价值，未来的财务专业人员需要具备多种专业素质——其中既包括专业知识、技能与素养，也涉及人际交往的行为。图3所示的是成就未来的职业商数。下面将简要介绍每个商数：

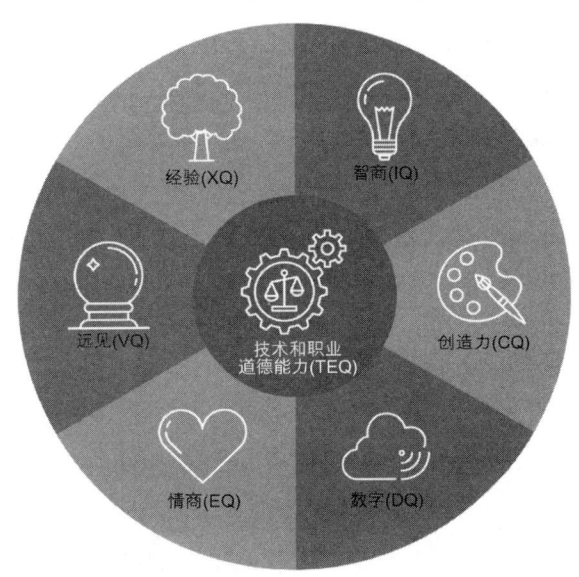

图3 成就未来的职业商数

图片来源：http：//thefuture.accaglobal.com/。

（1）技术和职业道德能力（TEQ）：根据界定的质量和合规标准，一贯地执行工作的技能和能力。随着商业模式和技术的持续变化，新的道德挑战和困境将不断涌现，我们需要保证财务人员按照规范开展工作。

（2）智商（IQ）：获取和运用知识的能力，即思考、推理和解决问题的能力。我们必须直面复杂性，不能一味地寻求简单答案。对于困难问题，应积极设想更全面的应对举措，进而确定如何具体加以实施。

（3）创造力（CQ）：能够在新情境中运用现有知识建立联系、探索潜在成果，以及提出新的观点。开放和拓展新的领域、角色、边界，从而为未来发展提供新的可能性。

（4）远见（VQ）：能够通过判断当前的趋势及事实，准确地预测未来的趋势，并运用创新思维填补当前空白。

（5）经验（XQ）：了解客户需求、实现预期目标、创造价值的能力和技巧。

（6）情商（EQ）：能够察觉、调节和管理个人以及他人的情绪，并能很好地应用于工作的能力。

（7）数字（DQ）：这也是本文的重点。它是指在实践、战略和文化等领域中，对现有及新兴数字技术的认知和应用。

（二）道德与信任

飞速出现的技术变革正在创造前所未见的新情境，而且这将使成功规避道德危机更具价值。随着自动化的普及，合理的道德判断对于高层决策者来说正变得极为重要，他们必须保证创新和采用数字技术合乎道德规范（图4）。

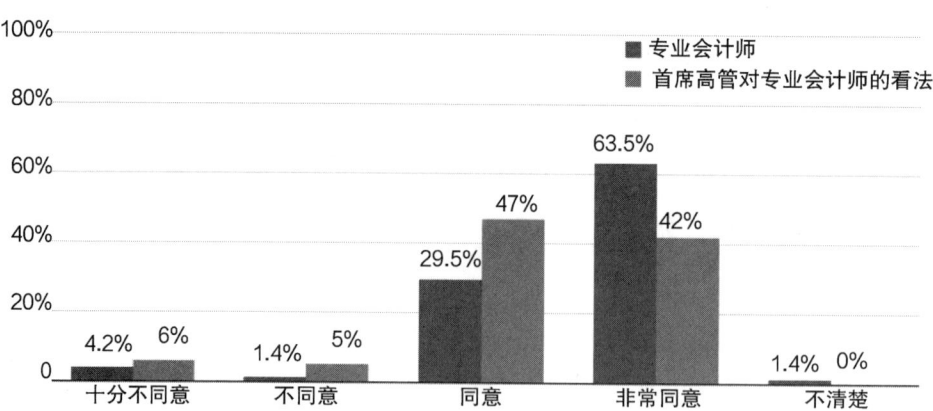

图4 受访者对职业道德有助于建立信任的认同度

图片来源：ACCA调研。

为什么道德和信任如此重要？在数字时代，人们认为具有道德和伦理的行为有助于建立信任。专业会计师创造价值的能力取决于他们能否赢得利益相关者和公众的信任（图5）。还有一点值得我们注意，如图6所示，《国际会计师道德守则》（IESBA守则）在数字时代仍然适用。

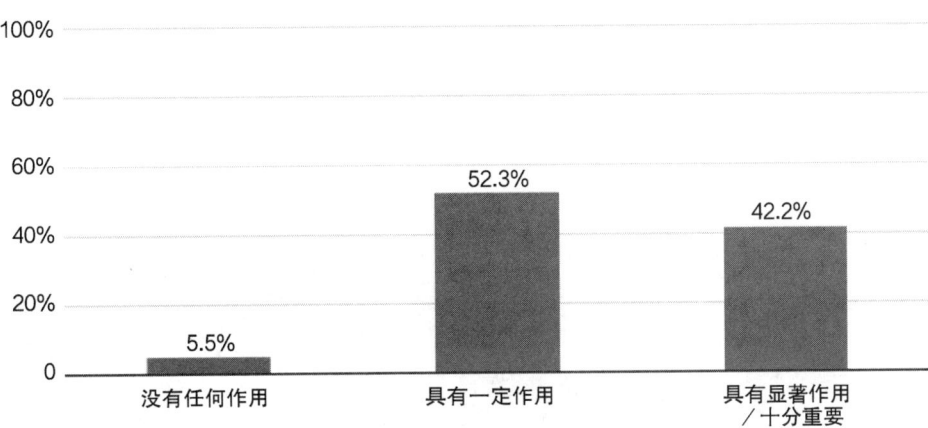

图5　高层观点：首席高管认为会计师道德行为有助于企业
与内外部利益相关方建立信任

图片来源：ACCA调研。

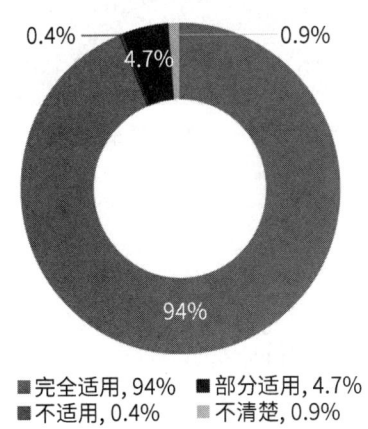

■完全适用，94%　■部分适用，4.7%
■不适用，0.4%　■不清楚，0.9%

图6　IESBA原则仍然适用并具有相关性

图片来源：ACCA调研。

三、对新兴市场的影响

技术与新兴市场有何关系？技术正在改变包括购物、工作、旅行、饮食和感情表达方式等在内的方方面面。

学习也不例外。图 7 来自马德里 IE 商学院的 WOW 演讲厅，那里正在开展远程学习。借助人工智能，演讲者可以通过目光追踪和面部表情来考察学生的参与度和关注焦点。学习者无论身处何地——即便是那些行动不便的人士，都可以融入其中，远程参加讲座。有了像这样的教室，我们还需要大型校园吗？

图 7 马德里 IE 商学院 WOW 演讲厅远程学习场景

图片来源：《金融时报》/ IE 商学院。

在考虑应用技术时，确定初始点和应用速度非常重要。中国的吸收和应用新技术的速度最快，至于其他新兴市场，其中许多数字进化指数都位于中间位置。还有一点值得我们注意，即一些西方市场技术应用步伐已经放缓，并面临着落后的风险。

手机已然成为所有活动的关键。智能手机的出现和在全球的飞速普及几乎改变了我们生活的方方面面。对许多人来说，手机带来的变化可谓天翻地覆。

以撒哈拉以南非洲的移动银行为例。过去，人们不得不长途跋涉数英里才能到达最近的银行，而它可能每周只营业一两天。但是现在，M-Pesa等移动货币账户已彻底消除了对实体银行基础设施的需求。相比之下，西方社会反而更加依赖传统的银行基础设施。目前，移动银行服务在南亚和东南亚增长强劲（图8）。

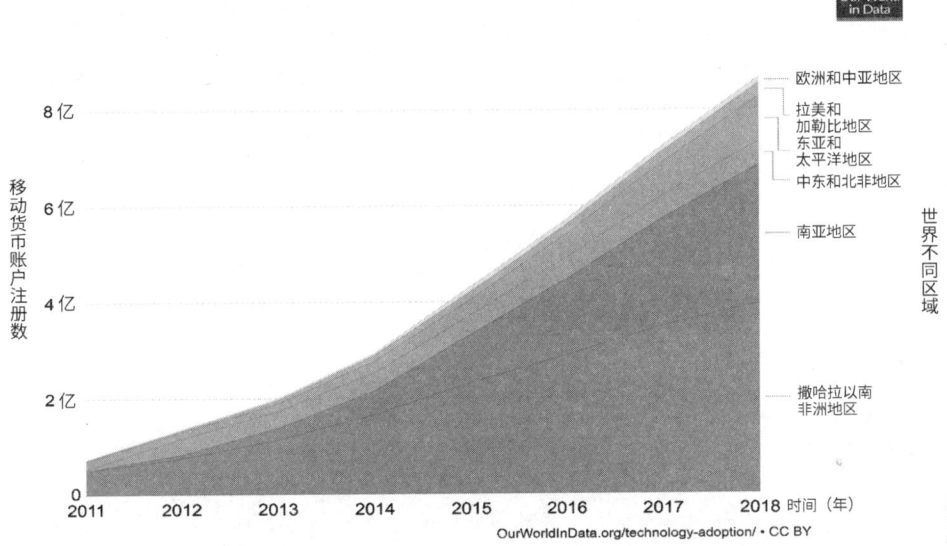

图8　各地区移动货币账户的注册数

注：按地区划分，移动货币账户的年末累计数量。移动货币服务包括在没有金融机构正式账户的情况下，通过手机进行的各种转账和付款。统计未显示北美情况，因为该地区没有使用移动货币账户。

资料来源：全球移动通信协会（2017年），全球移动货币数据库。

此外，还有一首著名的说唱歌曲叫作"C. R. E. A. M."。这个标题的意思是："现金统治着我周围的一切（Cash Rules Everything Around Me）"。但现在的情形已迥然不同了。我2019年去了十几个国家，好像一次也没有通过现金支付。当我们步入无现金社会时，必然会看到全新的格局，例如金融包容性提高，医疗服务更易获得，税收也愈发高效。2016—2027年移动支付交易额预计情况如图9所示。

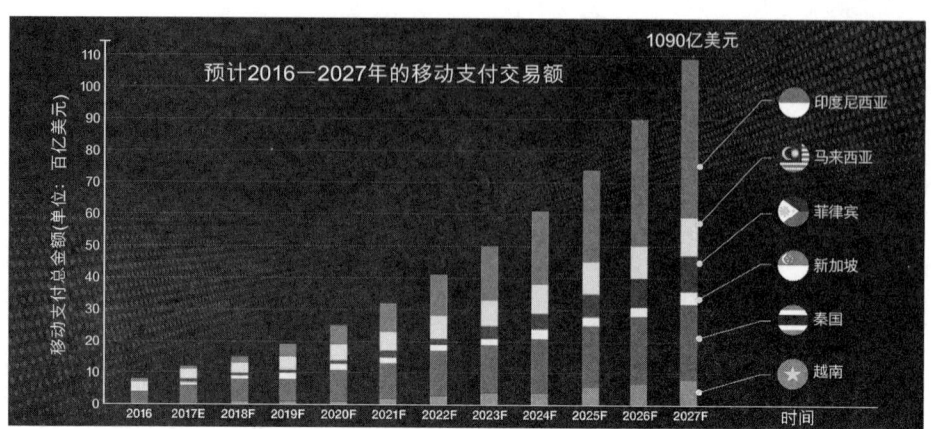

图 9   2016—2027 年的移动支付交易额

图片来源：野村证券。

此外，研究还发现，如图 10 所示，随着进入壁垒的减少，各国新注册的企业数量在持续增加。移动技术和软件技术使任何想注册企业的人士都能获得机会，更容易成为创业者。

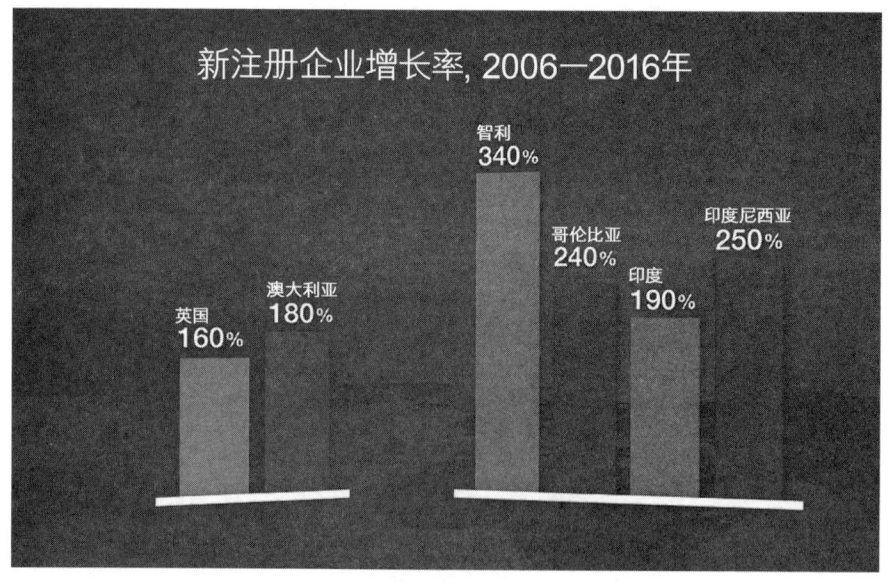

图 10   2006—2016 年各国新注册企业增长率

资料来源：世界银行。

那么，这对消费者意味着什么呢？著名作家弗朗西斯·培根曾经写道："要是山不肯到穆罕默德这儿来，那么穆罕默德就到山那儿去好了。"过去，人们购物时就是这样。如今，在购物方面，人们可以在网上订购任何想要的东西，货物会直接送到家门口。随着更多以订购为业务模式的供应商的出现，人们能够享受那些渴盼已久的产品或服务。此外，随着基于应用的企业扩展到更广泛的范围，它们正在挑战不同行业的传统组织。

1）搭乘优步，便捷出行

优步是一家知名企业，使交通变得方便。我们可以看到，即使是首次向公众推出应用型技术的先驱企业，现在也正在被新兴的本地创新竞争对手所超越。随着年轻和创新的企业家不断寻找机会，在新兴市场，特别是在中亚，各种应用正在如雨后春笋般涌现。随着这一增长，国际投资者也有很大的机会进入新市场，并进入不断增长的中产阶级消费群体。

2）更大的资金投入，更多的棘手难题

当比较汽车拥有量的增长（图11）和汽车、自行车和公共汽车所需的空间（图12）时，我们会发现一个有趣现象，即在发达市场，汽车拥有量的增长已经见顶，并已开始下降。应当注意的是，发达市场的经济增长已达峰值，目前实际上正在下降。研究显示，在英国，大多数人所购买的汽车都将是其最后一辆，因为我们正期待着自动驾驶汽车的入市。但新兴市场仍有望迎来显著增长。与之相应，这里的基础设施需求也在持续扩

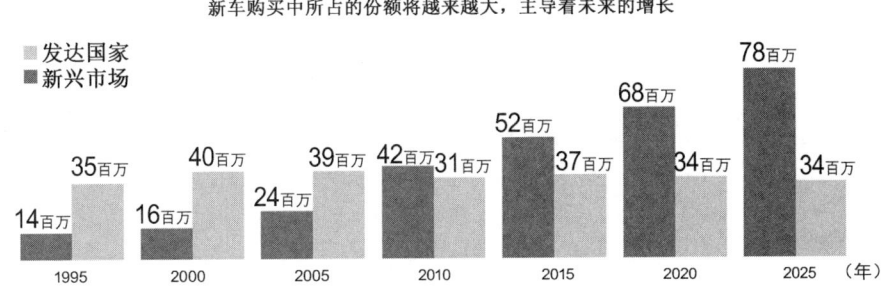

图 11 发达国家与新兴市场汽车增长（百万辆汽车售出）

图 12 汽车、自行车和公共汽车所需空间

图片来源：高盛。

大——不仅是道路，还包括机场、海港、医院、仓库、数据中心、电池工厂等。

简而言之，本文可以概括为以下几点：

（1）基于上述观点，"一带一路"倡议对于支持新兴市场的技术发展至关重要。

（2）参与国际化、全球化的公司需要一种国际治理模式，以确保投资能够顺利进行。

（3）各国还需要在这些技术的基础上建立一个强大的人才库，才能取得成功。

数字化的挑战与应对

金 科

（德勤中国审计及鉴证创新领导合伙人）

　　本文讨论科技改变整个会计行业、会计基础设施的建设与"一带一路"倡议之间的关联。早几年在谈科技与会计领域的融合，很多人都讲"ABCD"（AI—人工智能、Blockchain—区块链、Cloud computing—云计算、Big Data—大数据），最近已经扩展到"ABCDEFG"了，我怀疑再过两年 26 个字母都不一定够用。从早年的信息化到现在的数字化，我们整个会计行业都面临着极大的冲击，特别是对很多企业来讲，绝大多数的企业财务部门目前仍停留在比较传统的处理基础会计核算工作的阶段。因此，我接触到很多企业的首席财务官（CFO）和高级别的财务管理者都有很强的紧迫感，也很迷茫，大家都在思考未来职业发展的路径和方向。因此，数字化课题对于所有企业以及会计行业的从业人员来讲都是非常有意义的。

　　本文分为以下三个部分：

第一部分是回顾整个会计行业在数字化时代面临的严峻挑战。最近中国正在重新修订会计审计相关的法律法规和规章制度，而德勤就在协助财政部重修《中华人民共和国会计法》（以下简称《会计法》），主要参与的部分是修订现行的《会计法》在人工智能场景下的相关规定。财政部已经关注到智能化、数字化的技术将在未来对于财务的实务工作产生重大影响，因此，我们在这一次的大修订中，会加入很多智能化、数字化的因素，这项立法工作与"一带一路"倡议有很多的关联，其产生的影响将非常广泛。

第二部分是探讨颠覆性技术带来的颠覆性影响。颠覆性技术之一包括机器人流程自动化（RPA）机器人。德勤也是国内最早推出财务机器人服务的专业机构，并且财务机器人正在进行重大功能升级。目前我们已经越来越多地将认知技术添加到机器人解决方案里，这不仅可以帮助我们按照既定规则高效地处理大批量的重复工作，而且可以辅助财务人员在业财融合的背景下，完成更复杂的数据处理、分析和专业判断。

第三部分是分享德勤作为大型的会计师事务所，在面对行业的转型和冲击时，如何帮助自己以及客户实现财务的全面数字化转型。

一、数字化革命对于社会和行业的影响

回顾一下当前大家的衣食住行生活各方面被数字化改变的情景。我们整个生活都围绕手机运转，手机发生故障，会使我们一天的生活节奏完全被打乱。这样的数字化冲击，对很多行业均产生了非常大的影响，比如，在零售行业，目前的新零售方式极大地便利了大家的生活；又如金融行业，无现金商业模式正在冲击所有传统银行以及其他金融服务机构等。

新技术对企业财务部门有什么影响？财务部门是相对后端的支持部门，财务部门怎样更好地应用这些数字化技术呢？财务服务的初衷就是要给企业提供更好、更快、更便捷的财务服务。下面分享几个包括德勤在内的几家研究机构的调研结果。比如，BBC 与剑桥大学调研了未来 365 种职业被淘汰的概率，会计行业不幸名列前三，淘汰的概率高达 97.6%。当然

这里主要是指基础性的会计核算工作，而对于管理会计和专业性的会计未来还是有很大的需求的。但是，从整个行业人员素质的提升和转型角度来讲，会计从业人员需要非常慎重地思考未来的职业发展趋势。德勤前段时间也发布了针对国内大中型企业 500 多位管理人员就人工智能和机器人在财务领域应用的调查反馈，80% 以上的受访管理人员认为财务工作最有可能运用人工智能；90% 以上的受访人员认为人工智能在数据采集分析等方面，可以为财务工作提供非常有效的支持。另外，麦肯锡也在其发布的全球调研报告中提到，预计 45% 的工作可以实现自动化，这将影响会计行业60% 的工作岗位，其中也提到目前在现有的技术条件下，在由会计人员、审计人员完成的工作中，86% 的工作可以被人工智能取代，这是血淋淋的现实，并不是危言耸听。

上海国家会计学院发布的对 2019 年影响中国会计人员的十大信息技术的调研报告，可以看到前十名中包括财务云、电子发票、数据签名、移动支付、在线审计、区块链等技术。目前经过我们的整体分析，IT 技术对于目前国内会计行业的影响，更多还是集中在一些实用技术的操作层面。但如果我们从未来财务数字化转型的趋势来看，技术如果应用于分析预测、资金管理、企业风控等方面将会更有意义，而这些应用目前还比较少。这也反映了国内财务的工作现状，因为我们即使在与很多国内一些最大型的银行、央企调查的过程中也会发现，目前财务部门内部最令大家痛苦的还是大量的人工工作，包括数据获取和核对等工作。

国际知名的 IT 研究机构 Gartner 发布了一份关于"2019 年十大战略性技术趋势"的报告。通过对比我们发现，国际上发展迅猛的技术对目前国内会计行业产生的影响是有限的，新兴技术在国内会计行业引进仍比较少，包括很多人工智能及增强分析技术。但这些技术包括区块链技术，未来在财务领域均会有非常好的应用。因此，我们可以预见，国内会计行业实现信息化及数字化还有非常长的道路。

二、颠覆性技术带来的颠覆性影响

第四次工业革命从 2013 年提出的工业 4.0，一直到人工智能，包括各种各样的工业机器人大范围的应用。走到今天，第四次工业革命也不过走了八九年而已，而从整个工业革命的发展历史来讲，每次工业革命一般都会持续40～50年的时间，因此，我们很有幸站在了这次伟大的工业革命的开头。回望历史，每次工业革命对于各行各业的影响和冲击都是非常巨大的，尤其对于像财会这个相对传统的、近百年都没有实质性变化的行业，大数据、人工智能等技术的变革将会给整个财会行业带来非常重大的影响。人工智能的核心技术是听、说、读、写、认知、自动驾驶、语义分析，这些技术都是和财务人员的基础能力、财务人员的日常生活场景和工作场景强相关的，这些技术现在并且在未来都会对财务人员的工作产生非常大的影响。

从人工智能和机器人流程自动化角度来看，如果把技术放在三个大的区间里，第一个区间就是RPA，大家都知道RPA相对简单。第二个区间是以自然语言处理为代表的认知计算自动化。财务场景里大量的时间都在处理各种各样的单据、凭证、报表等，不管纸质还是电子版，很多时间都耗费在将非结构化数据或者是纸质数据翻译成结构化数据，并录到系统里做账。因此，认知计算自动化会极大地替代人工工作的时间，以释放大家的时间去做未来转型要做的事情。第三个区间是人工智能化，财务行业的智能化和自动化将会通过多模式、全方位的方式影响财务工作人员、财务工作场景和财务工作团队，并以此驱动整个财务行业转型。

我们从人的角度出发，讨论未来的数字化、智能化场景对财务人员到底会有什么影响。目前大家的技能和工作能力，无非是学习、判断、比较、调节、阅读、倾听和交流，从这些角度来说，目前的认知工具和认知技术都已经得到非常好的应用，包括机器学习、认知自动化、自然语言处理、自然语言生成、语音识别、跟人交互。我们可以看到未来在智能化技术的颠覆下，整个财务工作一定会变得更有效率、更有洞察力。企业不管是响应"一带一路"倡议还是全球化战略，在业财融合的背景下，财务应该而且必须对企业的业务拥有更强的控制力，这是技术对财务人员职能的颠覆。

从人的角度出发，我们也可以分享一些案例。比如，有位同事的工作职能是做财务计划和分析，传统的工作方式是收集很多业务部门的数据进行整合，并完成一些预测。在未来假设有智能助理和聊天机器人的情况下，机器人可以利用业财数据的互通，非常有效地帮助这位同事高效地完成工作，使这位同事获得多余的时间，以更好地思考和分析企业战略，从事企业财务决策的支持性工作，这就是人的工作时间的迁移。

另外，比如会计决策，对于很多大型企业的财务人员来讲，集团内的对账和关账流程令人非常痛苦，这项工作往往会延误报告的时间。现在已经有很多智能化工具可以帮助大型企业非常高效地完成集团内的合并抵销，包括关联方交易的对账，加快整个财务报告流程。而当我们把机器学习能力放进解决方案之后，便可以逐渐积累在相关领域处理复杂业务时的判断经验，以替代人工去处理数据。甚至有些客户会进一步提出需求，把集团的对账工具和云机器人联系起来，机器人之间可以直接交互，以免财务人员花大量时间做比较低效的沟通工作。

对 CFO 来讲，未来的 CFO 工作场景可能不是被动地接受各个模块的财务部同事提供各种各样的报表，而是在这种人工智能助理的支持下，主动、自动地获取最新、最相关的信息。这将极大提升 CFO 对企业经营情况的掌控和其决策的有效性。因而，我们可以预见，未来数字化和智能化将对财务人员的日常工作产生重大影响。

三、德勤的应对

在面对行业的转型和冲击方面，德勤有自己特有的应对之道。我们目前正在对整个企业进行全面的数字化转型，我们通过一个非常结构化的转型路径做这个事情。例如，前段时间德勤的机场推广宣传，看起来感觉不是特别像会计师事务所的宣传，因为宣传中全部都在讨论人工智能、智慧出行。这就是德勤在面对整个大的经济环境技术浪潮场景时，在非常主动地迎接挑战。

我们特别强调"ABCD"对于我们财务工作的影响，而在财务领域大家最直观地感受到的就是智能财务机器人。我们的第一代机器人是基于RPA技术的，于2017年年初在国内推向市场，到现在智能财务机器人已经整合了以上提到的认知技术，可以听、说、读、写、思考，在企业财务场景里，它已经从简单的重复操作进化到非常复杂的财务操作。这也是我们对未来整个财务数字化和智能化的观点和愿景。

通过观察我服务的那些大型企业，我的直观感受是，技术正在变得越来越复杂。我们本来希望技术帮助我们减少不确定性，但是同时我们也发现技术给我们带来了更多的不确定性，而且没有一个药方可以开给所有企业。目前每个企业在转型中都会遇到各种各样的问题，市面上有林林总总的各种各样的解决方案，企业如果想按图索骥就可以实现数字化财务的转型是不现实的。因此，财务从业人员需要从自身能力出发，思考如何从企业的数字化战略角度，找到适合财务部门的数字化转型的路径。

Accounting Infrastructure Development in Sri Lanka: Status Quo and Challenges

Nishan Fernando

[The Managing Director of BDO Consulting (Pvt) Limited and the Independent Chairman of First Capital Holdings PLC and Its Subsidiaries. MBA (USJ), FCA, ACMA (UK), CGMA, GSLID]

This article will focus on Sri Lanka's perspective on accounting infrastructure and the reasons for the need to build a sound accounting infrastructure. The relationship between accounting infrastructure and the implementation of the Belt & Road Initiative and its importance will also be discussed.

The accounting infrastructure has not been defined in details. In general, it refers to a set of systems and conventions that directs the functional accounting practice of an enterprise or a professional body under a legal framework and adopts accounting standards. A well designed accounting infrastructure consists of three principal elements, an accounting standards system, an accounting talent system and an accounting regulatory system.

The accounting standards system will be the core

theme of this article. To have an effective implementation of the accounting standards, we need a very strong regulatory system to ensure compliance with the accounting standards. Secondly, to run the accounting activities, we need talents to execute the accounting processes in the system. So we need human capital development. That is why a good accounting infrastructure needs to have all those three elements.

The talent system is about cultivating skills and competencies of not only the standards setters, but also of the information producers and users. The information intermediaries can help us interpret standards. Meanwhile, laws and regulations are very important to ensure compliance with common reporting requirements, so that all users of such information would understand and interpret them in a consistent manner.

Without a proper accounting infrastructure, the accounting information would be distorted, incomplete and lacking timeliness. Without a proper accounting infrastructure, the accounting work may struggle to meet the requirements of social and economic development. The accountants should develop financial reports based on the actual decision-making needs of varied stakeholders. However, it will not be possible without a proper accounting infrastructure, and we will observe the economic activities including the goods and funds flow be impacted.

In Sri Lanka, to develop international trade and cross-border investment, all the involved parties need, in the first place, to prioritize and respect one principle, i. e. , transparent and free-flowing of financial information. Towards that end, all stakeholders need to use the same accounting language and that is only possible if we comply with the uniform accounting standards.

What is the Belt and Road Initiative? It is a crucial cross-border, cross-regional initiative covering over 60 legal jurisdictions. Its final objectives are to increase overseas investment, cross-border M&As and the transition from domestic market to overseas market. The initiative is mainly about deepening the collaboration among all countries in economic development and trade and creating a community of common destiny. In the implementation process, it will also help us build stronger connectivity among all stakeholders.

In such a process, information communication across communities is highly necessary and we must have the same language. Coordination of the accounting policies between countries is a crucial mechanism. All the 65 legal jurisdictions have different levels of economic and accounting infrastructure development. They also have various economic policies. The divergence in the accounting standards are seen as an obstacle of cross-border investment. We also realize we need a set of accounting standards that all stakeholders can agree upon. Therefore, international convergence of the accounting standards is desired by all.

The international convergence of the accounting standards will help to produce high-quality, comparable and transparent financial reports. It will reduce the negative impacts caused by comparability and transparency differences between countries. It can facilitate cross-border investments, capital market integration and thus improve market liquidity. Most importantly, it can reduce the cost of international transactions. What would it be like if there were no common accounting standards? For example, if China wants to build a joint venture with Sri Lanka, the Chinese investors need financial information but assume the financial statements of Sri Lanka have been prepared under a framework that is different from that of China. What can we do? The potential investors can designate an external accounting firm to convert the Sri Lankan financial statements into those compliant and comparable with the Chinese standards. This may inevitably push up costs and risks. The Belt and Road Initiative covers 65 countries. If those countries have divergent accounting frameworks, the costs and risks, I mentioned, could form a very significant component. Therefore, we need a common accounting standard system that standards of all these countries could be converged with.

Now the accounting infrastructure in Sri Lanka and what work has been done in Sri Lanka towards having single set of high-quality accounting standards.

First, let's look at the core elements of the accounting infrastructure in Sri Lanka. As shown in this slide (refer to the slide in annex A), the first group is "information producers" whose information is used by the "users and intermediaries" including the business owners, creditors, government, analysts and advisors. Regulation over the financial reports is performed in line with the "laws and regulations" including the Companies Act at the highest level. And there is the Sri Lanka Accounting and Auditing Standards Act passed in 1995. It is one of the most important regulations implemented very effectively related to standard setting and implementation monitoring. Besides, there are the SEC Act, the Banking Act, the Insurance Act and Finance Business Act. The monitoring and implementing authorities in Sri Lanka include the Registrar of Companies, the SEC Act, the Central Bank, the Insurance Regulatory Council, the Sri Lanka Accounting and Auditing Standard Monitoring Board and the Institute of Chartered Accountants of Sri Lanka.

For information producers, Sri Lanka has nearly 100,000 limited liability companies, 95% of which are private companies falling into the SME category. There are about 1,500 Specified Business Enterprises including economically important entities such as banks, insurance companies, finance companies and other listed companies. Besides, there is a large number of partnerships and sole proprietorships. These entities are subject to partnership ordinance and the common law.

For the limited liability companies, they need to comply with the Companies Act and are required to prepare financial statements in accordance with IFRS. However, private companies are not required to file the financial statements to the regulator, but produces them to the owners, creditors and for tax purposes. The non-private companies file the financial statements to the Registrar of Companies, the Sri Lanka Accounting and Auditing Standards Monitoring Board and any other regulator regulating the business line they engage in. For example, if it is a bank, it needs to comply with the Banking Act; other financial institutions need to comply with the Business Finance Act; listed companies need to comply with the SEC Act in respect of financial reporting and other regulatory covenants.

Who are responsible for monitoring and regulation? The limited liability companies are regulated by the Registrar of Companies. But financial reporting of private companies are not subject to monitoring as they are not required to file financial statements. Banks and other financial institutions are subject to the regulation of the Central Bank. Insurance companies are regulated by the Insurance Regulatory Council. Listed companies are regulated by the SEC. In addition, the Accounting and Auditing Monitoring Board is responsible for the compliance of financial reports and audits with international standards. The smaller entities including partnerships and sole proprietorships are recommended to comply with the indigenous standard "Financial Reporting Standard for Smaller Entities", but it does not have a legal backing.

The Sri Lanka financial reporting framework includes all the IFRS Standards and IFRS IC Pronouncements. These are applicable for all companies registered under the Companies Act.

There would have been instances where we had to make minor

modifications to a Standard. Even if we modify only one paragraph or a section within the Standard, it may impact many other parts of the standard as well as in some other standards. Finally, we made a decision not to make any modification in the standard itself. Instead, we used the Statements of Alternative Treatment. When we issue a SOAT to accommodate any modification, it becomes an integral part of the Sri Lanka financial reporting framework. We also have the Sri Lanka Financial Reporting Standard for the SMEs and the Financial Reporting Standard for the Smaller Entities covering those partnerships. In addition, we also have statements of recommended practice and guidance which are equivalent to the IFRS IC Agenda Decisions.

The Statements of Alternative Treatment occurred when there were practices resulting in significant issues impacting business in general or an industry as a whole had they been changed straight away at the time of conversion. Since our convergence with IFRS in 2012, we have made around 12 of such statements, all of which have now been withdrawn. This made the convergence seamless. I will not explain them in detail as you can find them in the slides.

Sri Lanka's accounting standards are set by the Accounting Standards Committee, which is a legislative organization. Such standards need to be formally adopted by the council of the Institute of Chartered Accountants. The implementation and interpretation are performed by the SLFRS Implementation and Interpretation Committee, which consists of a group of technical experts that resembles IFRS-IC.

The standard setting process starts when the IASB issues an ED or DP. The Sri Lanka Accounting Standard Committee and the Institute of Chartered Accountants organize discussions, solicit public opinions and undertake detailed research. At the same time, we collect opinions and comments from the stakeholders and compile them up for further analysis to be done by a technical team. Part of the research results are deliberated at the CFO forum, in roundtable discussions as well as in public seminars. We collect these stakeholder opinions and produce a compilation of comments on the ED and provide it to the standard setting organizations including the RSSG, AOSSG and IASB.

Throughout the process, we continue to have some education and awareness raising programs. When the IASB issued the final standard, the ASC considers any significant differences from ED and/or any significant issues not addressed. If there are no significant differences, we recommend the standard to the council of CASL for adoption. Normally, the analysis of these differences would take us several months. We also need to consider whether there is a necessity for issuing any SOAT, and then we recommend all stakeholders adopt these standards. That will be published in Gazette from the Institute of Sri Lanka Accountants.

There are also certain challenges. The first is the resource constraint. In 2012, when we were converging with the IFRS, we saw a lot of infrastructure lacking such as in the area of human resources. It was the main constraint in the convergence with IFRS. The standards need to be translated into local languages, and we translated 40 standards, which took us a lot of time and resources. In addition, the fair value is a challenge as we do not have an active stock market. Sometimes it is the preparer that provides the value. The future cash flow in their forecasts may be highly subjective. This is a truly daunting challenge.

The preparers sometimes see convergence with IFRS as a cost and they are not convinced of the benefits. But as we are aware of, the potential of such benefits can be huge in cross-border trade. We need to point it out for them. Another fact is that it is usually the auditors rother

than the preparers that drive the compliance. We often see the preparers relying on the auditors for a full compliance. They are only responsible for preparing financial reports and they hope the auditors can perform compliance in line with the accounting standards if necessary, and ask them to make adjustments if needed. Ever since the convergence with IFRS 9, 15 and 16, the situation has improved tremendously, and many preparers have also started working on the compliance from the very beginning of making financial statements.

In the implementation process, we organized the training-of-the-trainers program. The ACCA and the ICAEW shared a lot of training resources with us. Sri Lanka set up the SLFRS Interpretation and Implementation Committee. We also have a technical helpdesk that is responsible for helping the preparers to deal with the technical issues. There is an e-learning platform for the SLFRS Education, which is open to all the professional accountants and related staff. They can log onto the platform and view the materials for training purposes. We also have the Valuation Guidelines, because the valuators need guidance as to how to perform valuation in line with the IFRS. So do the accountants. We also organized regional seminars on SLFRS for SMEs and the meetings about SLFRS for Smaller Entities are in development at the moment.

Annex A

Key Elements

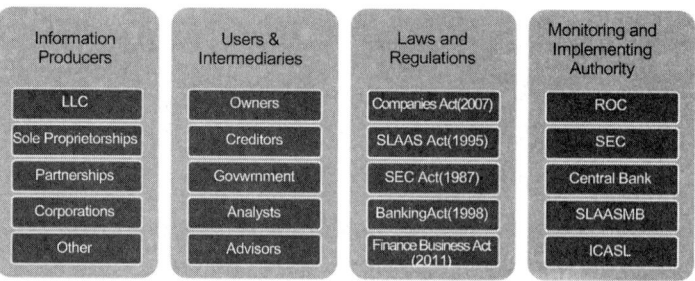

斯里兰卡会计基础设施发展：现状与挑战

尼山·费尔南多

(斯里兰卡会计准则实施解读委员会主席)

本文将重点阐述斯里兰卡对会计基础设施的观点，以及需要建设完善的会计基础设施的原因；还将讨论会计基础设施与"一带一路"倡议实施的关系及其重要性。

一、完善会计基础设施的意义

"会计基础设施"这个概念通常指的就是在法律框架和所用会计准则下，指导企业或专业机构的职能会计开展工作的系统和惯例。而一个设计良好的会计基础设施包括三个主要元素：会计准则体系、会计人才体系和会计监管体系。

会计准则体系将是本文的核心主题。为了有效地执行会计准则，首先需要一个非常强大的监管体系保证各方实践符合会计准则；其次，要运行会计活动，需要人才来执行会计流程；最后，需要人力资本开发。这就是为什么良好的会计基础架构需要同时具备上述要素。

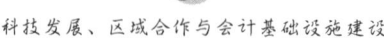
人才体系不仅要培养准则制定者的技能和能力，还要培养信息生产者和用户的技能和能力。信息中介有助于解释准则。同时，法律和法规可以确保各方都遵守共同的报告要求，以便此类信息的所有用户都可以采用一致的方式解读信息。

没有完善的会计基础设施，会计信息将被扭曲、不完整且缺乏及时性；没有完善的会计基础设施，会计人员很难根据不同利益相关方的实际决策需求来编制统一规格的财务报告。这种情况下包括货流和资金流在内众多经济活动会受到影响，使得会计工作可能难以满足经济社会发展的要求。

为了促进国际贸易和跨境投资，各方都需要优先考虑和尊重一个原则，即金融信息的透明和自由流动原则。为此，所有利益相关方都需要使用相同的会计语言，只有在遵守统一的会计准则的情况下，这才是可能的。

二、会计基础设施与"一带一路"倡议

什么是"一带一路"倡议？这是一项涵盖 60 多个法律管辖区的跨境跨地区的重要倡议。其最终目标是促进海外投资、跨境并购以及带动企业走出国内市场、转向海外市场。该倡议的主要目的是深化各国之间的经贸发展合作，并建立一个人类命运共同体。在实施过程中，这个倡议还将有助于在各方之间增进互联互通。

在此期间，跨地区的信息交流非常必要，因而有必要使用相同的语言。国家间会计政策的协调是至关重要的机制。所有 65 个法律管辖区的经济和会计基础设施发展水平都不同，都有其各自的经济政策。会计准则的差异因此也被视为跨境投资的障碍。现在需要一套所有利益相关方都同意的会计准则。因此，所有人都乐见会计准则的国际趋同。

会计准则的国际趋同将有助于产生优质可比且透明度高的财务报告。这将减少对各国因在可比性和透明度方面存在差异而产生的负面影响，还有助于促进跨境投资，整合资本市场，从而提高市场流动性。最重要的

是，这么做可以减少国际交易成本。如果没有通用的会计准则，世界将会怎样？例如，如果中国想与斯里兰卡建立合资企业，中国投资者需要财务信息，但认为斯里兰卡的财报编制机制与中国迥然不同。这时候该做些什么？潜在的投资者可以指定一家境外会计师事务所将斯里兰卡的财务报表转换为符合中国准则的财务报表。这个过程会不可避免地推高成本和风险。"一带一路"倡议覆盖 65 个国家，如果这些国家的会计框架均各自不同，那么此间潜在的交易成本和风险则不容小觑。因此，需要一个通用的会计准则体系，使所有这些国家的准则都可以融合。

三、斯里兰卡的会计基础设施以及相关会计准则的制定

首先，我们关注斯里兰卡会计基础设施的核心要素。如表 1 所示，第一类是"信息生产者"，其信息由"用户和中间方"使用，包括企业所有人、债权人、政府、分析师和顾问。财务报告的监管是根据"法律和法规"（包括最高级别的《公司法》）。1995 年，《斯里兰卡会计和审计准则法案》批准通过。这是有关准则制定和监督实施的最重要法规之一，并得到了非常有效地执行。除此以外，还有《证券交易委员会法》《银行法》《保险法》和《金融商业法》。斯里兰卡的监督和执行机构包括企业注册局、证券交易委员会、中央银行、保险监督委员会、斯里兰卡会计和审计准则监督委员会以及斯里兰卡特许会计师协会。

表 1　各类企业组织形式的关键要素

信息生产者	信息使用者和中介	法律法规	监管和实施机构
有限责任公司	拥有者	《公司法》（2007）	企业注册局
个人独资公司	债权人	《斯里兰卡会计和审计准则法案》（1995）	证券交易委员会
合伙制公司	政府	《证券交易委员会法》（1987）	中央银行
有限公司	分析师	《银行法》（1988）	保险监督委员会
其他	顾问	《金融商业法》（2011）	斯里兰卡会计和审计准则监督委员会

对于信息生产方，斯里兰卡拥有近 100 000 家有限责任公司，其中 95% 是属于中小型私营企业。大约有 1 500 家特定商业企业，包括诸如银行、保险公司、金融企业和其他上市公司等具有经济重要性的实体。此外，还有大量的合伙企业和独资企业。这些实体受合伙法规和普通法的约束。

对于有限责任公司，需要遵守《公司法》并必须按照国际财务报告准则（IFRS）编制财务报表。但是私营企业不需要向监管机构提交财务报表，而是应向股东和债权人说明，或根据税务目的来编制财务报表。非私营企业向企业注册局、斯里兰卡会计和审计准则监督委员会以及任何其他监管其所从事业务的监管机构提交财务报表。例如，银行需要遵守《银行法》；其他金融机构需要遵守《商业金融法》；上市公司在财务报告和其他监管政策方面需要遵守《证券交易委员会法》。

在监管方面，有限责任公司受企业注册局监管；然而私营企业因其无需提交财务报表而不受监督；银行和其他金融机构受中央银行的监管；保险公司受保险监管委员会的监管；上市公司受证券交易委员会监管。此外，会计和审计监督委员会负责按照国际准则来监督财务报告和审计的合规性。一般建议规模较小实体（包括合伙企业和独资企业）遵守本地准则，即《较小实体财务报告准则》，但该准则没有法律约束力。

斯里兰卡财务报告框架包括所有 IFRS 和 IFRS-IC（Interpretations Committee）公告。这些适用于根据《公司法》登记注册的所有公司。

在某些现实操作中，必须对准则进行少量修改。即便是仅修改准则中的一个段落或部分，也可能会影响该准则以及其他准则的许多其他部分。最后会决定不对准则本身进行任何修改，而是使用替代处理声明（SOAT）。当发布替代处理声明以推进任何修改时，它便成为斯里兰卡财务报告框架的有机组成部分。同时也有《斯里兰卡中小企业财务报告准则》和涵盖合伙企业的《较小实体财务报告准则》。此外，还有与 IFRS-IC 议程决定等效的推荐做法和指南声明。

如果某些实践一经转换即会导致重大问题进而影响整类业务或整个产

业，斯里兰卡则会采用"替代处理声明"。自斯里兰卡会计准则2012年与IFRS统一以来，我们已经做出了约12项此类声明，但现在所有这些声明均已撤回，斯里兰卡国内会计准则因此已经完全和IFRS融合。鉴于文件中有所展示，此处不再赘述。

斯里兰卡会计准则是由会计准则委员会制定，该委员会为立法机构，会计准则需要由特许会计师协会理事会正式采用，准则的实施和解释由斯里兰卡财务报告准则实施和解释委员会负责，该委员会由类似IFRS-IC的技术专家组成。

当国际会计准则理事会（IASB）发布征求意见稿或讨论稿时，准则设定过程正式启动。斯里兰卡会计准则委员会和特许会计师协会负责组织讨论，征求公众意见并进行详细研究。同时，从利益相关方那里收集意见和评论，汇总起来供技术团队进行深入分析。部分研究结果在CFO论坛、圆桌讨论会以及公共研讨会上进行了审议。完成后，再将这些利益相关方的意见收集成册，并提供给亚洲—大洋洲会计准则制定机构组织（AOSSG）和国际会计准则理事会等准则制定组织。

在此期间，斯里兰卡持续推进教育活动以提高各方认知。当国际会计准则理事会发布最终准则时，会计准则委员会将考虑与征求意见稿是否存在任何重大差异和未解决的任何重大问题。如果没有显著差异，我们建议将该准则推荐给斯里兰卡特许会计师协会予以采用。通常，对这些差异的分析将花费我们几个月的时间。我们还需要考虑是否有必要发布替代处理声明，然后建议所有利益相关方采用这些准则。这将在斯里兰卡会计师协会的公报上发表。

与IFRS趋同方面还存在一些挑战。首先是资源局限性。2012年，斯里兰卡会计准则与IFRS融合时，我们发现斯里兰卡在人力资源等领域基础力量薄弱。这是与IFRS融合的主要局限。其次是语言，我们翻译40项准则，花费了大量时间和资源。此外，斯里兰卡没有活跃的股票市场，因此，公允价值衡量是一项挑战。有时数据是报表方自身提供的，但他们预测中的未来现金流可能是带有高度主观性。这的确是一个巨大挑战。

有时报表方会认为与 IFRS 融合只是一项花钱的工作，并不会带来什么实惠。但是，正如我们所知，在跨境贸易中，此项工作的好处可能是惊人的。我们需要为他们指出这一点。另一个事实是合规通常是由审计工作人员而不是报表方来推动的，我们经常看到报表方完全依赖审计师。报表方仅负责准备财务报告，并希望审计师在必要时可以按照会计准则进行合规审查，并在需要时为自己提出调整要求。自从与 IFRS 9、IFRS 15 和 IFRS 16 融合以来，情况已大有改观，许多报表方也从制定财务报表的一开始就着手进行合规工作。各类企业组织形式的关键要素如表 1 所示。

在实施过程中，斯里兰卡组织了培训师的培训计划。特许公认会计师公会（ACCA）和英格兰及威尔士特许会计师协会（ICAEW）与斯里兰卡共享了很多培训资源。斯里兰卡成立了财务报告准则解释和实施委员会；同时，也建立了一个技术服务台，负责帮助报表方处理技术问题。斯里兰卡财务报告准则教育机构（SLFRS Education）有一个电子学习平台，向所有专业会计师和相关人员开放。他们可以登录平台并查看资料以进行培训。斯里兰卡也编写《资产评估师指南》，因为资产评估师需要参考相关指导文件才能知道如何按照《国际财务报告准则》进行评估，会计师也一样。斯里兰卡针对中小企业组织了斯里兰卡财务报告准则的区域研讨会，并且目前正在组织针对小规模企业的财务报告准则会议。

Accounting Infrastructure Development in Pakistan: Status Quo and Challenges

Rana Muhammad Usman Khan

(Council member of ICAP, Partner in Deloitte Yousuf Adil)

This article reflects how much China is committed to the globalization and standardization of the accounting infrastructure while developing its Belt and Road Initiative. This article will also help Pakistan to improve understandings in the accounting sector and facilitate cooperation among the various stakeholders. China does not appear to be a stranger place to Pakistan since the Belt and Road Initiative was raised, many Chinese have come to Pakistan and both citizens have had the opportunity to develop professional as well as personal friendships.

This article will focus more on the Pakistan's approach and status towards harmonization of international accounting standards and development of a competent workforce as part of accounting

infrastructure. In the end, will also touch upon our accounting infrastructure and how it can contribute effectively towards Belt and Road Initiative.

Pakistan has a population of over 200 million, GDP of over US $ 400 billion, and has more than 500 active companies listed on the Stock Exchange. The accounting infrastructure as well as the related legislation in Pakistan are quite mature as we have followed the international standards over the years.

Pakistan have a committed approach of harmonization with international standards. We have adopted and implemented International Standards for accounting & reporting, auditing and ethical conduct. For accounting and reporting, we have been following the International Financial Reporting Standards (IFRS) as issued/released by IASB. The value of standardization with globally recognised reporting standards was realized from the very early stage and we decided to take the path for the following global standards i. e. IFRS for this very purpose. In auditing, we are fully compliant with International Standards on Auditing (ISAs) and we are also aligned to the Code of Ethics for professional accountants issued by IFAC. Pakistan have also attached foremost importance to the development of competent human capital in the accounting infrastructure ecosystem. In terms of education and training of our accounting professionals we are aligned with the International Education Standards of IFAC. In view of above, we can proudly claim that ICAP has already established an internationally harmonized curriculum and training scheme for professional accountants.

The leading global accountancy firms including BIG 4 firms have presence in Pakistan, and this presence goes back to decades. Many accounting professionals are being trained by the leading international accounting firms, so their education and training is up to the international level. In particular, they are trained to be ethical at the onset.

We are fully cognizant of the fact that an enabling environment for the corporate reporting and enforcement regime are as important as the accounting standards used in the preparation of financial statements. On the enforcement and the quality assurance front, the Securities and Exchange Commission of Pakistan (SECP) is responsible to regulate the corporate sector. SECP has a robust and thorough regulatory legal framework and structure for corporate sector, having the capacity to act proactively to ensure compliance with best practices. To ensure the local compliance with international standards, our regulatory bodies never dare to feel complacent and they also continue to improve their practices. Take the banking sector for example, we have many banks operating in Pakistan. Many of them are high quality ones, including the globalized presence. The financial sector is also subject to the supervision by the central bank namely the State Bank of Pakistan that is tasked with ensuring the financial intermediaries operate soundly in the field of accounting.

The Pakistan Accounting Standards Board is a multi-stakeholder board established with the objective to reinforce the accounting standard setting process and enhance public confidence with increased transparency and consultation, and contribute to the implementation of globally accepted financial reporting standards and practices consistent with Pakistan's economic and legal circumstances.

The Board reviews the accounting standards as per a due process which involves extensive consultation and then recommends a standard for adoption and official notification by SECP. The Board also discusses any modifications needed to such standards if they are not suitable to the local market and how we should address such inconsistencies. However, generally such situations are very rare.

We also have an independent Auditing Oversight Board which takes charge of monitoring and supervision over the auditing profession. Federal Board of Revenue is responsible for an appropriate taxation regime in Pakistan fully aligned with international practices and also taking into account the local business environment. In short, our regulatory work has set up a robust, effective and time-tested systems that cover various facets of financial reporting, auditing and taxation.

The premier accounting body in Pakistan is the Institute of Chartered Accountants of Pakistan (ICAP) which was established in 1961. We are member of all the important international accounting organizations including the IFAC, AOSSG, CAPA, SAFA. The institute has over 10,000 members and over 30% of them are serving in international capital markets. Many of them are working outside of Pakistan in the developed economies such as UK, US, Canada, Australia and the Middle East. High-quality accounting professionals are the hallmark of ICAP. Presently, we have around 35,000 accounting students who are working towards becoming chartered accountants. They will work in the fields of financial management and accounting in the future.

In Pakistan, we speak the international business language as we adopt and follow global set of IFRS. Because of its strategic location, economically viable cooperation and the strategic time-tested partnership with China, Pakistan is an important country in the Belt and Road Initiative. We look forward to your investment and hope to provide high-quality accounting practices to support the cross-border investment from China.

I have also talked about the systems in the accounting infrastructure. We have adopted the International Auditing Standards and set up our own auditing oversight board. At the same time, we have requirements regarding quality control with a purpose to ensure the work quality of the accounting firms is high and compliant with all the international standards, which is also required by the stakeholders. So in all, our systems are very mature, the laws are strict and the regulatory bodies play an active role.

In general, we are able to produce high-quality financial reportings to the local stakeholders/taxpayers as well as international investors. This constitutes a crucial support to the accounting infrastructure. People are very important and as mentioned earlier currently, over 35,000 students are enrolled with our institute i. e. ICAP. They will grow into chartered accountants or specialized accountants. ACCA and other management accountant associations have also put their training programs in Pakistan. Therefore, if we add up all those training programs, the number of enrolled accounting students is much higher for sure. After receiving the necessary training, these students will be able to provide high-quality accounting and financial reporting. Our efforts and commitment to develop competent and future oriented accounting professionals is a testament of our commitment to uphold public interest. We (ICAP) as a regulatory body for accounting profession is a member of many International Accounting bodies/forums and we are keen to strengthen our associations further. We are fully committed to ensure our alignment/compliance with the international standards, build strong relations with all local and international institutions and collaborate with relevant stakeholders across the Belt and Road Initiative. We want to ensure whatever work we do, such work shall be of high-quality and we hope to provide the best environment and services to all stakeholders.

We also face challenges in meeting the expectations of all

stakeholders, however, we have demonstrated capability and determination to respond to all challenges. On accounting front, we welcome the opportunities for collaboration in the context of the Belt and Road Initiative, in particular with China, which is very good partner to have.

Finally, to sum up. Pakistan accounting jurisdiction complies with the international standard system. So do the human talent pool. We have an effective and multi-layered accounting enforcement regime, a very mature and robust capital market, and we are ready to cooperate with the other countries and support the Belt and Road Initiative. In the field of accounting and finance, Pakistan have already demonstrated commitments. If you come over to Pakistan, we can assure that all the information provided is not only fully reliable but also in accordance with international standards. Pakistan want to make sure we all speak the same accounting language, the information is timely, trustworthy and useful; and follow the uniform international standards.

巴基斯坦会计基础设施发展：
现状与挑战

拉纳·穆罕默德·奥斯曼·汗

（巴基斯坦特许会计师协会理事会委员，德勤–巴基斯坦合伙人）

本文反映中国在制定"一带一路"倡议的同时也在致力于大力推进会计基础设施的全球化和标准化，本文也有助于巴基斯坦提升对会计行业的理解，且能够促进各利益相关方之间的合作。对中国而言，巴基斯坦并不是一个陌生的国度，自"一带一路"倡议提出以来，许多中国人到巴基斯坦，促进经济文化交流的同时，也进一步加深了中巴两国之间的友谊。

本文将主要介绍巴基斯坦在同国际会计准则协调时采用的方法和现状，以及创建一支训练有素的专业会计队伍、为会计基础设施奠定坚实基础的措施。最后本文还将探讨巴基斯坦的会计基础设施以及在促进"一带一路"倡议方面的有效作用。

巴基斯坦人口超过2亿，国内生产总值超过4 000亿美元，在证交所上市的公司超过500家。巴基斯坦的会计基础设施以及相关立法已相当成熟，且遵循国际准则。

巴基斯坦致力于与国际会计准则协调一致，现已采用并实施了核算报告、审计和职业道德行为领域的几个国际准则。对于核算报告，巴基斯坦一直遵循国际会计准则理事会（IASB）发布的国际财务报告准则（IFRS）。从一开始我们便意识到以全球公认的报告准则为导向推进标准化建设的价值。因此，我们决定按此方向进一步采纳全球准则，即 IFRS。在审计方面，完全遵守国际审计准则（ISA），与国际会计师联合会（IFAC）颁发的会计师的职业道德行为守则保持一致。巴基斯坦非常重视在会计基础设施的生态系统中培养壮大人力资本。在会计专业人员的教育和培训方面，与 IFAC 的国际教育准则保持一致。鉴于上述情况，巴基斯坦特许会计师协会（ICAP）已经为专业会计师建立了与国际接轨的课程和培训计划。

早在几十年前，包括四大公司在内的全球主要会计师事务所就开始在巴基斯坦开展业务。许多巴基斯坦会计专业人员正在接受这些国际大型会计师事务所的培训，因此他们的教育和培训均处于国际水平。尤其值得一提的是，他们在培训伊始就被教育要严守职业道德。

公司报告和执法制度的外部环境与编制财务报表时使用的会计准则同等重要。在执法和质量保证方面，巴基斯坦证券交易委员会（SECP）负责监管企业部门，他们为企业部门提供了稳健而全面的监管法律框架和结构，能够采取主动行动以确保企业符合最佳实践。为保证遵守国际准则，巴基斯坦的监管机构谦虚好学，不断改进。以银行业为例，有许多国际银行在巴基斯坦开展业务。其中有许多都是高质量的拥有全球化业务的银行。金融部门还受到中央银行即巴基斯坦国家银行的监管。中央银行的任务是确保金融中介机构在会计领域保持稳健运营。

巴基斯坦会计准则委员会是一个多利益相关方委员会，其目的是加强会计准则的制定程序，提高透明度和推动协商以增强公众信心，并促进实施符合巴基斯坦经济和政策的全球公认的财务报告准则和做法。

委员会根据规范程序来审评会计准则，其中涉及与各方的广泛咨询，然后就是否应采纳某准则向 SECP 提出建议并由 SECP 正式通知。如果某准则不适合当地市场，委员会也会讨论如何对其修正以及如何解决准则差异。但是，像这样的情况也是很少的。

巴基斯坦还有一个独立的审计监督委员会，负责对审计行业进行监测和督导。联邦税务局负责建立一套完全符合国际惯例并适合当地商业环境的税收制度。简而言之，巴基斯坦已经建立起一个强大、有效且经过时间考验的监管系统，涵盖了财务报告、审计和税收的各个方面。

巴基斯坦特许会计师协会（ICAP）是巴基斯坦在会计领域里的一个主要机构，成立于1961年。它是国际会计师联合会（IFAC）、亚洲—大洋洲会计准则制定机构组（AOSSG）、亚太会计师联合会（CAPA）、南亚会计师联合会（SAFA）等重要国际会计组织的成员。协会拥有10 000多名成员，其中30%以上在国际资本市场内服务。他们中许多人在英国、美国、加拿大、澳大利亚和中东等发达经济体工作。高质量的会计专业人员是ICAP的标志。目前，我们有大约35 000名会计学生正在努力成为特许会计师。他们将来会在财务管理和会计领域工作。

在巴基斯坦，我们采用国际商务语言并遵循全球IFRS。巴基斯坦因其战略位置、经济上可行的合作以及与中国历经考验的战略伙伴关系而成为"一带一路"沿线的重要国家。我们希望通过提供高质量的会计实务来支持中国的跨境投资。

关于会计基础设施中的各个体系。巴基斯坦采用了国际审计准则并建立了自己的审计监督委员会。同时，严守对质量控制的要求，确保会计师事务所的工作质量且符合所有国际准则，这也是各利益相关方的要求。总而言之，巴基斯坦的会计体系非常成熟，法律严格，并且监管机构也发挥着积极的作用。

总地来说，巴基斯坦能够向当地利益相关者、纳税人以及国际投资者提供高质量的财务报告，这是会计基础设施的重要支撑。人才至关重要，如前所述，ICAP目前有超过35 000名学生。他们未来将成长为特许会计师或专业会计师。ACCA和其他管理会计师协会也在巴基斯坦开展了培训项目。因此，如果将所有这些培训课程加起来，注册会计学生的数量肯定会更高。在接受必要培训后，这些学生将能够提供高质量的会计和财务报告。巴基斯坦致力于培养有能力和面向未来的会计专业人员，这是我们对坚守公众利益的承诺。作为会计专业的监管机构，ICAP 是许多国际会计机构、论坛的成员，希望能够进一步巩固加强协会的实力，全力确保与国际准则的一致性和合规性，力图与所有当地和国际机构建立稳固关系，并与"一带一路"倡议的各利益相关方合作。我们确保一切工作都是高质量的，也希望为所有利益相关方提供最好的环境和服务。

的确，巴基斯坦虽然为了满足各利益相关方的期望而面临着重重挑战，但我们具备应对所有挑战的能力和决心。在会计领域，我们欢迎在共建"一带一路"倡议背景下与各方的合作机会，特别是与好伙伴中国开展合作。

最后，巴基斯坦的会计管理符合国际准则体系，且拥有国际化的会计人才。我们建立了一个有效的多层会计执法制度。我们拥有一个非常成熟和强大的资本市场，愿意与其他国家合作，支持"一带一路"倡议。在会计和金融领域，巴基斯坦已经兑现了自己的承诺，为投资者提供了符合国际准则的可靠信息。我们希望确保双方都使用相同的会计语言，且遵循统一的国际准则，提供及时、真实和有用的信息。

How Accountants Can Bridge the Global Infrastructure Gap Improving Outcomes Across the Entire Project Life Cycle

Iain Mansfield

(Head of Public Sector, ACCA)

It has been known that quality infrastructure is the bedrock for a prosperous society. Infrastructure systems ensure basic human needs are met. For instance, utility infrastructures allow people to gain access to energy for lighting and heating, safe water for drinking, sanitation and cooking. Transport infrastructure on the other hand gives people the ability to travel and transport marketable goods to various regions. Clearly, the proper provision of infrastructure requires the well-considered investment of public resources. This also sets a ground stone for the flourish of private investments.

The main notion of this report is that to successfully deliver infrastructure projects, accountants will need to be brought to the centre of the decision-making processes. The first part of the paper will review the

research methods used in the report. This is to provide an understanding of how the research is conducted. The procedures and processes taken to measure the scale and nature of the infrastructure gap and the ability of different governments in responding to the challenges of the infrastructure gap will also be briefly mentioned. This is followed by the discussion on the role of accountants in bridging such a gap and follow by presenting the analysis and recommendations in three specific areas such as projects selection, projects finance, and projects delivery. It is also important to understand that accountants play an indispensable value if we would to achieve these three specific areas successfully. Additionally, please note that project delivery can indicate the full life cycle of a project: from the stages of design, construction, operation, maintenance, and to decommission.

In this report, four different research methods were employed. First method is associated with the analysis of economic data that provides the possibility to quantify the infrastructure gap in the global level. The economic data used were from the World Bank, OECD, IMF, and the G20 global infrastructure hub. In combination these sources allowed us to quantify the infrastructure gap, but also looking at government's capacity to respond to the infrastructure challenge. Second method is the collaboration member surveys with the CPA Canada which has over 3,600 responses across 118 countries (please refer to the global map shown above). Third method involves seven roundtable discussions. In order to achieve the broadest representation and to diversify the opinions gathered, countries such as UK, Canada, Sri Lanka, Nigeria, Trinidad, Jamaica, and Malaysia were selected. Finally, a comprehensive literature review of the studied topic was conducted. For anyone who is interested and would like to explore deeper regarding the studied topic, you can find the references of reviewed literatures at the back of the report. It is recommended to go through them, it is possible to find information that is richer than the report itself.

Through the implementation of the above four methods, the information needed for quantifying the infrastructure gap has been gathered. The acquired information also helps to explain how accountants should play a vital support role in shortening and bridging the gap of infrastructures. The report concludes with 20 recommendations that show how governments, accountants and professional bodies can work together to shorten the supply and demand gap in infrastructures.

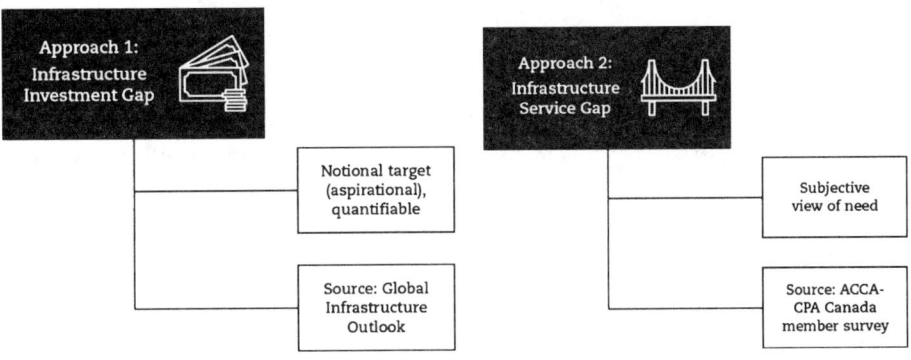

Figure 1　Quantifying the gap: 2 approaches

In quantifying the infrastructure gap, two different approaches were adopted. The first approach focuses on the "infrastructure investment gap". This appears to be more common in the literature. Many consulting firms such as McKinsey and a number of other think tanks have done extensive research work around quantifiable gap values. This how much the amount of money being invested by each country, region or city, and the size of the investment that should be achieved to meet actual demands. This is undoubtedly a very useful measure of establishing an ideal nominal goal.

In this method, the report refers to the income classification criteria of the high, medium and low-level countries set by the World Bank. We then compared the countries within each income group to the 75% of the infrastructure investment threshold. If the investment in a country is higher than the 75% level within its income group, it deems to be no lack of infrastructure investment. For countries below this threshold, we will estimate the country's investment amount from 2018 to 2040 and compared with the amount that we think it needs to achieve. The difference between the two calculations will then be measured. Each country will also be assigned with a specific number according to the calculation result, and the number represents the level of a country's "infrastructure investment gap".

The second approach we took a quite innovative perspective and focused on the infrastructure service gap. When talking about a country's infrastructure supply, the ultimate purpose is to meet the country's actual infrastructure needs, rather than reaching a nominal investment scale. Therefore, our ultimate goal is to narrow the recognized service gap. In the traditional analysis, the service gap cannot be measured with monetary value. However, this may be a subjective opinion. In order to achieve such measurement, various novel approaches were included in the survey - those who have certain expertise in the areas of infrastructure policy were asked to rate the quality of their country's infrastructure based on the seven sub-categories provided in the survey. This helps us set a global benchmark and allows the comparison between markets, countries and regions possible.

Each of these two approaches will be discussed briefly in following sections.

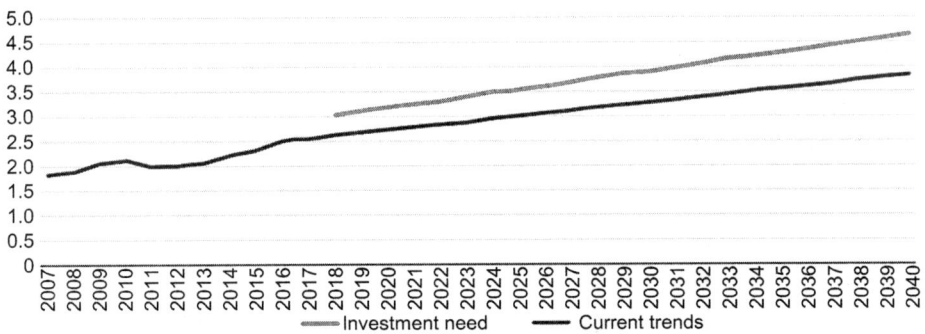

Figure 2　Approach 1: Infrastructure investment gap

Source: GHI and Oxford Economics 2018.

As the graph above shows, the blue line is the current trend in global infrastructure investment; the red line indicates that from 2018 to 2040, the global investment needed to bridge the infrastructure investment gap. Based on the comparison between current trends and investment needs, the gap between the two has increased over time – in the beginning of 2018, the investment gap exceeded $400 billion, and by 2040 the difference will be extended to $14 trillion. This indicates that to eliminate the investment gap 39% increase in current investment trends will be required.

Approach 2: Infrastructure service gap

The second approach focuses on the infrastructure service gap analysis. In examining this gap, a joint survey of ACCA and The Canadian Institute of Chartered Professional Accountants was implemented. The members from the two accounting professions were asked to judge the level of infrastructure service supply in their country based on the seven sub-categories provided, ranging from "very good" to "very bad". Followed by the survey the respondents who considered as infrastructure experts were interviewed, and they were accounted for a significant proportion of all respondents.

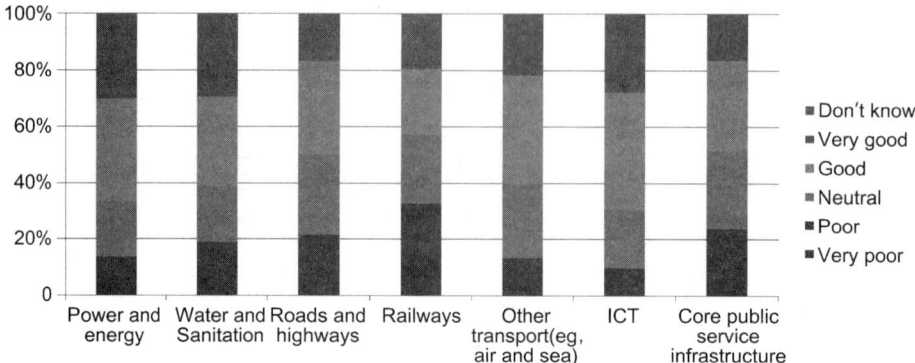

Figure 3　Infrastructure service gap-global benchmark

As is shown by the graph above, from a global aggregate perspective, respondents rated the three types of infrastructure such as electricity and energy, water and sanitation, and information and communication technologies (ICT), indicating the highest among others. Warning signs were also shown regarding the rail and core public service infrastructure, which most respondents considered them to be "poor" or "very poor". It is also worth mentioning that when analyse the problem at the global level, many studies tend to focus on theoretical research; however, it is the analysis of regional or national results can then contribute in providing benchmarks for referencing. For instance, when comparing the results of Africa (graphs below) with the results of the globe (graph above), significant differences can be found.

The quality of ICT infrastructure in the Africa region is fairly at the level of good to very good, while the performance of other infrastructure types such as electricity and energy, water supply, core public service infrastructure, and institutions (e. g. hospitals or schools), is significantly

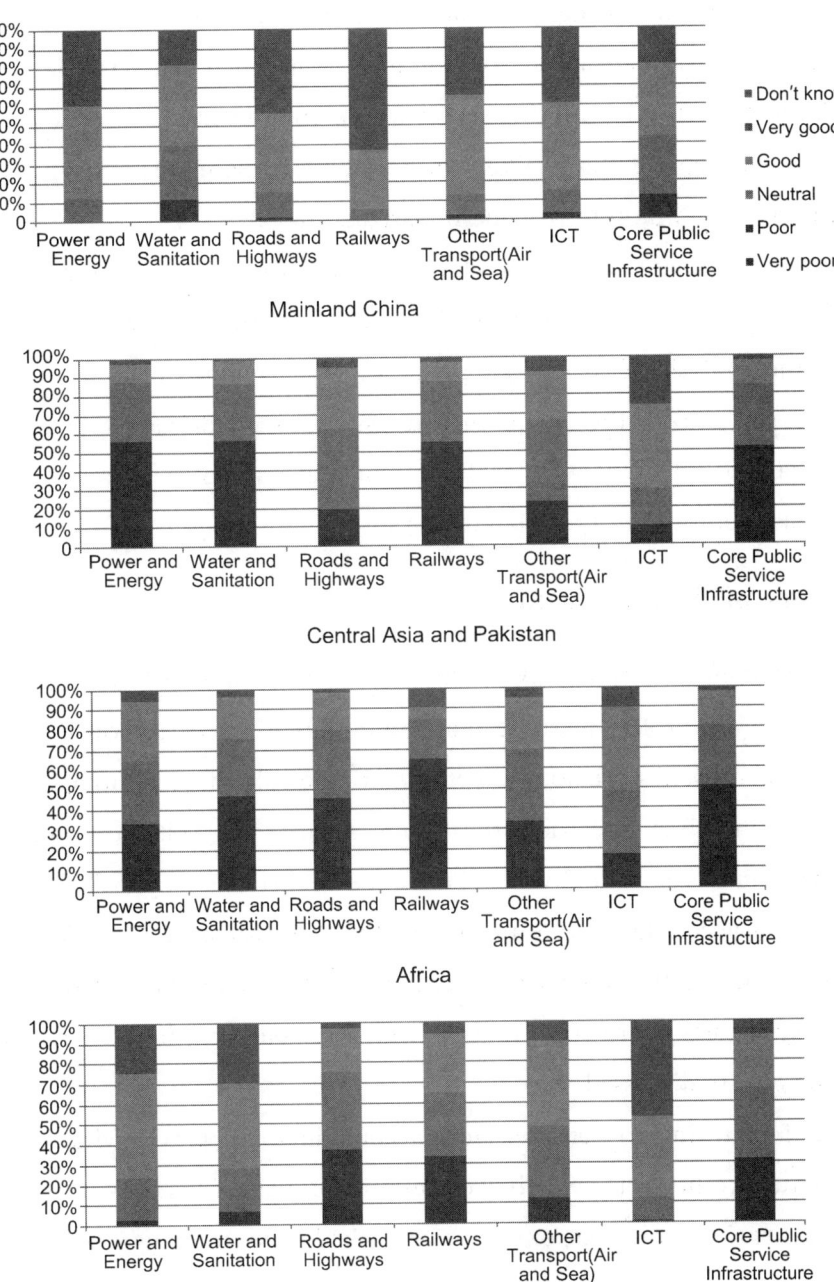

Figure 4　Comparison of infrastructure in different regions

below the global average. Rather than merely focusing on a general nominal figure, the analysis of regional or national outcomes is thus a useful method for identifying areas where further investment is needed and by pointing out things like "the country or region needs to invest an additional $5 billion to provide infrastructure".

An investment gap can be closed by a country with the establishment of an "extensive roading networks". However, the challenges identified from the analysis of service gaps will still be remained. The analysis of service gap allows the infrastructure issues to be discussed in a more practical and different way, a dimension that has not been addressed in previous literature on the related subject.

Role of the accountant

"Accountants can play a key role in addressing infrastructure challenges" is the key message that this report is trying to convey to the wide audiences. As previously mentioned, the role of accountants can be essential in three specific areas such as projects selection, projects finance, and projects delivery. Thus, the report has emphasised on the analysis of accountants' role in each of the three areas. On the following sections, before the summarised recommendations, the biggest barrier to meeting infrastructure needs and the role of accountants in the three areas will be briefly discussed.

Before trying to consider how accountants can play a vital role in infrastructure projects, we first discussed the biggest barriers to meeting infrastructure needs. Respondents were asked about the biggest challenges of delivering infrastructure services in their countries. As the graph above shows, the differences between regions are significant. For instance, corruption is a serious issue in some regions, which constitutes the

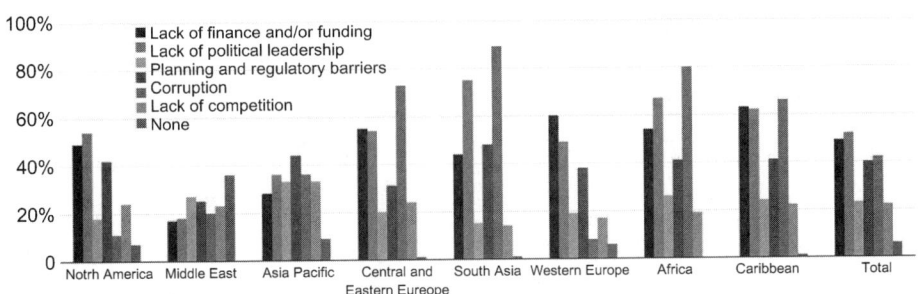

Figure 5　Biggest barrier to meeting infrastructure needs

Source: ACCA-CPA Canada member survey; all respondents; n: 3,611.

greatest obstacle to meeting infrastructure needs. In South Asia, about 90% of respondents considered corruption to be a huge obstacle, with between 75% and 80% in Africa and Central and Eastern Europe. In other regions, only 10% North American respondents mentioned corruption, compared with 8% in Western Europe. The total bar on the far right indicates the average of each barriers. It can be seen that the average corruption rate is around 40%, and differences can be found when comparing this figure with the rates of other regions.

　　Though corruption is an essential element and the has been discussed repeatedly in the report, other barriers have also been identified. For instance, the lack of political leadership (consistent among the regions), lack of financing and/or funding (the second major barriers among the regions), and planning and regulatory obstacles. These findings are deemed extremely useful in providing necessary data for the preparation of this report as well as identify the role of accountants. Furthermore, the study has also found the importance of carefully analyse the "top three" factors. For instance, a lack of political leadership has a significant impact on the choice of projects, as it relates to the kinds of vision a country will set and how to determine the allocation of funds for the project. Further analyse these factors allow us to gain additional knowledge on how the project should be selected and the role of accountants. For the barrier of lack of financing and/or funding, the role that financial professionals play in this requires no more say as the presence of accountants in such a barrier are known to be significant. As for the planning and regulatory barriers, this is one of important factors in determining the success or failure of project delivery. Therefore, this report has also focused on how through forming partnerships between the public and private sectors can lead to the final delivery of infrastructure.

On the next section, the role of accountants in improving the selection, finance, and delivery of infrastructure projects is discussed.

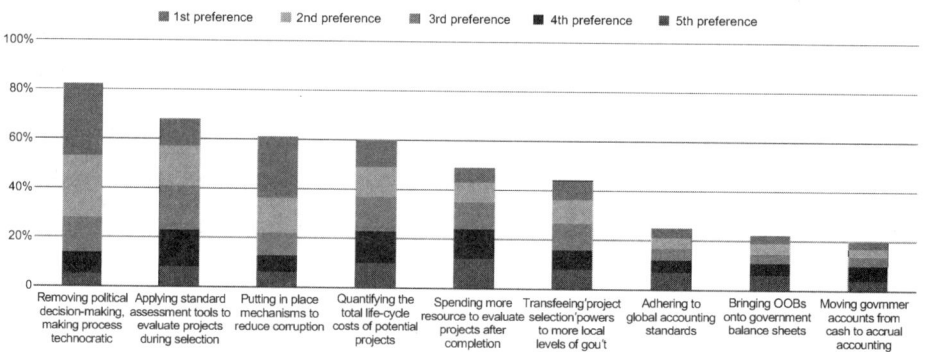

Figure 6　Selecting projects

Source: ACCA-CPA Canada member survey; all respondents; n: 3,611.

In the survey the respondents were asked: "When choosing an infrastructure project, how should you prioritize the following items (please refer to the graph above for each item) to make the best decisions?" It is possible that project selection schemes that are designed based on the result of this study can assist in improving the decision making regarding the selection of infrastructure projects.

The results have shown that most of the respondents tend to choose the items of "remove the decision of political factors, make the decision-making process more determined by technical experts" or "establish a mechanism to reduce corruption" as the first choice. Total around 55% of the respondents will choose these two items when making the decision on selecting infrastructure projects. This results also indicate clearly that to make the appropriate decisions in selecting an infrastructure project, it is crucial to first understand the interaction and communication between politicians, accountants, technical experts and other professionals.

Furthermore, the report also emphasised the need for implementing the standardised assessment tools. In the roundtable discussions, participants pointed out that even with the lack of a systematic approach for selecting a suitable project, a temporary approach should still not be adopted. Instead, standardised assessment tools should be introduced. Thus, through presenting and discussing various practical cases in the report a framework has been provided that can be used to make effective decisions when selecting a project.

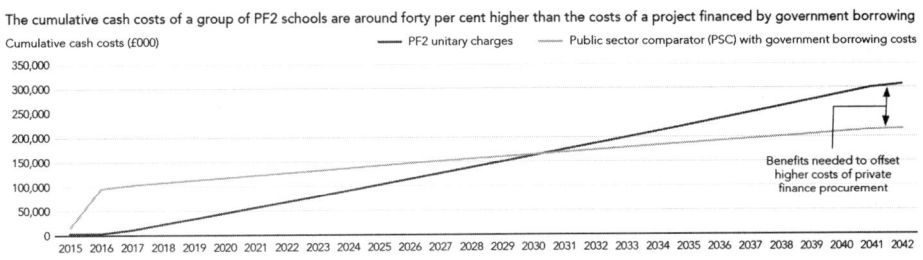

Figure 7　Financing projects

Notes
1　Cost estimates taken from data prepared by the Department for Education to compare costs of a group of privately financed (PF2) schools with a public sector comparator (PSC).
2　Interest costs for the PSC have been modelled using an amortising loan with an interest rate of 2.5%. The 20-year government borrowing costs were 2.5% at the time of financial close of this project and the average life of the project debt was less than 20 years.

Source: Education Funding Agency; National Audit Office analysis. Reproduced from Morse 2018.

The graph above gives an example of infrastructure project financing. The graph indicates the cumulative cash costs of a group of PF2 schools are around 40% higher than the costs of a project financed by government borrowing.

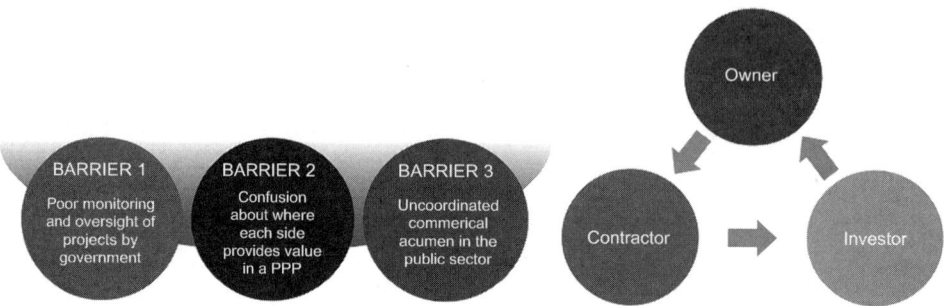

Figure 8   Delivering projects: The public-private partnership

For delivering projects, through questionnaire analysis and roundtable discussions, three specific barriers relating to the success of delivering the projects were summarised (please refer to the diagram above). The key emphasis is the first barrier — the government's monitoring and supervision of the project is weak. In the current research, it was found that many countries have established a fairly comprehensive pre-contractual supervision in the public procurement process for infrastructure construction. However, once the contract is signed, the supervision becomes loosen and insufficient. This is where accountants can play a significant role to improve the situation. In order to better counter with this issue, a method has been developed around the problem of "moral hazard". To put it simply, moral hazard is "opportunism after a contract has made", and through the contract, the three parties shown on the diagram above are formed. Owners can be government agencies, contractors are the ones associated with the actual construction of the infrastructure, and investors (or separate individual investors) may include investment agencies from the private sector.

Once a contract is signed, each of these three parties will have their different incentives and motivations towards an infrastructure project. For example, the owner (s) may seek to extend the scope of the project further and may wonder how oneself can gain more from the infrastructure since the project was set up by them. The contractors on the other hand, will stand on the other side of the equation. They may seek and attempt to cut corners in order to reduce costs and thereby maximise the profits in a project. As for investor's perspective, their power to supervise the construction processes is limited, and this can increase their associated risk of a project and at the same time be worrisome for investors regarding the prospects of investing in infrastructure projects. Therefore, in terms of risk distribution between the parties or the implementation of supervision, accountants can play a vital role in the success of delivering infrastructure projects. In addition, a more comprehensive explanation regarding the accountants' role in the success delivery of an infrastructure project is provided in the report.

Recommendations based on observed good practice

In the final chapter of the report a series of recommendations that summarise the excellent practices observed during the research process have been provided.

Based on the best practices demonstrated around the globe, 20 recommendations for Governments, accountants and professional bodies are provided. Through presenting the concepts that this study has formed, this current study hopes to provide an understanding in regard to the potential practices advocated in this report. First of all, during the discussion of project choices, it was pointed out that respondents

generally wanted to remove politically influenced decisions, which are often inconsistent with the life cycle of infrastructure projects. The solution to this issue applies equally to the private and public sectors: politicians or politically influenced personnel must develop a vision that defines the state of infrastructure supply needs in a country/region. Once this vision is set, an impartial body led by experts can then be formed, and necessary evidences are then gathered based on the "actual needs" to support the project. In regard to this, the report has provided a variety of internationally recognized project selection frameworks that ultimately rely on (1) strong evidence and (2) to meet legitimate needs.

Secondly, it is essential to establish the appropriate incentive mechanism during the stage of project financing. Many governments have set strict fiscal targets such as a debt-to-GDP ratio cap to achieve better public financial management. While it is important to set these goals, government officials must carefully monitor how the set goals interact with the liabilities arise from the public infrastructure financing. The structure of the UK Private Finance Scheme (PFI), for example, utilised private financing to raise billions of pounds in infrastructure liabilities and failed to include such debt in the public sectors' balance sheet. This could lead to an unusual outcome: governments can build expensive new infrastructure while still able to achieve short-term fiscal targets.

Moreover, more suggestions were provided in the report. However, it is the hope of the authors that the audiences not only can see the initiatives and practices advocated in the report, but also understand the ideologies behind them.

In short, infrastructure investment gaps have been found are widening around the world. The service gap analysis shows that Africa region is lagging in all areas of the global benchmarks except ICT.

Barriers of meeting infrastructure needs were explored，and the role of accountants was considered for addressing these issues. The report also discussed the role of accountants in relation to support the improvement of selection，finance，and delivery of infrastructure projects. Finally，several recommendations from the report were provided and discussed.

会计师如何助力消除全球基础设施缺口——在整个项目生命周期中改善成果

伊恩·曼斯菲尔德

（ACCA 公共部门主管）

众所周知，高质量的基础设施是一个繁荣社会的基石。基础设施系统能确保人类基本需求的满足。例如，一方面，公用事业基础设施使人们能够获得照明和取暖的能源以及用于卫生和烹饪的安全饮水；另一方面，运输基础设施使人们可以旅行并将可销售的货物运送到各个区域。显然，适当提供基础设施建设，需要经过深思熟虑的公共资源投资。这也为私人投资的蓬勃发展奠定了基础。

本文的主要观点是：要成功地交付基础设施项目，需要会计师进入决策的核心。首先，本文的第一部分将回顾报告中使用的研究方法，希望可以让读者更好地了解本次研究是如何开展的。其次，本文也将讨论如何衡量基础设施缺口的规模与性质，以及不同国家和地区的政府应对基础设施缺口挑战的能力。最后，本文会讨论关于会计师在弥合缺口方面的作用，分两个具体领域来介绍本研究的分析和建议——对于项目的正确选择、合理融资和最终妥善交付，会计师都将发挥不可或缺的作用。当谈及项目交付时，指的是项目的整个生命周期：从设计、建造、运营、维护，一直到项目停止。

一、研究方法

报告采用了四种不同的研究方法。第一种方法与经济数据分析有关，为量化全球基础设施差距提供了可能。其所分析的数据来自世界银行、经济合作与发展组织、国际货币基金组织和 20 国集团全球基础设施中心。通过综合解读这些资料，我们得以量化基础设施缺口，同时判断政府应对基础设施挑战的能力。第二种方法是由协作成员与加拿大注册会计师协会（CPA Canada）进行的调查，该调查在 118 个国家/地区收回的问卷超过 3 600 份。第三种方法包括七次圆桌讨论。为了实现最广泛的代表性和使收集意见多样化的目标，该报告选择了英国、加拿大、斯里兰卡、尼日利亚、特立尼达、牙买加和马来西亚等国。得益于此，本研究将诸多真正具备多样性的观点汇集在一起。第四种方法是对研究的主题进行全面的文献综述。任何有兴趣并想更深入探讨研究主题的人，可以在报告背面找到综述中所涉及的参考文献。通过它们，您可能会获得比报告本身更丰富的信息。

报告通过综合运用数据分析、问卷调查、圆桌讨论、文献查阅等方法为基础设施缺口的量化提供所需资料，以此明确会计师应怎样在弥合缺口方面发挥无可比拟的支持作用。报告的最后汇总了 20 项建议，指出政府、会计师和专业机构应该如何通过共同努力来缩小基础设施的供需缺口。

二、量化缺口：两种方法

在考虑如何量化基础设施缺口时，我们采用了两种不同方法（图 1）。

第一种以"基础设施投资缺口"为焦点。这种方法在文献中更为常见。许多咨询公司，如麦肯锡和其他一些智库，已经围绕具体的可量化缺口数值进行了大量研究，从中可以看出，各个国家、地区或城市正在投入

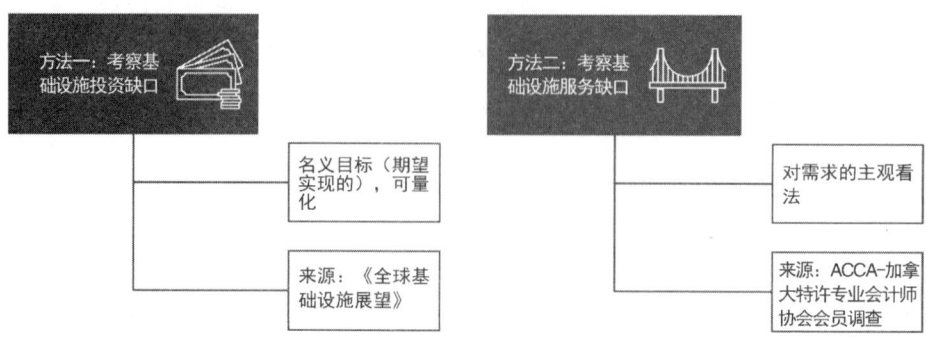

图1　基础设施需求不同评估方法比较

的金额，与满足实际需求所应达到的投资规模之间，存在着很大缺口。对于建立理想的名义目标来说，这无疑是一项非常有益的衡量方式。

这一方法参考了世界银行所设定的高、中、低三级国家收入分类标准。而后本研究将所覆盖的国家/地区，与其所在收入组别的基础设施投资75%的点位进行了对比。如果某一国家/地区的投资高于同组别的75%的水平，就表明不缺乏基础设施投资。而对于那些低于该阈值的国家/地区，本研究测算了从2018年到2040年，与本研究认为所需达到的投资金额相比，其预计金额存在多大差值。每个国家都将得到一个具体的数字，即所谓的"基础设施投资缺口"。

本研究所采取的第二种方法采用了全新的视角，将着眼点投向"基础设施服务缺口"。因为最终，当谈论一个国家的基础设施供给时，其目的是满足该国实际的基础设施需求，而非达成名义上的投资规模。因此，本文真正的目标是缩小公认的服务缺口。当然就传统分析而言，该领域是无法以金额进行衡量的。与之相反，它是一种主观意见。那么如何对此加以精确测算？本研究在调查中引入了一些相当新颖的做法，即请那些认为自身在基础设施政策领域具备一定专业知识的参与者，分7个基础设施子类别对所在国家的基础设施质量进行评级。此举帮助设定出了全球基准，然后才能够对不同的市场、国家和地区加以比较。

下面将简要讨论这两种方法。

1）方法 1：基础设施投资缺口

方法 1 着重于基础设施投资缺口分析

如图 2 所示，下方的线是当前全球基础设施投资的趋势；上方的线则表示，2018—2040 年，全球弥合基础设施投资缺口所需的投入。基于当前趋势与投资需求之间的对比可发现：两者之间的差距随着时间的推移而不断加大——在 2018 年，投资缺口就超过了 4 000 亿美元，而到 2040 年，差值将拉大至 14 万亿美元。这表明，要消除投资缺口，当前投资趋势需要增长 39%。

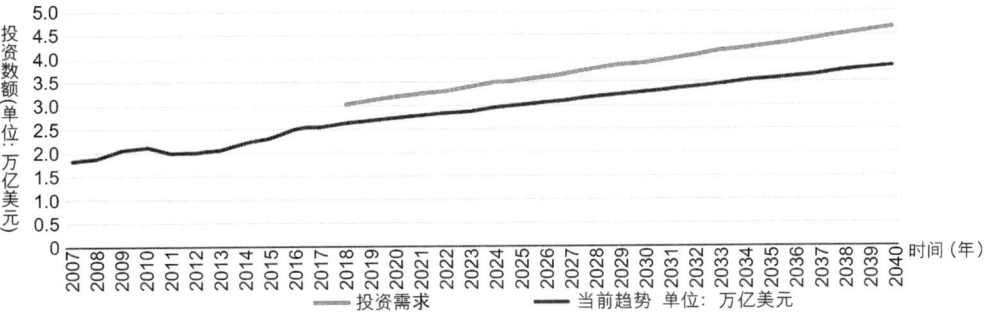

图 2　2015 年全球基础设施投资需求和当前趋势

资料来源：GHI 和牛津经济研究院，2018 年。

2）方法 2：基础设施服务缺口

方法 2 着重于基础设施服务缺口分析。

在考察这一缺口的过程中，本文利用 ACCA 和加拿大特许专业会计师协会联合开展会员调查，请专业受访者分别针对 7 类不同的基础设施，按照从"非常好"一直到"非常差"的范围，通过亲身感受评判所在国家/地区的供给水平。这种征询实际上是定向进行的，在所有受访财务专业人员中进一步遴选出那些将自己设定为基础设施专家的人士，他们在所有回复者帖子中占有相当大的比例。

由图 3 可见，一些领域的表现相当不错：从全球汇总角度出发，受访者对电力与能源、供水与环卫、信息通信技术这三类基础设施的评价最高。

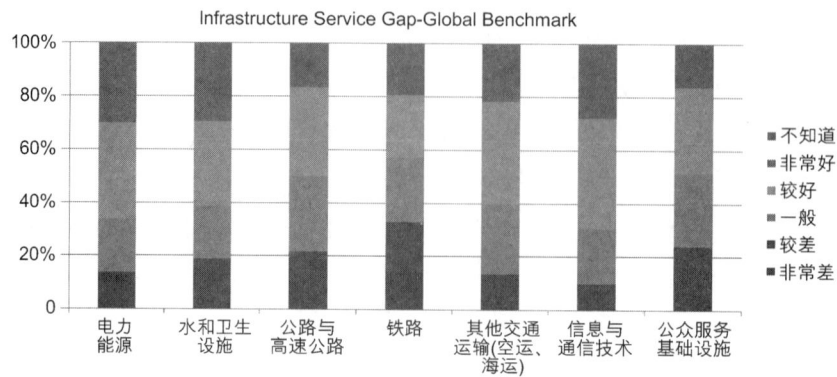

图 3　不同领域基础设施服务缺口

图片来源：ACCA 调研。

　　而在铁路和核心公共服务基础设施方面出现了一些警示信号，大多数人都认为这些领域表现"较差"或"非常差"。不过归根结底，在全球层级分析该问题更多地都是在进行理论研究，只有对区域或国家结果的分析，才真正有助于提供参考基准（图4）。

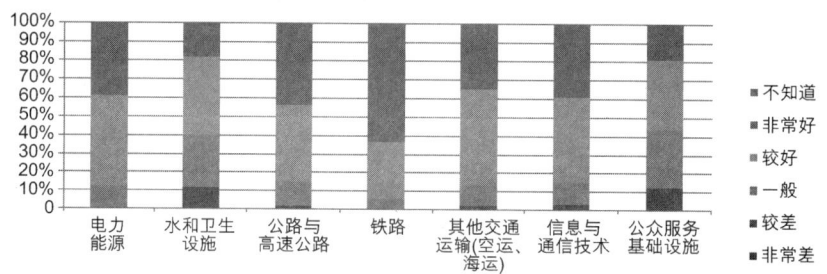

图 4-a　中国大陆（不包括港澳台）

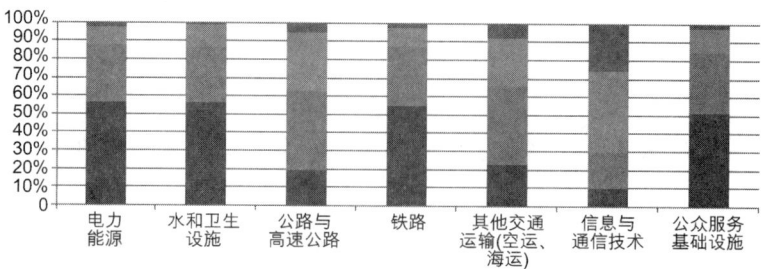

图 4-b　中亚和巴基斯坦

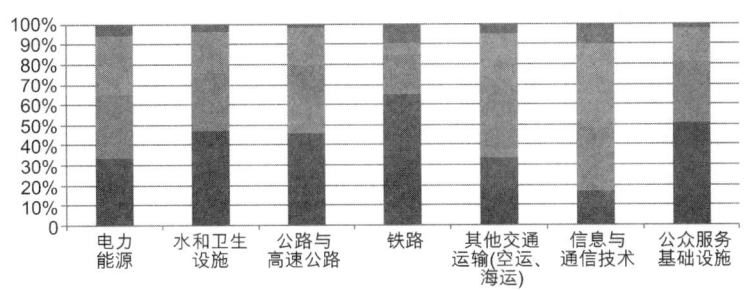

图 4-c　非洲

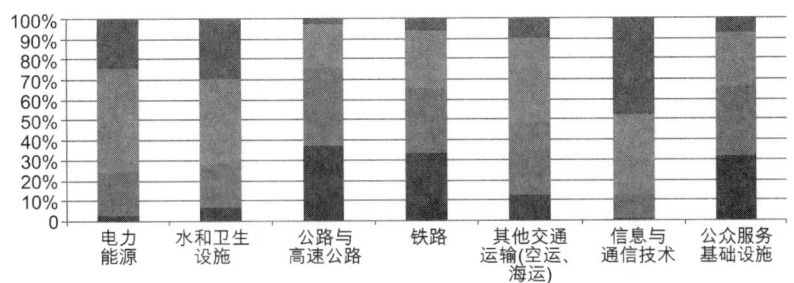

图 4-d　中欧和东欧

图 4　不同区域基础设施缺口比较

图片来源：ACCA 调研。

举例来说，如果将全球结果与非洲区结果加以比较，便会发现两者存在相当明显的不同。

该地区信息通信技术基础设施的服务质量相当出色，而综观其他一些基础设施类型——如电力与能源、供水、核心公共服务基础设施，以及医院或学校等机构，表现都明显逊于全球平均水平。

因此，对区域或国家结果进行分析是一项有益的行动，可以确定需要进一步投资的领域，而不仅仅是关注一个笼统的名义数字，如"这个国家或地区需要多投入 50 亿美元来提供基础设施"。一个国家可以建立"无处不到的路网"，由此消除投资缺口，但这并不能化解通过分析服务缺口发现的问题。这种分析使我们从实际出发、以不同的方式来讨论基础设施问题，此前关于该主题的文献未曾切实关注过这一维度。

三、会计师的角色

"会计人员可以在应对基础设施挑战方面发挥关键作用"是本报告试图向广大受众传达的关键信息。如前所述，会计师在三个具体领域（如项目选择、项目融资和项目交付）中扮演着重要角色。因此，报告着重对会计人员在这三个领域的作用进行分析。在对一些高度概括的建议进行总结之前，下面将逐一说明这些角色。

（一）满足基础设施需求的最大障碍

在分析会计师能够以何种方式提供最大帮助前，本报告首先讨论满足基础设施需求的最大障碍。本研究向所有受访者询问这一问题，以此来更清楚地了解其所在国家/地区交付基础设施服务的最大挑战。图5中可看到世界各地区的分解资料，而最右侧为全球汇总结果。

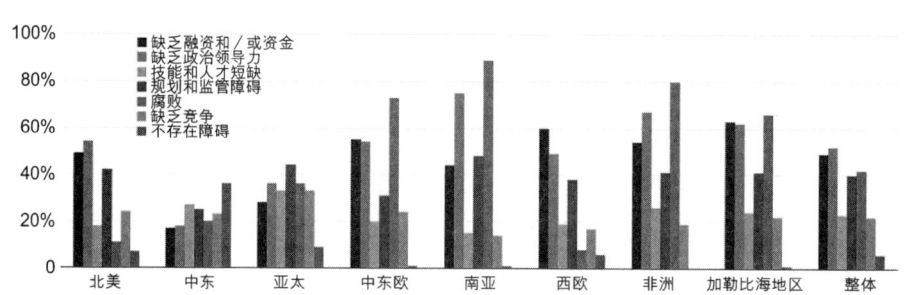

图 5　满足基础设施需求面临的最大障碍

资料来源：ACCA-加拿大特许专业会计师协会会员调查；所有受访者；样本数：3 611 名。

如图5所示，地区间的差别非常显著。例如，一些地区的腐败状况非常严重，构成了满足基础设施需求的最大障碍。在南亚，约90%的受访者认为腐败是一个巨大阻碍，非洲和中东欧地区持此观点的比例在75%～80%。反观世界其他区域，北美受访者中只有10%提及了腐败，而在西欧，该占比仅为8%。其中的变化幅度极为明显。当观察最右侧的总体结果时，可以看到均值约在40%，但实际上，有相当多的地区都远远达不到这一出色水平。

腐败显然是一项非常重要的因素，本研究也在报告中对此作了反复讨论。但如果将腐败这个因素放在一边，就可以关注到其他较为一致的障碍：缺乏政治领导力，这在不同地区之间差别很小；缺乏融资渠道、资金不足，这是满足基础设施需求的第二大障碍；而最后要强调的，还有规划和监管障碍。

对于本研究所编制的报告，以及本文对会计师角色的思考，上述调查结果非常有用。认真审视这一"前三项"因素列表，我们就能认识到它的重要性，例如，缺乏政治领导力对项目的选择有着重大影响，因为这关系到一个国家/地区会设定何种愿景、怎样决定项目的资金分配。而本文希望真正深入研究应如何选择项目，并且了解会计师的角色。

对于第二大障碍，即缺乏融资渠道、资金不足，财务专业人士在这一领域的关键作用已无需赘言。最后，规划和监管障碍则是决定项目交付成败与否的重要因素。因此，本报告着力关注公共和私营部门之间如何通过建立合作关系来最终交付基础设施。

（二）具体领域的独特作用

下面本文将会针对每一领域的调查结果，即会计师在改善基础设施项目选择、融资和交付这三方面的独特作用来进行讨论。

1）项目选择

在调查中，受访者被问到："在选择基础设施项目时，您应该优先考虑以下哪些项目（图6），以做出最佳决策？"由此形成了多种解决方案，或将有助于改善在基础设施项目选择方面的决策。

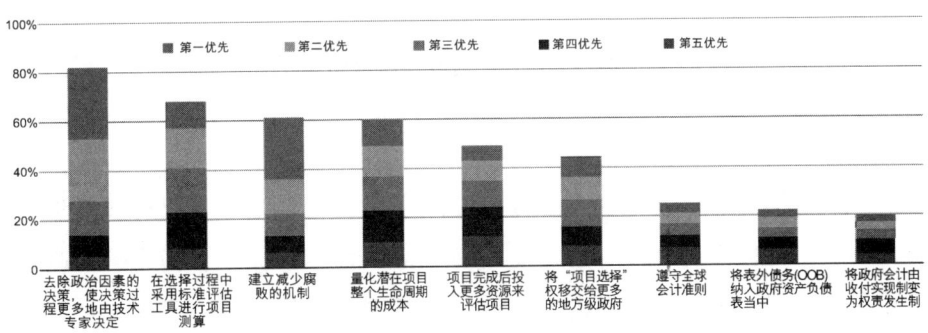

图6 基础项目选择优先考虑情况

资料来源：ACCA-加拿大特许专业会计师协会会员调查；所有受访者；样本数：3 611 名。

由图 6 可见，大多数受访者都将"去除政治因素的决策，使决策过程更多地由技术专家决定"或将"建立减少腐败的机制"作为首选。总体而言，55%的受访者首先选择了这两个项目之一。

显然，为了在选择基础设施项目时能够作出正确决策，了解政界、会计师、技术专家和其他专业人士之间应如何互动交流是非常重要的。

另一项应着力强调的工作，是需要采用标准的评估工具。在世界各地的圆桌讨论中，与会者普遍指出，绝不能因为缺乏恰当、系统性的方法来选择正确的项目，就采取临时方式。反之，这需要引入某些标准评估工具。报告通过列举一些最佳实践，展示了可用于选择项目时制定有效决策的框架。

2）项目融资

关于项目融资，图 7 给出了基础设施项目融资的例子，显示了关于私人融资项目和公共融资项目的预计现金流。

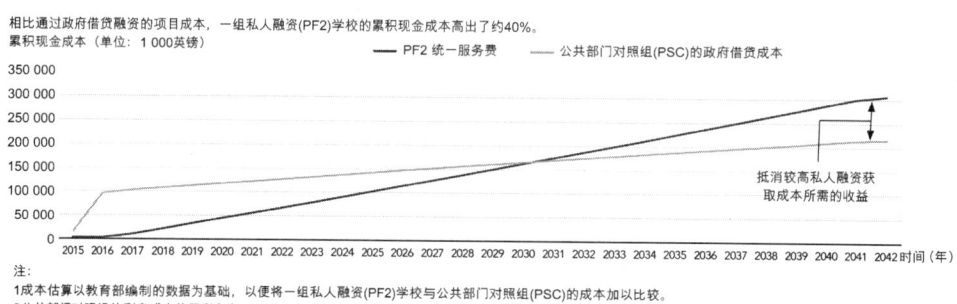

注:
1.成本估算以教育部编制的数据为基础，以便将一组私人融资(PF2)学校与公共部门对照组(PSC)的成本加以比较。
2.公共部门对照组的利息成本使用利率为2.5%的分期偿还贷款建模。在本项目融资到位时，20年期的政府借贷成本为2.5%，而项目债务平均生命周期不到20年。
资料来源: 教育拨款署; 国家审计署分析。转载自Morse 2018。

图7 私人融资项目和公共融资项目的预计现金流

3）项目交付：公私合作伙伴关系

在交付项目方面，问卷调查分析和圆桌讨论，总结了与成功交付项目有关的三个具体障碍（图 8）。在这里要重点强调的是第一个障碍——政府对项目的监督不力。目前的研究发现，许多国家在基础设施建设的公共采购过程中建立了相当全面的合同前监督。然而，一旦合同签订，监督就会放松和不足，会计师可以在这时发挥重要作用，改善这种情况。为了更好地解决这个问题，报告围绕"道德风险"构建应对该问题的方法。简单地说，道德风险是"合同订立后的机会主义"，通过合同，形成如图9所示的三方。业主可以是政府机构，承包商是与基础设施的实际建设相关，投资者（或单独的个人投资者）可能包括私营部门的投资机构。

图8　交付基础设施项目面临的主要障碍

　　一旦合同签订，参与的每一方都会面临不同的激励因素和动机。例如，一方面，所有者可能会寻求进一步扩大项目范围的可能，并可能会想知道，自他们建立项目以来，自己如何能够从基础结构中获得更多收益。另一方面，承包商将站在等式的另一边，他们可能会试图削减成本，从而最大化项目的利润。

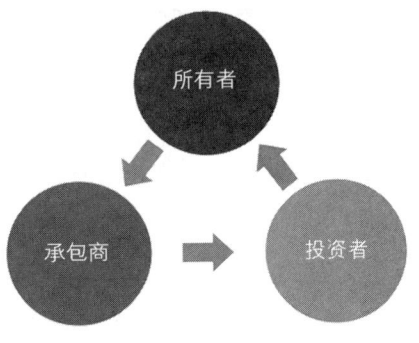

图9　PPP的可能参与方

就投资者而言，他们监督建设过程的权力是有限的，这将增加其风险，同时也使投资者对基础设施项目投资的前景而感到担忧。因此，在各方之间的风险分配或监督的实施方面，会计师可以在基础设施项目的成功交付方面发挥重要作用。此外，在报告中本研究也更全面地解释了会计师在成功交付基础设施项目方面发挥的作用。

　　4）基于所观察优秀实践的建议

　　报告最后一章给出的一系列建议，汇总了一些本项研究开展过程中观察到的优秀实践。

　　根据各方在实际工作中展现出来的良好做法，我们提供了20条建议，分别针对了政府、会计师和专业机构。报告通过介绍本研究中的概念，希望受众能够了解本报告所倡导的潜在做法。首先，在讨论项目选择时，有人指出，受访者普遍希望决策能去除政治因素——政治周期通常都与基础设施项目的生命周期不一致。这个问题的解决方案同样适用于私营部门和公共部门：政治角色必须制定目标，明确本国/本地区基础设施供给需要达到的状态。在清楚知晓了未来状态后，可建立由专家主导的公正机构，根据"实际需求"收集支持所推荐项目的必要证据。该报告提供了多种已得到国际普遍认同的项目选择框架，而它们最终都依赖于有力的证据和满足合法需求。其次，在项目融资中建立恰当的激励机制是非常重要的。许多政府设置了严格的财政目标——例如，债务与 GDP 比率的上限，以此来实现出色的公共财务管理。虽然制定这些目标很重要，但政府官员必须仔细监控这些目标如何与公共基础设施融资引发的负债相互作用。例如，由于英国私营融资计划（PFI）的结构设制，使得利用私人融资的数 10 亿英镑基础设施负债未体现在公共部门的资产负债表中。这可能会导致不正常的结果：政府可以建立昂贵的新基础设施，同时又可在短期内实现财政目标。

本研究在报告中提出了更多建议，但希望受众们不仅看到报告中所提倡的可行举措，更能明白其背后的理念。

简而言之，世界各地的基础设施投资缺口正在扩大。而本研究中的服务缺口分析表明，除了信息通信技术，非洲在各个领域中均落后于全球基准。本文还探讨了满足基础设施需求时的障碍，进而针对这些难题，思考了会计师在应对基础设施挑战方面的作用。本研究也逐一阐述了会计师是如何助力改善基础设施项目的选择、融资和交付的。最后，本文也将报告中的若干建议加以阐述和探讨。

中亚国家会计基础设施比较研究

葛玉御

（上海国家会计学院教研部副教授、"一带一路"会计研究中心秘书长）

　　本文为上海国家会计学院与中兴新云、ACCA合作，依托"一带一路"会计研究中心开展研究的课题成果。本文主要包括中亚国家的会计环境、会计准则、会计人才体系的比较研究和相关建议四方面内容。

　　本文对中亚国家的界定基于亚洲开发银行在1996年倡议建立的中亚区域经济合作机制（CAREC），目前CAREC成员国包括中国、蒙古国、阿塞拜疆、阿富汗、哈萨克斯坦、吉尔吉斯斯坦、塔吉克斯坦、乌兹别克斯坦、土库曼斯坦、格鲁吉亚和巴基斯坦。我们以除中国之外的10国为研究对象。

一、中亚国家会计环境比较研究

（一）政治环境

　　中亚各国政体虽不尽相同，但基本均实行立法、司法和行政三权分立：政府执掌行政大权；立法权归属议会，多为两院制，也有个别国家如阿塞拜疆为一院制；司法权归属法院。

（二）法律环境

中亚10国除了巴基斯坦为英美法系外，其余9国均属于大陆法系。由于民族、宗教、历史的原因，多数国家深受伊斯兰法系的影响，还有一些国家在一些具体法律条款上还遗留有苏联社会主义法制的印记。具体到会计法律制度，多数国家制定了专门的会计及财务报告法，部分国家无专门法，而是在公司法或其他法律中对会计核算和财务报告的编制予以明确，同时针对金融机构或伊斯兰银行等还有特殊的制度及监管机制。总体而言，中亚各国的法律体系基本相近，但在法制性、开放性、规范性和稳定性上仍然区别较大。从法律体系对会计准则协调的影响而言，中亚各国较为相近的法律体系有助于降低国家间会计准则协调的难度，但各国会计法律制度的健全程度以及其他相关法规的差异，使得各国会计准则协调与互动趋同仍存在一定困难。

（三）经济环境

从经济发展水平来看，中亚10国可分为三个层次（表1）：阿富汗、塔吉克斯坦、乌兹别克斯坦、吉尔吉斯斯坦和巴基斯坦5国的人均GDP低于1 500美元，属于经济发展比较落后的国家；蒙古国、格鲁吉亚、阿塞拜疆和土库曼斯坦4国的人均GDP在3 000～6 000美元，属于经济发展水平中等的国家；哈萨克斯坦人均GDP超过8 000美元，属于经济发展水平较高的国家。整体来看，中亚地区经济发展水平低于中国9 780美元的人均GDP。从吸引外国直接投资来看，阿富汗、塔吉克斯坦和吉尔吉斯斯坦对外直接投资（Foregin Direct Investment，FDI）低于10亿美元，尤其是阿富汗还不足1亿美元；巴基斯坦、乌兹别克斯坦、阿塞拜疆、土库曼斯坦、格鲁吉亚和蒙古国的FDI在15亿～50亿美元；哈萨克斯坦的FDI规模较大，超过200亿美元。

从外汇管理来看，除了个别国家如土库曼斯坦在金融紧张时期可能会有所限制外，中亚各国基本均允许外汇自由出入，大额外汇往往要向海关等部门进行申报。

表 1　中亚国家经济环境比较

国家	国土面积（万平方公里）	人口（万人）	GDP（现价美元）	人均 GDP（现价美元）	FDI（亿美元）	全球竞争力排名	营商环境排名
巴基斯坦	79.6	21 016.68	3 049.52	1 451	24.1	115	136
阿塞拜疆	8.66	1 000	469	4 780.1	45	35	25
格鲁吉亚	6.97	372.96	151.65	4 078.5	18.62	67	6
哈萨克斯坦	272.49	1 815.73	1 593.69	8 837	208.99	57	28
土库曼斯坦	49.12	684	406	5 936	23.14	—	—
吉尔吉斯斯坦	19.99	625.67	71.63	1 042	5.9	102	70
蒙古国	156.65	323	122.09	3 779	14.94	101	74
阿富汗	64.75	2 970	202	679	0.54	—	167
乌兹别克斯坦	44.89	3 265.29	307.53	338.27	24	—	76
塔吉克斯坦	74.31	910.72	73	802	1.41	79	126

备注：

1. 各国人口数据为截至 2018 年统计数据。

2. 各国 GDP 为 2017 年或 2017/18 财年数据，其中巴基斯坦为 2016/17 财年数据，塔吉克斯坦和蒙古国为 2018 年数据，人均 GDP 数据时间同 GDP。

3. 各国 FDI 为 2017 年数据，其中阿塞拜疆为 2016 年数据。

4. 全球竞争力排名为《2017—2018 年全球竞争力报告》数据。

5. 营商环境排名为《2019 年营商环境报告》。

从全球竞争力来看，阿塞拜疆竞争力较强，哈萨克斯坦、格鲁吉亚和塔吉克斯坦竞争力适中，而其他国家竞争力有较大提升空间，整体上中亚国家竞争力均低于中国（中国排名 27 位）。

从营商环境来看，格鲁吉亚高居第 6 位，阿塞拜疆排名 25 位，哈萨克斯坦排名 28 位，营商环境较好，高于中国（中国排名 46 位）；吉尔吉斯斯坦、蒙古国和乌兹别克斯坦营商环境尚可；塔吉克斯坦、巴基斯坦、阿富汗和土库曼斯坦营商环境有较大提升空间。

二、中亚国家会计准则比较研究

根据国际会计准则委员会所发布的准则，国际财务报告准则（IFRS）

有两种准则：一是全面 IFRS（Full IFRS），包含了国际会计准则机构所发布的所有条款；二是中小企业 IFRS，也就是简化版的 IFRS，专门设计给中小企业使用。

根据各国准则对 IFRS 的使用程度进行分类，一共分为四类：第一类为"要求使用"，是指这个类别的国家要求其公共利益实体必须使用 IFRS 或是其中小企业必须使用 IFRS for SMEs；第二类为"允许使用"，是指一国的会计准则和 IFRS 双轨并行，企业被允许自行决定是否使用 IFRS/IFRS for SMEs 或采用本国自行制定的准则；第三类是"趋同"，是指该国当前虽有采纳保留本国特色的修改版 IFRS 或 IFRS for SMEs，且其修改版的准则与原 IFRS 仍存有较大的差异，但同时也在和 IASB 进行协商和评估，并在逐步消除当地会计准则与 IFRS 的差异；第四类是"未使用"，是指一国只是用本国会计准则且和 IFRS 有重大的差异。基于以上这四种类别，中亚 10 国对 IFRS 采纳程度的情况如表 2 所示。

表 2　中亚 10 国对 IFRS 的采纳程度比较

国家	IFRS 类别	要求使用	允许使用	趋同	未使用
巴基斯坦	Full IFRS	√			
	IFRS for SMEs	√			
阿塞拜疆	Full IFRS	√			
	IFRS for SMEs	√			
格鲁吉亚	Full IFRS		√		
	IFRS for SMEs		√		
哈萨克斯坦	Full IFRS	√			
	IFRS for SMEs		√		
土库曼斯坦	Full IFRS	√			
	IFRS for SMEs		√		
吉尔吉斯斯坦	Full IFRS	√			
	IFRS for SMEs		√		

（续表）

国家	IFRS 类别	要求使用	允许使用	趋同	未使用
蒙古国	Full IFRS	√			
	IFRS for SMEs		√		
阿富汗	Full IFRS	√			
	IFRS for SMEs				√
乌兹别克斯坦	Full IFRS			√	
	IFRS for SMEs				√
塔吉克斯坦	Full IFRS			√	
	IFRS for SMEs				√

巴基斯坦和阿塞拜疆在全面 IFRS 和中小企业 IFRS 上都为"要求使用"。巴基斯坦是早期采纳 IAS/IFRS 的国家之一，虽因个别特殊原因使得少数 IFRS 被豁免或未使用，但在 Full IFRS 和 IFRS for SMEs 的采用上基本已和国际财务报告准则相同；阿塞拜疆则在 2018 年 5 月立法修改其会计法，在 2019 年 1 月 1 日后，中小企业 IFRS 将会取代阿塞拜疆国家会计准则，而中小企业除了中小企业 IFRS 外也可选择使用全面 IFRS。

格鲁吉亚在全面 IFRS 和中小企业 IFRS 上均为"允许使用"。格鲁吉亚将企业分为五大类和一个附加类，对其中一部分要求必须使用 IFRS，但大多数可以选择使用 IFRS 或国内会计准则。

哈萨克斯坦、土库曼斯坦、吉尔吉斯斯坦和蒙古国 4 国情况类似，均为在全面 IFRS 上"要求使用"，中小企业 IFRS 上"允许使用"。土库曼斯坦的总统签署了一项法令，从 2019 年 1 月开始，所有企业和机构（信贷机构除外），不论所有权形式如何，都需改为实施 IFRS 准则。但由于信息较少，目前并不确定土库曼斯坦是否已完全实施 IFRS；对吉尔吉斯斯坦而言，作为伊斯兰国家，许多金融机构并未实施西方的金融系统，要按照吉尔吉斯斯坦伊斯兰财务会计准则来编撰财务报告；蒙古国 2015 年之前的会计制度要求所有公司（中小企业除外）必须使用 IFRS，从 2016 年开始，新的《蒙古国会计法》给予了蒙古国公司选择的弹性，除了规定中的企业，其他企业可自行选择使用 IFRS 或中小企业 IFRS。

根据阿富汗法律规定，阿富汗企业必须使用 IFRS，但中小企业却未使用，微型企业目前仍允许使用现金基础会计。

乌兹别克斯坦正在向全面 IFRS 趋同，但是中小企业未使用。目前绝大部分的乌兹别克斯坦的会计师和审计师仍经常参考 2015 年版的俄罗斯翻译本而非参照乌兹别克语版的 IFRS 准则。另外，IFRS 2013 年版本的规章已被翻译成了乌兹别克语，虽然财政部和中央银行鼓励企业使用这套翻译本，但这两个部门自己也没有使用。跟乌兹别克斯坦情况类似的还有塔吉克斯坦，在全面 IFRS 上趋同，但中小企业未使用。

由此可见，在四种分类下，中亚 10 国表现出 6 种模式。但在基本会计准则模式相同的国家，具体到一个国家的会计制度和会计实践，依然差异巨大。比如，吉尔吉斯斯坦和蒙古国均为全面 IFRS 要求使用和中小企业 IFRS 允许使用的模式，但在金融工具、借款费用、关联方、资产减值等方面均有不同。

因此，对于"走出去"企业而言，不仅要关心一个国家的会计准则，更要关心这个国家的会计制度和会计实践，这方面在课题报告中有更为具体的阐述。

三、中亚国家会计人才体系比较研究

中亚国家在专业人才培养方面目前仍面临很大的挑战。在 10 个国家中，阿富汗没有本国的专业会计师组织；塔吉克斯坦和土库曼斯坦的本国会计师组织发挥的作用有限，并且其尚未加入国际会计师联合会（IFAC）；吉尔吉斯斯坦和乌兹别克斯坦的本国会计师组织以准会员的身份加入 IFAC，但并没有遵守 IFAC 全部的会员义务公告。

从会计和审计大学教育和专业培训来看，中亚国家普遍存在的问题是缺乏有关 IFRS 和国际审计准则课程的教育体系、良好的教学师资和与国际接轨的教学资料。不少国家仍然选用苏联的财务制度进行会计教学，但是该制度难以适应国际财务报告准则和审计准则的要求和实践。

从会计师事务所和法定审计行业的发展来看，国际会计网络已经覆盖中亚各国，其中"国际四大"已经在 10 国设立了成员所。中亚国家的主要银行由这些国际会计网络的成员负责审计。当地的中小型会计师事务所仍需提供以报税为目的的财务报告审计服务为主。

四、建议

（一）中资企业"走出去"到中亚国家投资的建议

（1）"走出去"初期可"双师"并行规避会计准则和税务法规差异带来的风险。所谓"双师"是指会计师和律师，中资企业在走出去初期通过会计师和律师来了解当地的会计准则和税务法规，从而制定更好的策略来规避税务风险，遵从当地准则。

（2）与高校或培训机构合作培养企业所需的国际会计人才。在这方面，上海国家会计学院和 ACCA 携手，于 2018 年开始针对走出去的中资企业开办"中交集团暨中国交建国际化财务管理人才培养项目"，探索中国企业国际化人才培养新模式。

（3）探索中国国际化注册会计师人才培养模式。中国注册会计师协会可以探索与国际知名会计专业组织建立会员互认或免考制度等合作安排，为中国注册会计师申请成为境外会计专业组织会员，并在境外工作提供快速通道，进一步为中国的会计师事务所承接国际业务提供有力的人才保障，加速我国注册会计师开展国际业务，增强中国注册会计师的国际影响力。

（4）基于财务共享服务，构建全球财务管理体系。面对海外经营的复杂性和不确定性，企业可以将海外各个分支机构的会计核算、资金、税务等业务流程进行优化和标准化，并统一在全球财务共享服务中心集中处理。在这方面，我们的合作伙伴中兴新云有非常好的实践经验。

（二）中国政府和专业机构助力中亚国家会计基础设施完善的建议

（1）举办中亚国家会计论坛以协调会计准则差异。希望未来会有更多"一带一路"倡议相关的论坛，聚焦于中亚国家会计准则协调，助力中亚国家会计制度体系的不断完善。

（2）建立中亚会计人才培养机制。上海国家会计学院与中亚学院、亚洲开发银行、ACCA 等机构联合启动的"中国-中亚会计精英交流项目"就是中亚会计人才培养的重要机制之一。

（三）中亚国家建设会计人才体系的建议

（1）中亚国家政府和行业监管机构能力建设。为会计师事务所制定执业准则和审计工作标准指引，有效监督和执行审计执业质量检查，充分参考国际专业会计师教育的全球标准，组织实施专业会计师统一考试，组织推动会员培训和行业人才建设工作。

（2）简化对具备适当资格的境外财会专家的签证和工作许可证要求，通过引进境外专家填补中亚国家在会计、审计等方面的人才缺口。

（3）建立法定审计师和会计师事务所的公共电子登记簿。对公众开放、具有查询功能的公共电子登记簿可以促进本国专业会计师和会计师事务所为境外资本提供专业服务。

希望通过以上三个层面的改进，完善中亚国家会计基础设施，助力"一带一路"倡议。

新一代信息技术下财税行业的发展趋势

蔡 磊

（京东集团副总裁）

我本人经历了从制造业到零售业再到房地产业最后到互联网企业，对于新兴信息技术如大数据、云计算、人工智能、区块链等给各行各业尤其是财税行业的改变，感触颇深。新技术带来的改变，对于整个财税行业和所有财务人员，不仅是一种挑战，也是一种机遇。

一、信息技术引发的社会变革

20世纪50年代，几乎没有专家相信计算机能够显示图片和影音。以现在的眼光来看，这个观点是让人难以理解的，但是如今互联网技术的广泛且深层次的应用，引发了新的社会变革。

（一）"互联网＋"改变社会生活

随着互联网技术的发展与应用，"互联网＋"对我们生产生活的影响是方方面面的。以电子商务为例，电子商务是整个"互联网＋"运用最成熟的行业。早在2013

年的时候中国就超越美国，成为全球第一大网络零售市场，我国电子商务交易规模突破 10 万亿元大关，网络零售额为 1.8 万亿元。而 2018 年全国网络零售额达到 9 万多亿元。在数据背后的一个现实情况就是，消费者从过去在线下购买电视、手机、生活用品等商品，转变为线上购买。同样，与我们生活密切相关的几个方面，如外卖的快速增长给我们生活带来方便并增加多样性的同时，也给食品行业带来了冲击。比如，某方便面企业的暂时经营困难，并不是受到其他品牌的影响，而是因为外卖的快速发展而受到冲击。网约车更是这样，其整体城市渗透率已经达到 70%。互联网医院已经拿了数十个牌照，未来足不出户看病也可能梦想成真。在线短租，像 Airbnb，它根本没有自己的酒店，但是却成为世界最大的酒店预约和管理平台。互联网技术已经普遍运用在我们的工作生活当中，给我们的工作生活中带来了很大的变化。

（二）大数据赋能产业升级

如今大数据已经应用于多个场景，像在教育领域用大数据来分析高校生源情况；在餐饮行业运用大数据分析兰州拉面的经营情况，了解不同区域对于吃兰州拉面的不同习惯；在医疗健康领域也是这样，未来医疗管理通过大数据能看到整个发病率的状况，甚至是急病急发，比如，某个区域一些人突然都去找拉肚子的药，很可能是食品中毒，从而及时采取措施。通过大数据庞大的数据量、超强的信息分析和处理能力以及可视化的特点，可以帮助我们了解过去、掌握现状以及预测未来，帮助我们全方位了解我们的城市和社会。而智慧城市则是这方面的综合表现，这也是京东集团重点发展的产业，利用大数据，对城市交通、规划、能源、治安、环境等多行业、部门进行赋能，提升城市管理和社会管理能力。

（三）人工智能提升生产生活体验

人工智能给我们的生产和生活也带来了巨大的变革。京东第一代无人仓技术将仓库人员大幅度减少，而第二代无人仓技术实现了所有的商品从入库到归类分拣到打包，到递送出去全程没有一个人，日处理订单量超过 20 万单，效率得到极大的提高。机器人可以 24 小时工作，且不会像人类一样受到生理和情感上的影响，这是人类无法与之相比的地方。再一个就是京东的客服机器人，京东大部分在线咨询流量都由智能客服机器人承接，它相比人工客服优势更大，消费者一同它沟通，它就能即刻知道消费者过去买了什么东西，而人工客服还需要花时间去翻阅记录，效率远不如机器人。人工智能已经广泛应用于社会生活的各个层面，像社交、娱乐、摄影、音乐、电影、烹饪等。例如，在摄影和图片处理方面，PS（Photoshop）新一代技术可以自动地将图片中的任何一个元素进行位移，无需再自行扣图贴轨。人工智能娱乐中的 AR，也给人们带来了前所未有的沉浸式体验。随着人工智能技术被更为成熟地运用，必将给我们的工作生活带来更好的体验。

（四）区块链促进社会诚信

区块链已经从前几年的一个概念转变成为一个实实在在的技术应用，京东已经在金融、供应链、智能制造、版权保护、社会公益等方面应用区块链技术。例如，在供应链领域，一瓶新鲜的牛奶，是什么时候生产出来的，产于哪一头牛，生产环境有没有污染，牛奶是何时入库的，整个流程环节都可以上区块链。对于食品类的商品，消费者对于安全的敏感性相较于其他商品会更高，在消费者难以掌握生产者和流通者的信息时，信任问题也就凸显出来。而运用区块链技术，将食品生产和流通过程全程上链，使过程有迹可循且难以篡改，完美解决了消费者的信任问题，保障了消费者的权益，同时也促进了市场和社会的诚信。

二、电子发票的持续创新探索

随着信息技术的发展，大数据、云计算、人工智能以及区块链等技术对财税行业产生了巨大的影响。在"2019 年影响中国会计从业人员的十大信息技术"中，财务云、电子发票、移动支付这三项技术的排名遥遥领先于其他新兴技术。

（一）电子发票的诞生、推广及效应

众所周知，中国第一张电子发票是由京东于 2013 年 6 月 27 日开出的，

其中的一个背景就是，京东集团的发票数量巨大，对于电子发票的需求十分迫切。2012 年，京东开出了 5 亿张左右的纸质发票，公司只有 2 000 人打印发票，而 2018 年，京东集团开出电子发票约 15 亿张，如果没有电子发票，可能需要 10 000 人来打印发票，而没有发票的商品就无法出库，这对于整个京东集团的影响是非常大的。截至 2018 年 12 月 31 日，京东累计开出了约 30 亿张发票，节约综合成本累计近 10 亿元。同时，因电子发票的便利快捷，提高了企业的财税管理工作效率，为企业节约了大量的资源，企业可以将更多的资源投入市场经营当中，产生更大的经济效益。

自京东成功开具中国电商领域第一张电子发票后，电子发票已在电商、供水、供电、连锁、零售、物业、医疗、手机通信、教育、酒店、交通运输、生产制造、航空等 10 多个行业全面应用。2018 年 1 月 1 日，高速公路全面实行电子发票。从税收管理的角度看，电子发票提升了税收征管的效率，有力支持了税收征管系统与数字经济的连通，将以往难以监管的交易活动纳入税收监管范围，很大程度上解决了税收流失问题，为纳税人营造健康公平的税收环境。同时，电子发票是财税工作电子化的重要一步，通过全面实现电子化可实现财税工作智慧化。

（二）区块链电子发票的探索

在电子发票取得巨大成效的基础上，京东集团坚持创新。2018 年 8 月 17 日，京东集团联合中国太平洋保险集团发布并成功上线了全国第一张区块链电子专用发票。借由区块链技术助推的增值税专用发票电子化，能够以秒级实现部署并完全替代传统纸质发票需要约 6 天的流转处理时间，极大降低了企业开票、邮寄、处理的成本，实现了订单、资金、物流、票据的全程，真实、实时追踪与共享，提高了发票信息的准确性，降低了专用发票处理失误带来的风险，同时帮助企业的经营管理构筑了大数据。

三、财税行业的未来趋势

大数据、人工智能、移动互联、云计算、区块链等互联网技术对财税工作和财税从业人员产生了深刻影响。重复性、机械性、基础性的财务劳作将不再是财税工作者的重点。为企业运行提供基本的支持也不再是财税工作的主要价值。在新兴技术的应用下，财税工作将会在企业经营管理过程中发挥前所未有的作用。在此背景下，财税人员也将被激发出创造性思维，向综合型管理人才转变，这种全新的财税工作业态，就是智慧财税。

（一）财税工作移动化

同前几年的互联网时代不同，我们正处于移动互联的时代，PC（Personal Computer，个人电脑）端应用的使用率已远远低于移动端的使用率。2014年年初，移动端 App 购物只占整体购物入口约 1/4，消费者在PC端购物还是主流。但是在 2017 年第四季度，移动端 App 购物比例已经高达 80%。从开发者的角度来看，现在很多软件都不再开发 PC 端，直接开发移动端。但是目前财务人员在做财务工作时，依旧还是在 PC 端操作。在未来这种情况很有可能被改写，京东与腾讯已经共同打造出了移动报销应用，从开出电子发票到报销入账总共只需两分钟，相较于传统报销流程一至两个星期的时间，速度大幅提升。

（二）大数据提升财税工作价值

随着大数据的普及与运用，企业的财税管理工作不再仅仅是作为职能部门为企业运行提供支持，而是在深度整合、收集企业财税数据后形成财税大数据的基础上，依靠对大数据的充分挖掘与分析，精确制定企业需求解决方案，保证企业生产经营所需的各项资金，为企业经营预测和决策提供支持，合理配置企业的各项资源，保障企业各项业务活动、财务活动的执行。以京东为例，管理人员通过财务大数据，可以精准地看到每一个品类、每一笔订单，甚至某一个商品单独的编码，其所对应的运输成本、仓储成本和管理时效与价格波动，从而为商品制定相应的销售策略。大数据的运用极大增强了财务人员的分析决策能力，提升了财务工作的价值，为企业的经营管理提供了有力的支持，给公司带来了巨大的效益。

（三）财税行业智能化

随着人工智能的发展，各类财税机器人的应用使得财税工作自动化程度愈来愈高，人工智能（AI）处理财税问题的能力也愈来愈强。目前，大量的基础性财税工作已被人工智能取代，京东在结合机器人流程自动化（RPA）理念后，开发了 Spark-财务机器人，并将其应用于企业个税和增值税申报、发票管理等财税工作。同时，四大会计师事务所也陆续开发出财税机器人并投入使用。相较于昂贵的人工成本，机器人无休无眠，企业在其身上的投入远低于财税工作人员，且其效率远高于财税工作人员，这将对企业的降本增效起到实质性帮助。据财政部统计，中国持证会计人员超过 2 000 万名，其中拥有中级以上会计职称的不到 10%，其中有 1 000 万人进行基础财务工作，平均每人综合人力成本为 5 万元，即 1 年总成本为 5 000 亿元。现在开发的智能财务机器人的效率能达到人工的 15 倍，保守估算机器人带来的效率提升为 10 倍，即每年能给整个社会带来 5 万亿元的效益提升。财税行业的机器人化，将缩短财务处理周期，提高财务处理效率，将大量财务人员从基础的财务工作中解放出来，改变传统财税工作方式，形成全新的财税工作业态。

（四）财务人员向复合型人才转型

大数据、人工智能的趋势不可逆转，数字经济背景下新兴技术对人类工作的冲击，比过去的每一次技术变革都要更加迅猛深远。作为数字经济时代的财税工作者，除了必须具备扎实的财税知识和业务处理能力外，必须基于时代发展与企业需求快速转型，基于大数据分析提供综合型决策建议的管理型财务专家、兼具财管实务经验与计算机应用技能的信息系统实施顾问、信息监管与财务风险控制专家等复合型人才将成为企业财务人员的新发展方向。

未来，智慧财税必将是财税行业发展的趋势，而京东集团将进一步探索智慧财税的创新应用，推动我国财税行业与数字技术深度融合、转型升级，帮助增强企业财税管理能力，提高政府财税治理水平，从而带来社会整体效益的提升。

Audit (Accounting) Industry and Modern Technologies

James Polson

(Partner, Audit & Assurance FSI, Deloitte China;
Deloitte China FSI Innovation Leader)

As an auditor and have spent most of the time working in London, New York, Hong Kong China, and now mainland China, the author believes that one of the most remarkable things in China is the pace of the technology change. China and the "Belt and Road" initiative supported developing economies have a real opportunity to accelerate the economies through the advancement of technologies. It is possible that they are able to surpass some of the economies in the U.K., in the U.S. and others through the adoption of technologies.

There is no need for China to follow the old path of traditional systems, especially in the financial services sector, where many Western systems have seen to be outdated. If China adopts an industry changing technology in the accounting industry, the service capabilities of the financial services industry will be improved drastically. Additionally, China has already exported high-tech talents committed to technology development to the United Kingdom, the United States and other countries.

When comes to the challenges in the field of technology that brought by the "Belt and Road" Initiative, there are many examples, and a particular one is the importance of accounting role. This is because the projects covered under the "Belt and Road" Initiative are large and complex; they are required to be evaluated, tracked and reported. This is the same as auditors that need to ensure funds invested under the Belt and Road Initiative are being used properly. Technologies in this case will play an important role in effectively tracking such investments and assessing their effectiveness. Today, auditors and some professionals are not only committed to reporting financial results, but also to using high-tech means to present performance of other elements of the business, such as the environmental performance of some initiatives or the social impact of the business.

In terms of the harmonisation of accounting standards on a global scale, the accounting regulations in different jurisdictions under the "Belt and Road" Initiative is indeed an area of concern. However, as many works have already covered such topic extensively, it will not be the main focus of this paper. As for accounting in general, this study believes that accounting is such an "unsung hero" in that it allows different jurisdictions to work together and adopt an unify accounting standards.

A question that Deloitte has spent a lot of attention on is: What will accounting industry be like in a year, five years, ten years, 15 years, 20 years from now? It is no exaggeration to believe that every aspect of the accounting industry is now changing. With the rapid development of technologies, it is not possible for accountants to receive and process information, conduct works, as well as complete a task without the utilisation of technologies. In addition, it is essential that companies' digitisation and their ability to process large amount of data can match with the requirements of the adopted accounting standards. Deloitte has also undertaken a number of transformations and innovation activities to ensure the work can sync with the requirements of the standards.

Furthermore, based on the observation made on the phenomena in New York, London, and China, it is interesting to see the profound impact that some technologies can bring towards the auditing industry. Please bear in mind that the points made here and, on the following, only reflect the impact of certain market factors on the accounting industry, particularly the current situation in Europe.

There are huge regulatory changes taking place in the accounting industry. In Deloitte, there is a mandatory rotation system, and along that there are other systems that have been placed in China for a long time; the firm also has great emphasis on the audit independence. In nowadays, the accounting firms need to be quick in dealing with much more complex business models than ever before. The demands of stakeholders on auditors and the industry are changing. The public, the political system and financial markets all impose very high demands on auditors and accountants, and the accounting industry must address these changing requirements. How the industry responds to existing technological advances can determine how the industry will evolve in the coming decades.

Moreover, in terms of technology disruption, the following quote is from one of the publications done by Deloitte:

"Computers are starting to kill jobs, they will soon be smarter than people, and could threaten the survival of humankind."

It is possible that the last part of this quote may seem to be exaggerated; however, in someway it is true that computers are starting to change the way accountants operate. Technologies are certainly changing the hiring requirements of the accounting firms for auditors, accountants, and other types of talents.

When using high level technologies, especially for accounting industry, it is crucial to have the governing rules and regulations that can keep up with the pace of technology development. For instance. in the finance industry, a high-return and a closely regulated industry, the regulators are able to keep up with the pace of technology and have the ability to regulate certain customers through the use of technologies.

The approach currently taken by some regulators (as in China as well) is to ask accounting firms several fundamental or sensitive questions regarding the use of technologies. For instance, how do you perform data transfer, how do you store key data, how do you meet data compliance requirements, and how do you validate the algorithms of the artificial intelligence technology used in some transactions. The paper will provide technical examples to illustrate this point in the later sections.

Furthermore, it is no exaggeration to say that technology has revolutionized the core skills that accountants must have. Accountants must conduct basic works with higher quality and must have better information technology capabilities. The work of auditors has gone from retrospective to forward-looking, including the strategic insights and recommendations provided to stakeholders.

There are several technologies that have been used in the audit industry. Due to this, some people believe that audit industry has turned its attention to risk and has focused extensively to control. This paper, however, believes that the fundamental change from the adoption of technologies is the reduction of auditors' retrospective works. Currently, auditors are gradually starting to reduce the recording of or to try to corroborate the occurred transactions. In many cases, auditors are required to utilise technologies to confirm deals that are about to happen as they need to ensure the completeness and accuracy of these transactions. This also indicates that instead of emphasis on the end of year reporting and trying to confirm the occurred transactions, auditors need to be more aware of the processes, controls, information technology securities, and the operation procedures of transactions in the system.

Currently there are several technologies that have been widely used in the accounting industry. Apart from the opportunities, the technologies have also brought various challenges. Often there are discussions surrounded on artificial intelligence, robot automation and cognitive automation. The utilisation of robot (Machine) automation can release people from many fundamental works by simulating human in conducting highly repetitive tasks, and ultimately achieve the simulation of human thoughts. This can and will unlock great potential for the audit industry and audit related works. Comparing with before, the amount of data generates by audit clients have increased drastically. For instance, some of the clients of Deloitte can generate countless data each day. Thus, the previously used sampling and correctness test methods for analysing data are no longer applicable. New tools and technologies must be adopted to address such issues.

However, "confidence" is a fundamental challenge for all new technologies. People may raise different concerns and questions regarding the use of technologies. For instance, is it possible that the system can complete the expected work? Even though the system is equipped with the abilities of reconcile, balances, and controls, and even though auditors need to have insight into the transactions that have taken place in our clients, but how should auditors accurately audit these transactions and provide opinions? How do auditors build the necessary confidence in stakeholders with their audit works and opinions? To counter those doubts, it is possible that auditors can utilise technologies such as artificial intelligent for continuous monitoring and supervising. Client can also equip such supervising and monitoring technologies, the ones that are similar to the robots that was implemented in the JD warehouse for monitoring purposes. It is also worth noting that unlike human auditors that have limited stamina, robots can continuously monitor the activities the customer and alert on any potential problems at any time.

Furthermore, there are several questions and challenges on the use of Artificial Intelligence. For instance, "How do auditors audit the relevant code?" and "How do auditors verify what the code is going to do or what you expect to do?" These questions actually reflect to the changes that auditors must make to their core professional skills. Luckily, Deloitte has already working with various outstanding technical experts to help in building these essential skills for its professionals. However, how audit industry can ensure its ability to meet these challenges is still the question that needs to be addressed and answered in the future.

Moreover, in terms of blockchain, it is a set of transaction records that cannot be tampered. Similarly, "confidence" is also a fundamental issue when considering the challenges of blockchain. For example, how to inform people that the data in the blockchain is correct? How convince people that the financial transactions they are dealing with or the houses they are selling, or the goods being purchased have been accurately recorded in the blockchain? How can someone ensure that the blockchain builders have not adjusted or falsified data to build the blockchain? In order to appease those concerns, it is essential for the audit industry to create confidence in the use of such technologies in the overall economic environment.

Moreover, when comes to blockchain, one of the challenges posed by cryptocurrencies is that when technologies are being integrated and applied, the related accounting standards are unable to keeping up with the development of science and technology. Though the paper will not go into details regarding this issue; however, as in some other areas, the reporting of cryptocurrencies is currently relying heavily on intuitive, as the current accounting framework is not designed for new technologies and new assets such as "cryptocurrencies". This issue will be addressed, and it will be addressed at a pace that will be synchronised with the industry's response to the technological developments. In addition, International Accounting Standards Board（IASB）recently has also shown its commitment to address these challenges.

Being an auditor, the author believes that big data and its analytics are considered as one of the most exciting technologies. The application of this technology on auditors' work is incredible! In fact, this technology allows auditors to focus on all of their clients' transactions and raise attention on clients' problems, instead of focusing on sampling. This can provide auditors with great potential.

Additionally, cloud computing is also facing some major challenges. These major challenges are related to security and confidence. Though it is a great opportunity for the audit industry in making economic environment confident in the effectiveness of cloud computing; however, in terms of supplying the services of audit report and other reports, how

to really ensure the effectiveness of cloud computing in transaction processing is still a confidence issue.

For speed up the transaction process, the other technology is 5G and mobile Internet. With high bandwidth and can get the required data anytime and anywhere can really enhance auditors' professional capabilities greatly.

In Summary, the main impacts of new technologies on the audit and accounting industry can be seen as follows:

- How auditors can help in building confidence in these new technologies in the overall economic environment,
- How auditors can handle large amounts of data,
- How auditors can change the requirements on talents,
- Auditors need to shift their focus to risk and control, and to understand the flow of transactions so that auditors can properly comment on the integrity and correctness of the transaction.

审计（会计）行业和现代科技

詹姆斯·保尔森

（德勤中国审计与鉴证金融服务行业合伙人、德勤中国
金融服务创新领导人）

我作为一名审计师曾在伦敦、纽约、中国香港工作，
而现在在中国内地工作。自从来到中国以后，我认为中
国最引人注目的事情之一是技术变革的步伐。中国及其
根据"一带一路"倡议予以支持的所有发展中国家完全
有机会通过当前科技的进步来加速自身的经济发展，并
通过采用高科技来超越英国、美国等一些国家的经济水
平。中国无需跟着传统制度的老路走，特别是在金融服
务行业，许多西方的制度已经过时。如果在中国采用某
些对会计行业产生重大变化的非凡的技术，那么，金融
服务行业的服务能力将会得到非常快速地提高。此外，
中国已经向英国、美国等国家输出了致力于技术开发的
高科技人才。

谈到"一带一路"倡议给科技领域所带来的挑战时，
有许多例子可以提及。其中，一个绝佳的例子就是会计
的重要性。"一带一路"倡议涵盖的项目庞大而复杂，需

要对其进行评估、跟踪和报告。审计师也一样，需要确保在"一带一路"倡议下投资的资金得到正确使用。在这种情况下，技术将在有效跟踪此类投资和评估其有效性方面发挥重要作用。如今，审计师和一些专业人员不仅致力于报告财务结果，还致力于使用高科技手段以实现企业其他要素的列报，如某些倡议所涉及的环境绩效或企业的社会影响等。

就全球统一会计准则而言，在"一带一路"倡议下不同司法管辖区的会计规例确实是一个令人关切的领域。然而，许多研究和文献已广泛地涵盖了这个话题，因此，它不是本文主要关注的焦点。至于一般的会计，这项研究认为会计是一个"无名英雄"，因为它能让不同的司法管辖彼此展开合作，并采用统一的会计标准。

然而，德勤耗费大量时间着重关注的一个问题是：1 年、5 年、10 年、15 年、20 年后，会计行业会是什么样子？可以毫不夸张地认为，会计行业的方方面面都在变化。随着技术的迅速发展，当前会计师的工作方式，如接收和处理信息，以及进行和完成工作，均离不开科技。此外，公司的数字化及其处理大数据的能力必须符合所采用的会计准则的要求。对此德勤还开展了多项变革和创新活动，以确保工作能够与会计准则的要求同步。

根据对纽约、伦敦和中国现象的观察，可以看到某些技术对审计行业产生了深远影响。请记住，此处提出的观点以及以下各点仅反映了某些市场因素对会计行业的影响，特别是欧洲目前的情况。会计行业正在发生巨大的监管变化。德勤有强制性的轮换制度和已在中国实施了很长一段时间的各种制度，公司非常重视审计的独立性。在当今社会，会计师事务所必须更快处理较以往更加复杂的商业模式。利益相关方对审计师和行业的需求正在发生变化。公众、政治制度和金融市场对审计师和会计师都提出了极高的要求，会计行业必须满足这些不断变化的要求。因此，对现有的科技进步做出何种反应将决定审计（会计）行业在今后几十年中的发展变化。

对于高科技的颠覆作用，可从以下来自德勤的一份出版刊物引文得到说明:"计算机已开始消灭就业机会。计算机在不久的将来会超过人类的智慧并危及人类的生存。"这句话的后半部分或许说得有点夸张。然而,在某种程度上,计算机确实开始改变会计师的运作方式。科技无疑正在改变会计师事务所对审计师、会计师和其他类型人才的招聘要求。会计行业在使用高科技时,至关重要的一点在于监管要跟上科技发展的速度。例如,金融服务业既是一个高回报的行业,也是一个受到严密监管的行业,监管机构要能够跟上技术的步伐,并有能力通过技术来监管某些客户。

一些监管机构目前采取的方法(如中国)是向会计师事务所提出有关技术使用的几个较基础或较敏感的问题。例如,如何执行数据传输、如何存储关键数据、如何满足数据合规性要求以及如何验证在某些交易中使用的人工智能技术的算法。本文将在后面的章节举一个技术方面的例子来说明这一点。

此外,可以毫不夸张地说,高科技已彻底改变了会计师必须拥有的核心技能。会计师必须以更优异的质量完成基础工作,必须具有更优秀的信息技术能力。审计师的工作从回顾性转为前瞻性,包括向利益相关者提供各种战略洞见和建议。

首先,审计行业已经使用了几种高科技技术。因此,一些人认为审计行业已经把注意力转向了风险,并重点关注如何控制风险。然而,本文认为,采用科技后发生的根本变化是减少了审计师的回顾性工作。目前,审计师正在逐步减少记录已发生的交易,或设法证实已发生的交易。在更多情况下,审计师需要利用技术来确认即将发生的某些交易,因为他们需要确保这些交易发生的完整性和准确性。这还表明,较之在年末后列报相关情况和设法证实已经发生的交易,审计师需要更加了解各类流程、控制、信息技术的安全性和各项交易在系统中的操作过程。

目前,会计行业广泛使用了多种高科技技术。除了相应的机遇之外,这些科技也带来了种种挑战。人们经常讨论人工智能、机器人自动化和认知自动化。机器人自动化的利用可以通过模拟人类执行高度重复性的任务来将人们从许多基本工作中解放出来,并最终实现人类思维的模拟。这将为审计行业和审计工作释放巨大的潜力。与以前相比，审计客户端生成的数据量急剧增加。例如，德勤的一些客户每天可以生成的数据不计其数。因此，以前用于针对这些数据采用的抽样方法和正确性的检验方法均已不再适用，必须采用新的工具和技术来处理和解决这些问题。

然而，"信心"是所有新技术共同面临的一项根本挑战。人们可能会对新技术的使用提出不同的问题。例如，系统是否能够完成预期的工作？即使系统已配置了各种核对、平衡和控制的功能。同时，即便审计师已经洞悉其客户已发生的不计其数的交易，审计师又如何对这些交易准确地发生发表审计意见？审计师如何才能通过审计工作和使利益相关方对审计师出具的审计意见树立起必要的信心？为了消除这些疑虑，审计师有可能利用人工智能等技术以进行持续的监测和监控。客户还可以配备该项用于监控目的的科技，这是与京东（JD）仓库中的机器人类似的技术。值得注意的是，与体力有限的人类审核员不同，机器人可以持续监控客户的活动，并随时对任何潜在问题发出预警。

此外，会计行业在使用人工智能技术上仍面临许多挑战。例如，审计师如何审计相关代码？审计师该如何证实该代码将要执行哪些工作或是预期能执行哪些工作？这些问题实际上反映了审计师必须针对其核心专业技能做出改变。幸运的是，德勤已经与各种杰出的技术专家合作，帮助其专业人员培养这些基本技能。然而，审计行业如何确保自身有能力应对这些挑战，仍是今后需要解决的问题。

就区块链而言，它是一套不能被篡改的交易记录。但是，从根本上说，"信心"也是区块链面临挑战时的一个基本问题。例如，该如何告知其他人区块链中的数据是正确的？如何说服人们正在处理的财务交易或正在出售的房屋或正在购买的货物已被准确地记录在区块链中？如何确保区块链构建者没有调整或伪造数据来构建区块链？因此，审计业必须建立起对在整体经济环境中使用这类科技的信心。

此外，在区块链方面，加密货币带来的挑战之一是当科技在不断的融合和应用时，相关的会计准则并未跟上科学技术发展的步伐。虽然本文不会详细讨论这个问题，但是与其他一些领域一样，加密货币的会计核算结果目前还是完全依赖直觉，因为当前的会计框架不是为未来新技术和新资产（如加密货币）设计的。这个问题将会得到解决，而处理这个问题的速度将与行业对科技发展作出反应的速度保持同步，例如，国际会计准则理事会（IASB）最近也正致力于应对这些挑战。

作为一名审计师，我认为大数据及其分析是最令人感到振奋的技术之一，应用该项技术以后所取得的成果妙不可言。事实上，这项技术使审计师能够专注于客户的所有交易，并关注客户发生的各种问题，而不是将注意力放在抽样上面。这为审计师提供巨大的潜能。

此外，云计算也面临着一些重大挑战。这些重大的挑战均涉及安全性和信心的问题。同样地，如何使得整体经济环境对云计算的运行有效性产生信心也是我们这个行业所面临的一个巨大机遇。因此，对提供审计报告和其他相关报告的服务而言，如何确保云计算解决方案在交易处理中的运行有效性确实是一个信心问题。

另一个是5G和移动互联网技术，它的应用能够加快交易处理速度。凭借高带宽，可以随时随地获取所需的数据，可以真正提高审计师的专业能力。

综上所述，新技术对审计和会计行业的主要影响如下：审计师如何帮助整体经济环境树立对这些新技术的信心，审计师如何处理大量的数据，审计师如何改变对人才的要求，以及审计师关注重点转向风险、控制和了解交易流，以便审计师能正确评论交易的完整性和正确性。

大数据助力私募基金监管

刘世平

（吉贝克信息技术有限公司董事长、中国科学院研究生院教授、博士生导师）

自2014年我国私募基金实行备案制以来，我国的私募基金行业进入了发展的快车道。截至2019年5月，全国私募基金规模达到13.3万亿元，私募产品的数量达到了77 465只，私募基金管理数量达到了24 300家。私募基金风险管控方面存在的问题也随之凸显，如何有效监管私募基金业已成为我国金融风险管控的重点之一。

一、行业发展与监管的难题

目前私募行业机构间两极分化非常明显。在这13.3万亿元的资产规模中，管理规模超百亿元的大型机构仅200余家，而在10亿元以下的管理机构占比全部管理机构的比例高达78%，即中小机构的数量占据了全部机构的近八成。可以说，私募行业已经进入了一个产业发展的"战国时代"。面对如此纷繁复杂的产业环境，中小型私募机构所面临的发展与生存的困境正在逐步显现，主要集中在以下几个方面：

（1）基金产品备案难，项目端受限。

（2）项目开发难，优质项目获取途径欠缺。

（3）风险控制难，排雷能力弱。

（4）募集资金难，客户不断流失。

（5）项目退出难，盈利路漫漫。

（6）团队提升成本高，发展瓶颈难破解。

此外，产业的极速发展也为监管机构带来不小的挑战。2018 年 11 月，时任中国证券投资基金业协会党委书记、会长洪磊在出席《财经》博客年会时讲话指出，随着市场环境变化，行业信用约束不畅和风险因素增加带来的问题逐渐显现，主要包括以下五个方面：

（1）大量机构出于规模扩张甚至囤壳目的，虚设私募基金管理人，导致机构登记后不实际履行管理职能，频繁更换法人代表、控股股东或实际控制人，无法形成稳定有效的内部治理机制。

（2）部分机构试图以股权代持方式完成登记，关联方缺少日常监管，从事与私募基金业务相冲突的业务，埋下风险隐患。

（3）部分产品先备案再募集，违背私募基金募集完成后再备案的事后备案制度安排，滥用行业协会信用背书。

（4）虚设投资单元，分散募集、集中运作，变相开展"资金池"业务。

（5）部分产品投向单一债权资产、无法确权资产，甚至任意创设收益权资产，不能有效维护基金财产安全。

二、大数据及 XBRL 技术对于监管科技的意义

针对以上情况，大数据技术无疑将成为解决这一行业难题的最为行之有效的手段之一。

要利用大数据技术实现这一目标，必须要具备以下几个条件。

1. 完整的互联网体系架构

企业必须拥有一套集合了企业资源计划（ERP）、客户关系管理

（CRM）以及 Web 应用在内的完整的互联网体系架构，这样就形成了整个大数据的体系架构，而移动互联网的发展对大数据的发展起到了极大的促进作用。

2. 高质量的数据

数据的质量包括及时性、准确性和完整性三个方面。只有确保数据的准确性、及时性，才能充分发挥监管部门的监督职能。非现场监管数据的准确及时能够可靠地反映金融市场运作的客观实际情况，能迅速反映企业生产经营各项活动的情况。吉贝克充分利用这一优势，使数据为领导决策服务，确保金融市场的高效稳定运行。不完整的数据不仅不能满足监管需要，还会起到一定的误导作用。因此，吉贝克需要建立一套完整的数据标准以提高数据质量，可扩展商业报告语言（XBRL）技术可以非常有效地解决这一问题。

3. 塑造数据共享理念，建设良好的基础设施

大数据中很重要的一个问题就是数据共享，然而现阶段想要实现数据共享还非常困难，并非技术手段无法实现，主要是在现有观念体系下机关和企业并不愿意分享数据资产。

4. 数据的分析与挖掘

数据挖掘的关键问题在于基础数据及人员素质。无论是在事中监管或是事后监管中，监管方都需经过"数据整合—数据分析—应用决策"这一整套流程，但真正的理念和分析的方向还是需要人的参与，这些是机器无法替代的。此外，财务报表的真实性问题一直是金融信贷领域的一大难题，而通过大数据技术进行数据挖掘，可以非常有效地对现有的财务数据进行可靠性判断，这一技术成果已经在上交所及兴业银行的业务体系中得到了很好的验证。

5. 财务数据的标准化

财会未来信息化发展很重要的一个方面是财务数据标准的建立。2008年以来，财政部一直致力于使用 XBRL 技术建立一套能够穿透集团公司财务数据的统一标准，从集团母公司贯穿各层级子公司。目前看来成果并不尽如人意，但也并非毫无成果。吉贝克通过多年的努力，已经为上海东方航空实现了这一目标。近年来，国家税务总局也不断提出从监管角度加大对集团公司财务穿透要求，因此，数据标准化的重要性也就不言而喻了。

三、监管科技的探索与应用

1. XBRL 技术的探索和实践

XBRL 技术发展至今，已经得到了全球 50 多个主要国家和地区的认可，这些国家和地区也统一接受了 XBRL 标准，中国也是 XBRL 国际组织其中一员。目前世界上一些主要经济体已陆续将 XBRL 标准纳入其国家财税体系。而我国在经过这么多年的发展和推广之后，已在多个金融行业领域或机构中落实使用了 XBRL 标准。

2. 监管科技的应用

在数据监管的应用层面，吉贝克参与了基金业协会私募基金信息披露系统的建设。该套系统全部采用了 XBRL 格式，已经形成了整套体系架构。XBRL 的优势在于能够将现有的规则体系全部镶嵌到数据采集系统中，减少信息披露工作的合规风险，提高信批的数据质量和工作效率，构建一个全方位的报告系统，集报告生成、数据核对和核对结果反馈于一体，保证各类型报告能够及时、准确地向投资人和监管机构进行披露。

3. 科技的研究和创新

吉贝克的现有成果已经实现了 XBRL 与主要财务软件的对接，解决了常用报告格式快速转换为 XBRL 格式的问题，这一成果已经在上交所得到了非常好的应用。2019 年开始吉贝克将进行一项新的尝试，将 XBRL 与人工智能进行结合，为工行打造一套财务机器人系统，相信这项技术将会成为未来几年推广发展的热点。

智能化、数字化与基础设施建设

杨　寅

（上海国家会计学院教研部副教授）

自 2013 年 9 月习近平总书记提出建设"一带一路"倡议以来，中国已经和"一带一路"沿线的国家成为紧密联系的整体，这不仅仅是一个经济共同体，也是一个技术共同体。在这个共同体中，中国企业或者相关经济要素位于核心主体中，而技术因素对"一带一路"建设起着重要的作用。"一带一路"的基础设施建设可以归结于技术创新，并能进一步助益于技术创新。本文将围绕智能化、数字化与基础设施建设展开，在共建"一带一路"倡议建设的背景下讨论科技创新的意义，介绍智能化、数字化与基础设施建设的整体发展情况，并探讨三者之间的关系。

一、数字化与软硬基础设施建设

全球已经进入了数字经济时代，移动互联、网络购物、商旅平台、网约车、移动阅读、在线搜索、移动支付等，已成为全球约 70 亿人日常生活离不开的新型商业模式。数字经济已在各国经济发展中占据重要位置，尤其是中国和美国最为突出。2017 年，美国数字经济规模高达 10.2 万亿美元，占 GDP 比重近 60%；而我国在 2018 年数字经济规模达到 31.3 万亿元，增长 20.9%，占 GDP 比重为 34.8%，这是中国信通院发布的《中国数字经济发展与就业白皮书（2019 年）》公布的数据。上海社会科学院研究预计，2019 年我国数字经济增速仍将保持在 15% 左右，而美国则会保持在 6% 左右。

改革开放以来，我国的数字化变革路径大体上经历了三个阶段。第一个阶段开始于 20 世纪 80 年代，由于个人电脑（PC）的广泛推广，无纸办公、商品化软件等在企业不断应用，让数据在不同的信息系统中有了自己的生命。第二个阶段，2000 年左右，互联网在我国快速发展，网络化使人与人之间，企业与客户之间有了不被时间和空间限制的交流条件，这个阶段的数字化特点是给数据插上了翅膀，数据可以在不同的地方和不同的时间共享使用。2010 年以后，我国数字化进入了第三个阶段，这个阶段最典型特征是各种新兴技术的出现和应用，人工智能、云计算、大数据、5G、物联网等现代技术在全球不同行业都有了应用场景，而这个时间阶段数字化最典型的特点是让数据开口说话，具有智能化的特征。

基础设施包括硬基础设施和软基础设施。其中，硬基础设施既包括交通、市政、农林水、能源、通信等工程的传统硬基础设施建设，也包括"互联网＋"模式下产品服务的现代硬基础设施建设。为了更好地解释软硬基础设施与数字化之间的关系，本文将定义（微）硬基础设施，其主要包括两类：第一，各种公路、铁路、桥梁、房屋建筑、市政等工程的设备、施工机械、材料等；第二，各种机械设备、通信设备、电子设备等产品生产过程所需的各种子系统和器件。软基础设施主要包括会计、税收、法律、金融、人力、制度等，这些软基础设施按照分类可进一步细化，本文将其定义为（微）软基础设施，主要是指颗粒度更小的内容，如大会计所包括的业务活动、核算财务、管理财务、决策财务等。软硬基础设施相互之间具有一定的协作关系，主要体现在以下三个方面：第一，硬基础设施

对经济增长有立竿见影的作用，而软基础设施只会逐渐显现；第二，硬基础设施的成果比软基础设施更容易被看见，软基础设施很难被衡量；第三，如果软基础设施滞后，再先进的硬基础设施建设对经济发展的推动作用也将受到影响。

企业的数字化变革路径由多个因素决定，可以将企业数字化变革过程通过纵向集成和横向集成方式实现。企业数字化变革的横向集成从用户需求订单开始，到智能设计、个性化采购、个性化制造、智能配送等企业全供应链融合过程，再到最后结点的数字化客户服务，将设计、供应商、企业、制造商、服务商等上游、中游、下游的参与主体价值链全融合。企业数字化变革的纵向集成主要涉及企业全过程的组织架构、流程、信息系统等，将企业内部的管理、组织、技术等全部数字化融合，进一步减少信息孤岛的产生，加强信息间的相互数字化融合。

基于软硬基础设施范畴和企业数字化变革的纵横向集成内容，本文给出了软硬基础设施和数字化相融合的业务架构体系。企业数字化业务架构主要包括智能生产制造、智能经营管理与数字化软硬产品服务。其中，数字化之智能生产制造主要涉及智能采购、智能设计、智能制造，主要借助于物联网、数字孪生等现代技术实现，这一部分和（微）硬基础设施直接相关。数字化之智能经营管理主要涉及各种业务系统，以及会计系统、资金系统、税务系统、商旅系统等为企业提供管理服务的各种信息系统，主要借助于财务共享服务、机器人流程自动化（RPA）、光学字符识别（OCR）、智能合约、专家系统、规则引擎等技术实现。数字化之数字化产品服务主要涉及基于互联网和云平台的各种应用程序编程接口（API）和应用（App），以及传统的公路、铁路、工业、市政、房屋建筑等工程，主要借助于互联网、移动互联、智能生产工艺等技术实现。

上述数字化之智能生产制造、智能经营管理、数字化生产服务与基础设施之软硬基础设施之间具有深层次的关联关系。

（1）数字化产品或服务与硬基础设施。利用数字化技术提升产品研发水平、工程施工效率和服务能力，包括研发过程、施工过程和对产品或服务进行电子化、数字化的改造。

（2）智能生产制造与（微）硬基础设施。大量使用智能数控机床、物联网、智能生产工艺等进行设备和产线改造，借助设备互联、射频识别等技术，实现采集生产过程的数据，并进行智能分析。

（3）智能经营管理与软基础设施。通过企业资源计划（ERP）、客户关系管理（CRM）、制造执行系统（MES）等管理系统，以及"大智移云物区"等信息技术对企业进行管理流程的数字化升级，包括与产品、产线、客户等数据的智能连接和整合。

二、智能化与会计基础设施建设

数字化之智能经营管理与软基础设施之会计基础设施是上述三个关联关系中关注的重点，而在智能经营管理中的业财管税智能化与软基础设施中的会计基础设施之间有着紧密关系。本文将业财管税的智能化借助于智能财务的概念进行探讨，智能财务是一种新型的财务管理模式，它基于财务管理的理论、工具和方法，借助于智能机器（包括智能软件和智能硬件）和人类财务专家共同组成的脑机一体化智能系统，通过人和机器的有机合作，去完成组织中复杂的财务管理活动，并在管理中不断扩大、延伸和部分替代人类财务专家在财务管理中的活动；智能财务是一种业务活动流程、财务会计流程和管理会计流程全流程智能化的管理模式。

智能财务之财务主要包括业务型财务、核算型财务、管理型财务、决策性财务。其中，业务型财务具有非标准报表、预算编制、业绩评价、盈利分析、财务计划等工作；核算型财务具有会计报表编制、检查核对、会计处理等工作；管理型财务具有计划、预算、预测、控制、分析、决策、评价等工作；决策性财务具有经营决策、管理决策等工作。同时，业务财务、核算财务、管理财务、决策财务四个智能财务内容之间也需要智能化的融合。智能财务需要现代技术的支撑，智能感知系统需要感知企业内部经营活动和外部环境，自动地完成数据的收集工作；智能网络系统实现数据的传递和共享；智能处理系统实现数据挖掘、提取、转换和加载；智能数据系统提供数据仓库和数据挖掘等 BI 组件，为应用层数据智能决策提供基础；智能引擎系统通过共享的智能部件，满足应用层各种智能决策需要。上述各种智能系统借助于人工智能、抽取—转换—加载（ETL）、商业智能、决策支持、专家系统、机器学习、物联网、规则引擎、大数据等现代技术得以实现。

未来企业的智能财务平台也将由业务活动、财务共享服务、管理会计、决策控制构成，其中财务共享服务处理各种会计账和税务账，并向前链接业务，向后支撑管理会计，从而引领会计基础设施建设。

三、智能化加速企业数字化转型，并引领软硬基础设施建设

智能化的会计基础设施建设将如何加速企业数字化？软硬基础设施与数字化之间的关系主要体现在数字化前台能力、数字化中台能力与数字化后台能力。企业需要提供各种不同的产品或服务，其中既有传统工程类的硬基础设施，也有基于互联网模式的现代硬基础设施。这一类基础设施通过企业建立的内外部商城平台以及基于各种 App 的新零售平台得以实现，企业的数字化变革过程中以平台化和轻量化的方式应对数字经济的快速发展。数字化中台能力需要有强大的管理能力，智能化的会计基础设施将为数字化中台提供强有力的支撑，借助智能化的财务会计平台、管理会计平台等大会计信息系统，通过标准化、共享化、智能化等现代技术为数字化变革注入活力；数字化后台能力需要具有强有力的数据分析和决策能力，借助于数据仓库、数据分析、数据决策等现代技术，为企业数字化变革提供可视化和大数据分析等功能。

软硬基础设施建设是一个长久性问题，而企业数字化转型又是一个复杂的过程，需要从全方面内容的变革才能实现企业转型目标。领导力转型使企业具备战略决策数字化的能力，帮助企业数字化变革提供智能业务支持和智能管理决策；管理模式转型使企业具备运营管理数字化能力，帮助企业数字化变革提供智能研发、智能管理、智能计划；信息价值转型使企业具备信息模式数字化的能力，帮助企业数字化变革提供数据挖掘、智能

分析、大数据管理。领导力转型、管理模式转型与信息价值转型主要涉及智能经营管理，可以为软基础设施建设提供强有力的支撑。生产模式转型使企业具备生产过程数字化的能力，帮助企业数字化变革提供智能工艺、智能生产、智能工厂；生产模式转型主要涉及智能生产制造，可以为"微"硬基础设施建设提供强有力的支撑。客户体验转型使企业具备产品服务的能力，帮助企业数字化变革提供智能产品、智能服务；客户体验转型主要涉及数字化产品服务，可以为硬基础设施建设提供强有力的支撑。

四、结论与观点

本文主要讨论了智能化、数字化与基础设施建设三者之间的关系，更加详细地分析了数字化与软硬基础设施，以及智能化与会计基础设施之间的关系，主要包括以下四个结论：首先，数字经济时代企业变革应考虑生产制造、经营管理、产品服务等全方位内容，基于业财管税的智能化是其变革中重要的组成部分。其次，软硬基础设施和数字化下的智能生产制造、智能经营管理、数字化产品服务有着紧密的关联。再次，软硬基础设施通过互通互联与企业数字化的智能生产制造、智能经营管理、数字化产品服务进行交互。最后，基于业财管税智能化的会计基础设施将加速企业数字化转型，并引领软硬基础设施建设。

财务管理与技术创新

魏代森

（浪潮集团副总裁）

今天我们处在一个科技时代，尤其是以数字技术为核心的时代，这个时代下我们所有企业、行业都面临升级和转型问题，会计也不例外。当前环境下，各个行业、领域都面临新技术驱动下的数字化转型，其中我们知道数字化转型实际上有两方面。第一方面主要涉及业务模式创新、商业模式创新和产品创新。会计变革更多是围绕第二方面，是企业运营智能化和数字化变革给我们带来的运营管理创新问题。其中，会计和财务管理在运营数字化和智能化过程中又承担了重要角色，如近期颇受关注的财务共享和财务机器人问题。

2019 年 6 月 29 日，上海国家会计学院主办、浪潮集团参与的"影响会计从业人员的十大信息技术"的排名，排在第一位的是财务云。十大技术排名有专家评审和大众评审，两个评审团合并得出这样一个结果。基于实践探索应用，我们对这些技术有自己的理解，分享如下四个方面。

一、财务管理模式的创新

首先，财务共享在大部分集团型企业中都有深入应用，涉及财务管理模式、财务流程和财务组织变化。其次，财务决策发生变化，新财务模型的出现，财务基于共享中心、财务业务伙伴（BP）、专家中心三支柱模式进行运营，财务人员脱离烦琐的事务工作后更加侧重商业洞察和业务服务。再次，过去的财务报告是千人一面，今天是一人千面。我们为一家企业提供多样化的服务，内容多维度、精细化、个性化，更加丰富。最后，财务周期传统以年为周期，以月为周期，随着科技发展和技术发展，以周为周期、以天为周期的财务报告会越来越频繁。

二、财务技术平台的创新

支撑财务管理模式的一定是技术平台，技术平台第一位就是财务云。云计算包括后台硬件云集群、软件云服务、人员云共享等不同的形态。浪潮集团在2013年提出财务云的概念，并在百度百科做过定义。概括地讲，财务云可以分为两类：一类是面向中小企业的公有云，另一类是面向大型企业的混合云。基于云架构的财务管理系统可以快速、简便地对接商旅云、发票云、采购云、营销云等公有云或合作伙伴的云平台，实现企业全互联，构建商业新生态。通过上云共享，实现多云融合，连接企业、客户与供应商。企业流程由内部延伸到整个产业链，建立更为全面的端到端流程，实现产业链协同。与供应商、客户以及物联网的连接，能够推动业财融合，实现业财税一体化。

三、财务中台概念的提出并逐步普及应用

从业务角度来看，企业业务过去分为前台和后台。为了响应和引领客户需求，企业业务模式不断探索和创新，前台的销售、运营、服务等业务部门及时响应客户需求，对财务部门也提出了更多的资源需求和快速响应的要求。传统财务仅作为后台资源稳速运行，现已经无法支持前台的快速

变化。企业需要组建一个能够快速响应前台需求的中台，按照前台需求，实时配置财务资源和提高业务支撑力，提高财务内聚外联协同运营能力，满足前台以用户为中心的持续规模化创新诉求。财务中台需要具备敏捷的组织配置能力、灵活的业务支撑能力、高效的数字化协同运营能力和财务大数据应用能力，以财务共享为核心构建财务中台已经成为企业财务应对变革的最佳路径。当然除了财务的中台还有技术中台和数据中台，都与我们今天企业的变革是密不可分的。

四、智能财务

当前 RPA、人工智能、机器学习等技术为机器人注入了学习、模仿、分析能力，移动应用的发展拉近了人机距离，语音识别、语义分析和人脸识别技术为人机交互创造了条件。人工智能真正的价值体现在与数据深度融合，帮助企业实现流程优化、管理变革、业务创新，让人工智能辅助企业进行管理决策。人工智能应用在企业服务领域，可以通过大数据实现企业智能化管理、多维度分析、可视化运营，推动企业走向智能化。财务管理方面，人工智能可以通过不同财务机器人实现智能报账、智能稽核、智能信用、智能派单、智能制证、智能税控、智能报告等功能；RPA 财务机器人作为机器人其中一个领域，不同于工业机器人等实体机器人，是一种基于规则的软件，通过执行重复的基于规则的任务将手工财务操作或流程进行自动化处理，相对于自然人，它的优势在于，它可以按照既定流程 7×24 小时不知疲倦地工作，而且减少人为操作误差。财务机器人将财务人员从大量重复性的记账、审核等低附加值工作中解放出来，向着财务决策等高附加值工作发展，为企业创造价值。另外，智能设备也是其中的重要组成部分，企业线下实物交收、存储、跟踪等问题仍亟待解决，信息流、实物流缺乏联动，成为制约财务管理效率提升的瓶颈。将信息技术植入生产、管理等终端设备，可打造灵敏、精准的管控终端。围绕会计业务将会产生众多智能设备，如费用报销，我们把原始单据投到一个柜子里就可以了，这个柜子自动进行扫描识别、粘贴单据，送到财务形成财务凭证。智能设备的不断应用，进一步将线上信息流、线下实物流，将财务人员、业务人员、流程、服务、实物等诸多要素进行汇聚，为企业打造智能的万物互联智能信息系统。

例如，中交集团（下文简称中交）是我们国家"一带一路"建设的主力军，员工人数超过12万，涉及60多家全资、控股子公司，产品服务遍及150多个国家和地区。在"一带一路"倡议指引下，中交积极拓展海外市场，目前项目所在区域已跨出中国，遍布全球。公路、轨道交通、铁路、市政、港口等项目具有规模大、交付周期长的特点，企业管控工作日益复杂化。中交结合集团发展战略和各子集团实际财务管理情况，相继在集团内部建设了多种模式的财务共享中心，包括集团型共享中心、国内区域型共享中心、项目型共享中心、海外共享中心。中交集团借助云计算、大数据等最新技术进行全球资源整合，建设大集中的中国交建财务信息管理"云"平台，逐步形成统一、集中、标准化的全球财务共享云平台，发挥数据价值驱动力，提升管理会计和价值创造水平。整体云平台基于最新云原生核心技术从软件即服务（SaaS）、平台即服务（PaaS）到基础设施即服务（IaaS）三层进行建设。实际建设过程中利用了微服务、分布式、负载均衡，弹性扩展、数据库横向扩展等先进技术，解决了中交推进业务全球化、推进"一带一路"建设中遇到的很多困难。十几万人的使用量，1万个会计，还有5 000多个项目部在全球分布，这样一个财务体系的建设，没有强有力的技术支撑很难做到。

浪潮集团也是"一带一路"建设的重要支撑企业，集团四大业务板块的主要业务分别是云数据中心、云服务、智慧城市和智慧企业。近年来，与"一带一路"沿线国家都有很多合作，除了输出平台和技术，浪潮也在做相关培训。浪潮集团服务全球117个国家和地区，借助科技的发展和运用，推动了财务管理的变革，支撑了"一带一路"沿线国家业务的拓展，相信科技的发展和会计的变革一定也会推动人类社会的进步。

数字化财务的未来趋势

刘明华

（德勤中国创新主管合伙人及华东区主管合伙人）

　　本文将结合德勤的一些案例来分享关于数字化财务未来趋势的预测。

　　德勤每年都会做一份 CFO 全球调研，调研体现出来的数据和结果其实都指向一个方向，就是对于目前现状的不满以及对于未来的期待。具体而言是什么呢？数据显示有 75% 的 CFO 认为目前的各自公司的组织架构文化水平和内部的效率是低下的、信息是不及时的；61% 的 CFO 认为使用数据及分析工具协助进行分析业务决策，是他们工作中非常重要的一环，但是目前各种机制或者是手段没有办法支持这项技术发展；78% 的 CFO 认为他们所处的企业需要提升决策支持的能力；60% 的 CFO 认为在识别和管理风险的能力方面有极大的提升空间；仅仅 8% 的 CFO 认为各自公司目前的管理是足够高效的，对现状很满意。

　　由此体现了大家对未来怎样提升效率、提升决策能力，以及提升对风险的预警和判断的巨大渴望。在面对我们数字化财务的七大趋势时，他们实际会怎样应用结合呢？

第一，我们在日常工作中利用各种技术，包括自动化技术、区块链、分布式记账，提高了财务人员工作透明度、可信度以及及时性，使我们从日常重复的劳动中得到解放。很多人都在关心科技发展对于财务人员意味着机遇还是挑战，我想这个问题的回答大家是有共识的，机遇一定大于挑战。因为科技把非常多的重复劳动时间释放出来，从德勤的 CFO 调查中也可以看出，CFO 希望时间被释放到发展他们的决策能力和风险预警的能力上。

第二，今后随着业务的自动化发展，财务人员在组织和企业中的边界会继续模糊化，财务人员将会更多融入业务。同时，财务人员将在提供业务洞察这件事情上花费比现在更多的时间，也就是将精力和能力释放出来。

第三，实时。传统上，无论是年报、中报还是季报，在每个月财务关账以后，我们才能获取财务信息，此时财务信息已经在很大程度上失去了及时性。我是做审计出身的，以前客户经常提到，年报到 3 月底才公告，投资者才了解年报信息，隔一个月以后季报发布，这样财务信息的传递速度太慢。因此，随着技术的发展，从目前整个社会对于信息及时性的要求来看，财务信息的传递速度已经非常不匹配了。而在新的技术产生后，我们的及时性将会有非常大的提高。比如，德勤经过两年多的研发，最近有一个一体化的产品"勤企通系统"，它是一个能够帮助企业打通整个财务、税务、人力资源管理的平台和系统，如果企业通过这个系统进行报销，再利用甲骨文公司（OCI）的技术将某张发票扫描后，该发票直接可以同税务局发票比对系统对接，验证发票的真伪，然后通过内设的整个财务审批流程进行审批，最后由银行直接付款。因此，这笔费用的报销、记账的一体化流程在几分钟内就可以全部完成了。对于企业的老板或者所有者来说，他们的财务报表将不再是月报，而是每天的实时财务报表，他们可以每天实时看到公司的应收账款数额、对应的客户，因此，财务报表的及时性会得到极大的提升。

第四，财务将向自助服务转型。企业上了财务云系统之后，未来财务人员将通过一系列 App 将需要的信息从云上下载。对财务人员来说，对话机器人的发展，使得很多原先传统上需要很多协作的工作，现在可以通过自助服务来完成。这一系列的转变都会影响我们的速度和效率，释放我们的能量，使我们做更多需要我们的脑力去进行判断的工作。

第五，应用程序接口（API）的广泛应用驱动了数据标准化程度的提高，这也对未来数据接口的标准化提出了极大的提高要求。它意味着企业仍然有巨大的数据清理的工作要完成。数据是很大的财产，数据是资产，但这些资产如果不加以清理利用，就像埋在地下的石油，未经开采，是不能为工业革命释放能量的。现在的数据信息是一个巨大的冰山，露在海平面以上的是 10% 都不到的冰山一角，大量数据沉没在海平面以下，它需要清理加工，这是我们未来需要做的工作。

第六，调查数据显示，大家都非常关心财务部门如何使用时间。通过目前耗用时间和今后大家希望在这件事情上耗用多少时间的对比后，我们发现，目前财务部门 50% 的时间耗费在更新财务报告、进行基础数据的分析、加工处理上，但今后这些工作可能只需花费财务部门 3% 的时间。与此同时，大家希望财务部门能够将 70% 的时间用于和业务部门互动和交流。因此，未来的业财一体化，不单是操作系统的一体化，更重要的是财务人员怎么和业务人员进行一体化。

这些技术今后将重塑了整个财务报告编制的方法。财务可视化的报告可以为领导提供更好的决策依据以及预测分析依据。洞察在预测分析里是非常重要的，它可以为我们的决策提供一个预测，或者是为我们的风险管理的未来指明方向。德勤也利用 AI 和大数据进行舆情的分析收集和处理，并开发了一个智慧债券工具，这个工具是针对目前中国市场所有公开交易的发债主体进行的风险预警，这些预测分析今后也是财务上一个非常重要的方向。对于这些财务报告的内容我就不再赘述，但有一点很重要：上云。上云是非常重要的一件事情，"一带一路"沿线国家的基础设施现在都是有待提高的。那么结合"一带一路"倡议，我们中国的大型企业在走出去的过程中，财务共享中心如何建设，如何真正利用云的技术来赋能我们整个财务的管理，将是非常重要的一环。

第七，本文想分享一下德勤全球的方法论中关于 CFO 的四幅面孔的观点。第一个 CFO 是一个战略家，第二个他是运营者，第三个他是管控家，第四个他是推动者。希望我们各位企业的 CFO 以及今后要成为 CFO 的各位同仁们，带着这四幅面孔的观点，深度思考一下本文所探讨的这些技术能力，怎样赋能大家成为明天优秀的 CFO，可以为我们各自的企业带来更好的价值。

最好的预测未来的方法，就是创造未来，我希望和大家一起在共同创造未来的道路上携手前行。

构建学术出版高地，服务"一带一路"会计建设

窦瀚修

（立信会计出版社研究员）

  立信会计出版社成立于 1941 年 6 月，由潘序伦先生和邹韬奋先生共同创办于重庆。立信会计出版社是"三位一体"立信会计事业的重要组成部分。立信会计事业由立信会计师事务所、立信会计学校（上海立信会计金融学院）和立信会计出版社组成。关于立信的由来、立信和诚信的辩证关系，我们尊敬的前朱镕基总理有一段重要的论述。

  朱镕基总理在 2001 年 10 月 20 日视察北京国家会计学院时讲到："解放前有个立信会计学校，是潘序伦先生办的吧？他就是用这个'民无信不立'嘛，所以叫立信嘛。我记得我在国家计委工作的时候，我那个局里有个女同志。她就是立信会计学校毕业的，她就是不做假账的。它（立信）出来的学生还很好的，功底很扎实，人也比较好。所以，我建议我们的国家会计学院首先一个要进行诚信的教育啊，诚信为本，民无信不立。市场经

济的基础是信用文化，一个没有信用文化的国家怎么能够建立社会主义市场经济。"

立信的毕业生得到朱镕基总理的表扬，我作为立信人非常高兴。我并不是在给立信做广告，我也不负责学校的招生和就业工作。我是强调教材在学生培养中的重要性。朱镕基总理讲话中提及的那位立信毕业的女同志用的就是立信版的教材，好的教材在人才培养中至关重要。

潘序伦先生毕业于美国哥伦比亚大学，图 1 中的《美国对华贸易史》专著是潘先生的博士论文。2013 年我们把这部论文翻译成中文并且出版。潘序伦先生在 1996 年前在分析总结了 140 年中美贸易发展历史的基础上，得出结论：中美两国贸易互相依存，互惠互利，你中有我，我中有你。美国不要打压中国，否则你也没有什么好果子吃的。用现在的话来表述，就是合则两利，斗则俱伤。我希望这本书的观点对中美贸易未来的走势产生一定的积极影响。

我们在 20 世纪三四十年代出版的一套立信会计丛书，堪称经典之作，影响非常之大。图 2 的这本书是 2018 年论坛的论文集，由上海国家会计学院李扣庆院长主编。

图 1　《美国对华贸易史》　　图 2　《数字联通"一带一路"》

《中国注册会计师行业发展报告》（图 3）是由中国注册会计师协会副会长兼秘书长陈毓圭主编的，在行业中影响很大。图 4 是上海国家会计学院的刘勤副院长主编的《XBRL 知识体验：理论、方法与实践》。图 5 是孙铮教授和卢文彬副院长编写的《新编股份公司财务会计》。图6是由厦门大学曲晓辉教授编写的《中国会计准则的国际趋同效果研究》，这本书有七项光环：第四届中华优秀出版物奖（图书）提名奖；国家出版基金资助项目；上海市文化发展基金资助项目；"十二五"国家重点图书出版规划项目；2013年上海市优秀图书一等奖；2015年福建省优秀图书一等奖；2016年教育部人文社科三等奖。这些荣誉来之不易。图7是文硕先生翻译的《世界审计史》，是出版社出版的内容质量好、版式设计和装帧都很漂亮的一本书；还有文硕先生翻译的《会计思想史》（图8）。图9是中注协副会长兼秘书长陈毓圭主编的《诚信之路》，反映了中国注册会计师行业30多年来的制度成果和行业成就。我们还出版了"会计经典"系列图书，像《账户的哲学》《会计中的经济学》，读起来都很有味道。

图3 《中国注册会计师行业发展报告2014》　　图4 《XBRL知识体验：理论、方法与实践》　　图5 《新编股份公司财务会计》

图6 《中国会计准则的国际趋同效果研究》　　图7 《世界审计史》　　图8 《会计思想史》

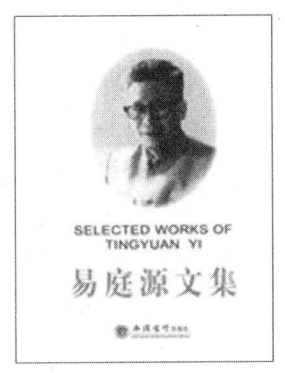

图9　《诚信之路》　　　　图10　《易庭源文集》

我们还给会计前辈出版文集，图10的易庭源先生不单会计学术做得很好，并且还培养了一个能说会写的儿子易中天。立信会计出版社以会计为主，教材占70%，其他都是一些学术专著和读物。2020年我们的销售码洋是1.3亿元，如果这个图书定价30多块一本，我们每年销售量是400万册，在全国有2 500多所高校在使用立信版的图书。上海新闻出版局在立信出版社挂牌成立"上海学术·专业出版中心·会计学出版中心"资助。这个中心的主要任务是出版高水平的学术专著。高水平的学术专著包括原创的和引进的两个方面内容。一方面，把一些西方会计学的扛鼎之作翻译成中文；另一方面，把我国优秀的会计学的前沿的研究图书翻译成英文走出去。另外，我们还支持学术团体的一些工作。

我们的学术产品来自国家"十二五""十三五"重点规划图书出版物，以及上海市的重点图书规划项目。立信会计出版社的作者来自四面八方，汇聚了国内外的专家学者。

与"一带一路"沿线国家有关的会计学选题我们在6年前已经开始策划出版了。作为一家专业会计出版社，它有责任提供这样一个平台，来跟踪"一带一路"会计建设。我们还准备设立一项丝路书香出版工程。根据有关要求，要讲好中国故事，策划一些弘扬主旋律的主题出版项目。我遇到一个金融学的老师，他跟我讲，习近平总书记的"两山理论"（绿水青山就是金山银山）是一个很好的金融学选题，可以从金融学角度来研究。我说，"两山理论"闪耀着习近平总书记的会计学思想光辉。大家知道，现在地方领导干部的自然资源资产的离任审计越来越严格，这是一个事实。

我们在 2014 年翻译出版了四卷本的《世界会计史》。这套书由来自 11 个丝路国家，包括印度尼西亚、印度、意大利、波兰、埃及、伊朗、沙特阿拉伯、以色列、俄罗斯、土耳其和中国的作者共同完成。亚洲卷由我国著名的会计史专家郭道扬教授主笔。

我们还在策划出版的一本名著是卢卡·帕乔利的《会计原典》。卢卡·帕乔利被称为"世界会计之父"。这本书是卢卡·帕乔利在意大利佩鲁贾大学 8 年讲学的讲义，佩鲁贾大学的一位教授用了 12 年时间，将其从古拉丁文翻译成了古意大利语。我们现在正在请译者翻译成中文，这也是来自两个丝路国家的文化交流。

从某种意义上来讲，很多东西都是过眼云烟，唯有图书可以流芳百世，像李时珍的《本草纲目》就已经流传了几百年。

共享服务推动全球化企业财务转型

赵旖旎

（中兴新云服务有限公司副总裁、知识总监）

2019 年 6 月 29 日，上海国家会计学院发布"2019年影响中国会计从业人员的十大信息技术"（以下简称十大信息技术），数千位财务专家和企业财务管理者参与了调研，有 72.06% 的受访者都选择了"财务云"。在 2020年 3 月，曾有一位高校老师问我："现在有很多新名词，财务云、云财务、财务共享、共享服务，这些词分别都是什么含义？"一方面，这说明学术界也非常关注企业财务领域的创新；另一方面，也说明，没有准确的定义，不同的解说，难免影响大家对新事物的理解。我非常高兴地看到在"十大信息技术"中对"财务云"做出了完整的定义。

"财务云"一词，起源于中兴的财务共享服务中心。2005 年，中兴通讯建立了财务共享服务中心，2010 年，中兴通讯建立了云计算事业部，当时财务共享服务的管理团队在研讨云计算技术发展趋势时，发现财务共享服务中心非常符合云计算的特征——无时不在，无处不在，且随需取用。不知道它在哪里，由谁提供，但只要提出服务请求，就会实时响应，随时获取满足需求的财务服务。因此，2011年中兴通讯将财务共享服务中心更名为"财务云"。

在"十大信息技术"中，除了"财务云"，我们还可以看到电子发票、移动互联、电子档案等财务信息化的创新应用。这些信息技术都被认为对财务人员的影响巨大。应该说，最近5年，越来越多的新兴技术应用于财务领域，推动财务流程更加自动化与智能化。

财务信息化发展迅速，每个发展阶段的跃升间隔越来越短。中兴新云脱胎于通信行业，用1G到5G比喻财务信息化的几个发展阶段：1G是财务单体信息化；2G是财务部门信息化；3G是业务财务信息一体化，也就是2000年年初开始，在中国快速发展的大型企业资源计划（ERP）；4G是财务共享服务推动之下，财务信息系统架构更加完整，包括前端的在线连接与智能采集，如商旅系统、办公采购系统、票联系统、费用App等，共享服务核心系统，如报账系统、共享运营系统、电子影像系统等，以及后端完成财务工作的会计核算系统、资金管理系统与税务管理系统等；5G是财务数字化，财务作为企业"数字神经系统"的价值得到极大的提升，在"大智移云物"的技术支持下，财务要从企业的"小数据集"转化为"大数据中心"，不仅仅关注根据定义在会计科目里的数据，还要有能力采集和利用企业内部数据、外部数据，财务数据、经营数据，还有行业的数据、国家的数据、宏观经济的数据等。而我们也看到，不少中国企业已经在一些财务业务中，实现了自动化与智能化，新技术已经有了落地的应用。

但是，对于全球化的中国企业，海外分支机构的财务信息化建设情况如何呢？2013年年初，在中兴通讯启动全球共享服务项目时，我们的团队对海外100多个子公司的财务情况做了一个调研。当时，海外大多数子公司的财务系统不统一，会计科目不统一，数据口径不统一……对集团总部来说，一方面，其存在巨大的风险；另一方面，从全球范围来看，财务信息化建设仍然非常弱，更谈不上自动化。并且，财务数据质量低，财务部门采集数据困难，财务信息难以支持决策。

应该如何解决？我们从 2013 年 4 月到 2016 年 10 月，用 3～7 月的时间，在一个个国家完成了全球化共享服务中心的建设，提出了"五个统一"的理念：统一会计科目、统一会计政策、统一业务流程、统一信息系统及统一数据标准。在这五个统一的基础上，我们提出了共享服务中心要成为财务中台和企业的数据中台。财务中台指的是业务中台，我们把可以复制的核心财务能力放在共享服务中心，提供全球的会计核算、报表数据、资金结算和纳税申报的服务，我们把这些财务服务产品化；数据中台我们通过统一数据标准和统一信息系统整合企业从业务经营到财务的多维度的数据，将数据作为企业最重要的资产。

全球共享服务中心，是全球化企业财务组织转型的重要基础，也是全球化企业用来加强财务信息化建设，推动财务智能化和数字化发展的重要手段。中兴新云帮助中国中铁、中石油等大型中国企业提供了全球财务共享服务的解决方案，我们认为，这是全球化企业财务发展的必经阶段，也是必然趋势。我们愿意将我们在 100 多个国家和地区实现财务共享服务的经验分享出来，2018 年，我们申报了中国会计学会"一带一路"沿线国家会计研究的两个重要课题。2020 年，我们又和 ACCA、上海国家会计学院一起完成了"中亚国家会计基础设施比较研究"的重要课题。我们希望能够通过分享，帮助其他中国企业推动全球共享服务中心的建设，推动财务转型。

圆桌论坛　科技发展与会计：
畅想未来

主持人

付建华（用友网络科技股份有限公司副总裁）

嘉宾

刘世平（吉贝克信息技术有限公司董事长、中科院研究生
　　　　院教授、博士生导师）

魏代森（浪潮集团副总裁）

刘明华（德勤中国华东区主管合伙人、德勤中国创新主管
　　　　合伙人）

窦瀚修（立信会计出版社研究员）

赵旖旎（中兴新云服务有限公司副总裁、知识总监）

　　付建华　圆桌论坛将围绕三个问题展开讨论。第一个问题请吉贝克刘总和立信窦社长从科技和会计的角度探讨一下，除了企业方面，从国家对会计的规范监督监管，包括第三方行业如出版行业、其他行业，我们给企

业提供会计服务的时候，科技究竟给我们带来了哪些变化，我们又尝试过哪些新的项目和新的实践。

刘世平　刚刚付总提出的问题趋势我们要注意。

第一，及时性很重要。以前在报表各方面有很多的问题，比如，我们跟地方政府做的非现场监管，尤其监管小贷公司，前两年的 P2P，这些地方监管做得好的是每天监管，每天报表必须到地方政府，这是一个及时性的问题。又如，像公募基金和私募基金现在要求你有任何变化，每天交易完了，必须要报到，例如公募基金，你买了哪只股票，买了多少，所有动态信息都必须到证监会的基金部，基金部主任一定要看这个东西。首要的问题就是速度和时间，这是未来非常重要的变化，而传统的会计慢慢来慢慢做，这个变化很大。

第二，从会计角度来讲，标准化很重要。之前谈到 XBRL，国家税务总局王军局长以前是搞会计的，他前段时间找我去专门谈了一个问题，标准化的问题我们解决得还不太好。税务总局主要是监管部门，他提出一个问题：看一个集团报表的时候都是统计报表，能不能贯通，从集团一下子贯穿到子公司。比如，中兴集团有四五百家公司，能不能做到这点，这也是标准化的问题。这个技术上我们做了这么多年唯一做到的就是上海的东方航空，花了很多年的时间。从 2008 年到现在，真正完成的只有这一家，从集团能够通过 XBRL 统一的标准穿透，所以我觉得未来会计信息化里很重要的一方面就是标准化，这方面我做了很多年，这也是国家税务总局局长提出的问题，从监管角度能不能去穿透。

另外，还有很重要的一点是企业监管，比如，上海证券交易所跟很多金融机构做的一件事情，就是上市公司和一般企业的财务报表的诚信度问题，你怎么判断这个企业财务报表有没有其他问题。财务诚信度的问题中很重要的一个就是数据挖掘。我看我们调查里排在第四的就是上海国家会计学院，这一点很重要。数据搜集来了以后，数据里面的信息能不能挖掘出来，其实里面的规律很有趣。我们当时做出的结果自己都很吃惊，很多财务人员一开始也认为这个很难办，怎么判断一个财务报表的诚信度。当时我们上海证券交易所做完以后，效果特别好，我们就是能判断财务报表的诚信度。而在我们国家好多银行里用来判断大型的信贷审批，一般你要判断企业的偿债能力，但是判断他的偿债能力之前，首先要判断他的财务报表的真实性，如果他给你一张假报表，判断的诚信能力再好都没用。兴业银行一直用这个东西用得特别好，效果也不错，因为这套系统，我变成了兴业银行的独立董事。

当然，移动设备的使用、电子认证也都很重要，在审批各个环节，监管都是很重要的。以上是基于我自己做这么多年非财务人员做的跟财务有关的东西跟大家的分享。

付建华 我补充追问刘总一个问题。XBRL 技术在中国的研究和探索已经经历了很长时间，对于很多企业来说，在会计领域和信息报告领域有一个对外连接的要求。比如在中国市场上，我们的企业需要对外部的行业部门、监管部门，需要向国资委、证监会、财政部等提交大量的会计和财务信息。XBRL 现在在这个内容上有哪些新的技术，能够在实践上运用将来更好地为企业创造价值和提供服务。就我目前所了解的，现在企业这个问题还是很难得到有效解决，我们企业还是需要不断地通过手工，通过二次登录，通过粘贴信息等往各个通道输出财务信息和会计信息。它的弊端非常明显，第一个是企业端的工作量，第二个是第三方机构获取的信息的真实性、准确性也难以得到保障，现在的 XBRL 技术和新技术有没有在这些方面有更好的探索和实践？

刘世平 这个问题非常好，国资委所有的审计报告的 XBRL 分类标准都做完了，银监会把 1104 报表的 XBRL 分类标准也做完了，但是没有最后落实。我们国家真正落实的是上海证券交易所对上市公司的信息披露是必须用 XBRL 的，上海证券交易所的所有 55 家发债企业用的都是 XBRL，全国私募基金也是用 XBRL，全国社保基金也用的是 XBRL，现在银行间市场也用了 XBRL 的标准。全国债券的转让，就是北京金融资产交易所的这体系架构也全部做完了，今后信息披露也必须用 XBRL。现在发展的速度迅猛。

XBRL 这个标准本身价值非常好，对"一带一路"和国际化有很大的帮助，因为 XBRL 有国际组织，XBRL 现在全世界有 50 多个国家认可这个标准，也统一接受这个标准，我们中国也是 XBRL 国际组织其中一员。此外，财政部的会计司当年把我们的基本会计元素也通过 XBRL 化列成了国家的标准，已经形成了五项国标，所以 XBRL 正在被推动。目前国家税务总局大企业司正在力推。大企业税收现在已经占到我们国家所有税收一半以上，去年税收 3 个亿以上是属于大企业司管，今年是税收 1 个亿以上就归大企业司管，大企业司管的国家税收已经占了国家 51% 以上，所以我相信还会有很好的机会。上海国家会计学院是现在我们国家的实验室，应该是全中国最好的。

此外，XBRL 很重要的就是有标签，我们如果采用了国际会计准则 IFRS 之后，我们的标签是中文的，你报表出来就是中文的，你可以选标签，也可以是英文的、法文的，这个东西对我们走"一带一路"和走国际化是非常好的工具。

付建华　接下来有请窦社长做分享。

窦瀚修　立信会计出版社是我国唯一以会计命名的出版社，我们很重要的职责就是为会计人服务，我们 90% 以上的书都是会计类的图书。我有一个建议，我们国家现在会计从业人员两千万人左右，基数很大，参会的各家公司都是行业的排头兵，属于领军团队，能不能把大家管理和科研方面的最新成果，在保护好知识产权的前提下推而广之。中央一再强调要讲好中国故事，传播好中国声音。让更多的企业分享你们最新的科研成果，尤其是让小微企业受益。立信的书好销好卖，就是因为读者看了以后都能操作能够上手，如果能够在国家会计学院这个平台再培训一下，使最新研究成果得到更好地普及和应用就更好了。这是我们作为一个会计出版人的心声，这是我们最希望能够达到的。

付建华　窦社长刚刚提的倡议是希望我们把科技发展与会计融合，以及与"一带一路"倡议融合的创新成果多出书籍，希望在座各位嘉宾所在的公司和每位专家，都有机会和立信会计出版社合作，以出版更好的会计书籍，做好知识传播。我们第一个话题是希望从不同的角度由参会嘉宾分享一下科技给会计带来了什么变化，因为会计既有经济体内部的事情，也有外部广泛连接的事情，还有文化和上层建筑的事情，也有知识传播的事情、教育的事情、政策的事情，非常多元化，我们第一个主题对企业之外的外部相关内容做了一些补充。

第二个问题回到企业这一端，因为在座非常多嘉宾都是服务于企业，无论咨询公司还是信息公司。在给企业提供服务的时候，今天论坛中介绍的这些新技术概念，我们所有同事们都很懂，现在所有行业的人谈技术比我们财务信息化行业的人都专业，这是特别好的时代。云计算那些技术我们谈得非常多，接下来请魏总、刘总、赵总从实践经验的角度，结合具体案例分享一下这些新技术在进入服务的企业主体的时候，尤其是"一带一路"经营的企业，究竟给他们带来了什么样的改变和变化，帮助这些企业解决了什么问题，帮助他们创造了哪些价值，能够再给与会嘉宾和朋友更多可借鉴的内容，首先有请魏总做一下分享。

魏代森 浪潮服务了众多大型集团企业，无论是规模还是业务布局都较为复杂。这些企业在"一带一路"推进过程中遇到了政策、法律、税务、人才等问题，和会计相关的第一个就是关于会计人才的问题，如施工企业项目部特别多，海外项目部的建立就会涉及当地会计人才资源问题。

第二个涉及管理控制问题，业内经常讲财务会计和管理会计，企业走出国门后感觉更加明显，财务会计一定要适应当地法律、税务、政策等各类要求。而站在国内总部管理角度和财务会计的要求又完全不一样，这是管理控制的问题，也是一个非常重要的问题。

刚才谈到，财务共享本身解决了很多问题，包括会计人才的问题，共享中心建立了之后，可以为海外各种项目部提供支撑，并协同处理管理会计、财务会计标准不统一所带来的管理控制问题。

第三个就是信息化平台。刚才讲到财务云，我们讲财务云的概念比较早，面向中小型企业的时候比较简单，各个企业之间相对比较独立没有关联。但是对于超大型集团企业来讲，各个成员单位既是相对独立的主体又有关联，数据是关联的，业务是关联的，标准是统一的。这种情况下对技术要求就会非常高，而且需要能够支持标准化。2000 年，浪潮和原国家金融委在北京组织了互联网时代下的财务管理模式研讨会，当时互联网处在第一次高潮。浪潮在国内首先提出"集中式集团财务"理念，率先定义了财务云。大家发现模式非常好，但是当时技术支持不够。

从 2000 年到现在将近 20 年时间，技术逐步进步，理念也逐步落地。2020 年中交集团开始正式探索财务云应用问题，云计算是 2016 年提出来的，随后大数据、云计算、人工智能开始流行，但是事实上大家未必真正清楚云计算在这十几年间发生的巨大变化。过去云计算更多是虚拟化的应用，刚才提到微服务技术是真正的云原生的纯粹技术变化，这些技术变化融合原来中交国内、海外财务共享中心基础上建设面向全球的财务共享云。无论对海外还是对国内提供一个入口，无论是多么大的并发，无论是数据之间多么强的关联，财务云的平台完全可以提供非常好的面向全球的财务系统的支撑。这次浪潮也参与了上海国家会计学院"影响会计人员十大信息技术"的报告，其中是把财务云列到第一位的，个人认为符合当前的形势，也相信随着我们国家"一带一路"倡议走出去的企业越来越多，财务云等技术对服务"一带一路"跨国公司，在科技平台方面，科技支撑会计方面有非常重要的价值。

付建华　魏总刚刚的分享，包括我们这个环节的讨论为大家展现了一个非常优秀的国际化经营的企业案例，就是中交集团，也是浪潮集团在中国所服务的优秀的央企。我们刚刚听到魏总介绍的中交集团开展国际化过程中，对于信息化问题的解决，逐步要采用一些新的技术手段，包括云技术手段。这个模式对其他跨国经营的企业是否具有普遍借鉴意义，请魏总再稍微展开一下。第二，魏总讲到中交集团接下来要搭建全球财务云，从系统角度来说，我们是要直接部署在公有云上，比如阿里云或者亚马逊云，还是要部署到中交自建的云上，这对于很多企业来说也是非常关心的一点，这两点请魏总再分享一下。

魏代森　首先补充回答刚才第一个问题。第一，对特大型跨国企业可

能采取云计算的架构和财务云的模式，会比较好地支撑企业海外业务的发展。第二，关于财务云的问题，其中把云分为公有云、私有云、混合云等并不重要。重要的是对一般大型企业集团来讲，云的建设是完全采用云的架构服务于内部成员单位企业，往往建在自己的云平台，更多的中小型企业更加建议建在阿里云、浪潮云等公有云的平台上，中小企业的云和大企业云之间的不同就是我们可以为中小企业提供公有云的服务。但是企业和企业之间相对独立没有关联。集团型企业为成员单位提供云服务不太一样，成员单位和成员单位之间，尽管在业务上相对独立，但是数据关联度很强，这是他们的区别。

付建华　解释非常专业，给了大家一些参考，对于大型企业和中小型企业在构建云的过程中，是有差异化方案的，接下来请德勤刘总分享一下您的观点。

刘明华　关于"一带一路"倡议我想先分享一个宏观的观点。商务部钟山部长在谈到"一带一路"倡议的时候说过要做好三件事情：第一件事是进博会；第二件事是丝路明珠，以外援工程为重点，打造一批效益好、带动性强的项目；第三件事是发展丝路电商，沿线要开展大数据、云计算、AI服务，帮助这些"一带一路"沿线国家发展数字经济，融入经济全球化。所以，在这个过程中，特别针对第二件事和第三件事，对于丝路明珠的这些大项目，以及在沿线国家推动科技发展，财务的作用和贡献都是非常大的。

讲完宏观后，我们来看实际工作中德勤在结合科技力量进行服务的一些重大举措。先举一个小例子，德勤结合了光学字符识别（OCR）文本阅读以及大数据和深度学习的技术，开发了一个智慧租赁解决方案。具体是什么呢？现在我国会计准则已经与国际准则 IFRS 持续趋同，同样对于"一带一路"沿线国家，其会计准则大部分也是与国际准则逐步趋同的。其中，国际会计准则第 16 号租赁准则是一个比较麻烦、烧脑的准则，专业度要求高。然而，之前包括斯里兰卡、巴基斯坦的很多嘉宾都分享到，一些"一带一路"沿线国家缺乏专业的财务、会计人员，已有的财务人员的专业能力也有待提升。那么在准则实施过程中如何解决这个矛盾呢？我们开发了这个解决方案，它是结合 OCR 文本阅读，包括中文和英文，先将租赁合同用解决方案或者用机器阅读一遍，将其中重要的条款自动摘录出来，然后与准则要求进行比对后形成一个初步的判断，告诉财务人员，从租赁准则角度来说，对应的分类是什么，如何后续计量。当后面需要我们的财务人员增加附加价值的时候，我们专业人员就可以快速介入。这是一个小的微观解决方案，可以作为技术对我们工作的一个贡献。

另一个是相对层次更高一点的案例，就是利用区块链技术。2019 年下半年，香港金管局先后要求 21 家银行全部引入区块链技术进行贸易，这些贸易的文本利用区块链技术进行数字化后，再利用区块链的底层技术进行贸易、票据和贸易融资。德勤在其中也是利用区块链的技术，联合平安科技一起进行架构搭建等工作，其中，平安科技主要负责科技层面，德勤主要负责整个架构的设计、战略的搭建层面，双方共同推进利用区块链技术进行贸易的物流、票据，直至融资。下一步的计划就是将这项业务模式推广到"一带一路"沿线国家，包括全球的整个贸易票据金融的体系中的国家和地区。所以，我觉得在这个过程当中，科技和解决方案进行一个很好的结合，能够解放我们的生产力。

付建华　刚刚德勤刘总的分享让我们对于科技和会计服务的融合理解地更全面了一些。近年来，德勤以及其他 3 家国际四大咨询公司，我感觉特别明显的变化是都开始在科技领域中不断探索实践，再往前四大国际更多是以审计和咨询服务的身份为市场和企业提供服务，现在已经是一条腿跨到了科技领域，不断地推出一些科技型的产品，包括最早的小型 RPA 机器人，包括刚刚刘总介绍的我们做得很多科技化的产品。应该说未来的时代是融合的时代，咨询公司都在往科技领域拓展，很多科技公司也在往管理领域拓展，互相融合。

我提一个可以探索的建议，刚刚刘总介绍的租赁准则的智能化的应用，这个我觉得是非常好的一个探索，因为我们中国有大批企业会在后面的窗口期适应租赁准则，我们现在还没有到达窗口期，很多企业对这个的敏感度没有跟上，但是将来需要实践的时候专业难度还是非常深的。现在德勤既然已经有了很好的一些探索和实践，在未来有机会的话，我们这些厂商的系统可以跟咱们这些智能化应用程序进行合作和集成，因为很多企业的会计合作会依托于 ERP 平台，ERP 平台本身的能力是做平台和工具型产品，但是德勤做的是模型和智慧型的产品，两者如果能够很好地融合在一起，我想会为企业创造更多的价值。

刘明华　您说得非常对，这也是我们现在不遗余力在做的事情，我们与很多企业和科技型公司有非常多的联合。德勤现在正大力推广一个叫伙伴融合的全球举措，我们跟包括 SAP（System Applications and Products，企业管理解决方案）、Oracle（甲骨文股份有限公司）和 AWS（业务流程管理开发平台）等很多平台和科技公司进行融合，在融合创新的生态系里，大家合作产生更大的价值，可以赋能整个社会的进步。

付建华　希望接下来在亚洲地区我们有机会和用友、浪潮和国产系统厂商进行整合。像很多年前我们 ERP 系统数据就开始向四大国际审计方进行开放，你们审计的时候都可以从我们系统里快速提取数据，为企业提供有效的审计服务，我想将来在我们服务亚洲地区企业的时候，我们会在这些领域的合作上有更多的空间。

刘明华　一定，未来已来，在我们现在每天的工作当中，我们都在和国内的这些 IT 和科技公司有非常多的密切的合作。

付建华　接下来请中兴新云赵总分享。

赵旖旎　"一带一路"企业在全球经营过程中面临的风险，从我们自身的经验来看，主要来自以下几个方面：

第一，管理钝化。在企业从国内到全球化的发展过程中，运营成本会急剧增加。因为距离、时差、文化、语言的差异，会导致很多管理的问题，比如总部的要求，海外子公司总是无法快速落地执行，总部也很难进行有效的监管。

第二，会计政策不统一。国际会计准则、美国公认会计原则，还有一些国家当地的会计准则，包括当地的税法、商法不同，导致海外各个分子公司执行的会计政策不统一。而且，在分散的管理下，各个公司的会计科目设置混乱，使用的会计信息系统也不相同，财务数据的质量、及时性和透明性都较差。

第三，税务风险。中国企业在海外经营，首先必须符合当地的纳税要求。在海外，税务风险往往不是税务筹划这类主动税务管理行为带来的，反而是税务基础工作没有做好。由于分散，海外财务工作缺乏统一管理，比如发票的整理，纳税申报资料的保管，这些基础工作没有做好，包括中国企业对不同国家税制税率差异和执法环境差异了解不够，都会带来巨大的税务风险。

第四，资金风险。中国企业海外银行账户通常是分散管理，账户及资金流动监控不足，存在资金安全风险。同时，一些国家金融环境不稳定，汇率风险也会给企业带来巨大的损失。

第五，国际化人才的缺乏。中国企业缺乏具有全球化视野的人才，缺乏财务人员体系的整体规划，包括本地财务团队的建设，因此在海外常常通过找一个当地的会计师事务所来完成财务工作。这对大型企业来说，海外子公司财务管理的缺失，导致全球化管理难以做好。

企业可以通过建立全球财务共享服务中心很好地解决这些问题，将海外各个分支机构的会计核算、资金、税务等业务流程进行优化和标准化，并由共享服务中心统一处理。

共享服务中心的建立和发展，既得益于信息技术的发展，同时也为财务信息化的创新应用提供了标准化和流程化的业务场景。在这里分享几个案例。

2011 年，我们把海外的费用处理都集中到共享服务中心，发现海外发票审核是个痛点。海外发票有各种形式、各种语言，甚至还有很多手写的票据。共享服务中心如何保证海外费用支出的真实与合规，就成了难题。当时考虑过利用 OCR 识别加翻译，来帮助财务完成各种语言发票的审核，但是难以实现，因为全球各个国家的各种发票，模板太多，手写发票更是难以识别。为了解决这个问题，我们在海外推行公务卡，报销系统可获取银行刷卡记录的数据，员工提单时，需要勾选对应的因公消费记录。利用银行的数据，来证明海外费用支出的真实性。

为了解决全球各地的员工补贴发放，我们还设计了一个全球易补贴系统，利用日志系统的位置信息，分析员工所在地，自动计算对应的各类补贴，用来代替嵌入各种公式的、耗费 HR 多天时间才能统计清楚的 Excel 表格。

我们还做了很多信息化创新，海外数百个银行账户，我们利用付款机器人，每日自动将付款信息录入网银，利用余额查询机器人，按照管理要求，定时查询海外网银账户的余额信息，自动生成海外银行余额报表。

财务共享服务兴起时，曾经被称为会计工厂，因为最初的目的是降低成本、整合资源，但今天它已经不仅仅是一个会计工厂，已经成为企业的数据中心了，基于共享服务模式，财务信息化创新有了更多的业务场景和业务基础。

付建华 中兴通讯作为我们中国共享服务实践的第一梯队企业，应该说在共享服务实践过程当中有了非常多良好的经验和一些科技化的实践。刚刚赵总用一些实例做了一些分享，非常的生动。同时也能够感觉到，我们现在虽然谈了这么多非常好的愿景和展望，实际上科技和会计在"一带一路"企业中的落地是任重而道远，我们有一个共同的感受，包括我们面临的现实，刚刚举的例子，如银企直连，我们现在也在服务很多跨国企业和国际化的企业，包括在亚洲地区的企业，2020 年 9 月我们在澳门完成了第一家企业第一个银企直连的连通，这在我们内地已经过去 15 年了，早就已经实现了，但是在澳门地区才是第一家企业和银行实现了第一笔银企直连的付款，当时我们团队在现场特别激动，我们觉得在中国已经 15 年过去了，但是在"一带一路"国家或地区这个基础动作还没有实现。其实科技以及会计相互的融合，在"一带一路"经营的沿线，我们发现无论是从实务界还是第三方，道路还是非常远的。

最后请各位嘉宾用一分钟的时间再来和大家分享一下，从科技的角度，我们所在的服务主体现在还在做哪些新的科技的研究和创新，未来能够更好地服务于会计和"一带一路"的企业，尤其我们正在做的创新，提前分享一下，先从魏总开始。

魏代森　浪潮围绕会计目前的三个方向进行实践应用。第一个是关于中台与企业信息化结合应用，第二个是智能财务，第三个是财务云。浪潮目前有三个产品，分别是面向大型企业的 GS Cloud，面对中小型企业的 PS Cloud 以及面对小微企业的易云在线，全面覆盖大中小微各个类型企业，期望更好地服务企业"一带一路"的业务发展。

刘世平　我们有几件事，一个也是对应付总刚才的问题，我们在 XBRL 录入的部分，其实这方面已经解决得非常好了，目前我们可以从用友、金蝶的跨境软件直接导出来。如果你是 Word 或者是 Excel，都可以解决这个问题，否则要导来导去会出现很多问题，我们把这个问题解决了，这是目前很好的成果，我们在上海证券交易所用得非常好了。另外一块我们做得比较大的机器人的财务系统，我们跟工行已经启动了半年，目前还正在进行过程中，这个后面的应用面应该会比较广。还有一块是我们这里面最核心的一点就是大数据，它是最关键的，作为机器人财务，最基础的东西就是数据的搜集、数据的归纳、数据的分析，主要是这方面。

刘明华　从德勤角度来说，我们最近刚刚成立了一家新的公司，叫德勤勤跃数字科技公司，我是这家公司的法人代表。这个公司最重要的使命就是将这些前沿科技的技术和我们德勤解决方案结合起来，包括通过审计、税务、管理咨询、风控和财务顾问的全面结合，去赋能我们的企业。这些科技从哪里来？一方面来源于德勤内部强大的科技力量，我们在重庆有一个一千多人的交付中心，都是 IT 工程师；另一方面更多来源于前面提到的，我们和各类 ERP 的系统供应商、IT 公司，包括像阿里云等的全面战略合作关系，以此才可以把创新的生态系统打造起来。

窦瀚修　立信会计出版社会永远跟着会计人前进的步伐，记录你们在会计发展、云计算以及其他领域研究的最新成果，及时地进行梳理编辑加工，利用我们的网络渠道来进行广泛的传播。

赵旖旎　我想借用一下前两天刚刚看到的一句话来总结，财务的未来是数字化，以数据为新的生产材料，以算力为新的生产能力，财务将产生从理念到实践的颠覆性变化。

付建华　希望我们各个领域的专业探索，包括我们在科技领域的研究和这些探索能够尽早服务于我们的企业，服务于会计领域，服务于会计基础设施及"一带一路"的建设。

中 篇

中亚国家会计基础设施比较研究

中亚国家会计环境、准则和人才
比较研究

引　言

李扣庆
上海国家会计学院
党委书记、院长、
教授

　　2019 年 4 月，第二届"一带一路"国际合作高峰论坛在北京召开，论坛上达成了 6 大类 283 项成果。在资金融通分论坛上，财政部刘昆部长正式发布五项重要成果，其中包括上海国家会计学院与 ACCA、中亚区域经济合作学院、亚洲开发银行等机构联合启动的"中国-中亚会计精英交流项目"。该项目将主要面向中国和中亚各国会计领域相关部门的官员，以及企业、行业协会、会计师事务所和其他会计理论和实务界的专家，通过定期研讨、访问交流等多种形式活动，围绕会计制度体系建设、会计人才培养、会计监管体系建设、会计服务体系建设、技术变革与会计发展等进行深入研讨和交流。"中国-中亚会计精英交流项目"对进一步夯实中国与中亚地区各国共建"一带一路"的会计基础设施，促进相关国家在会计相关领域的相互交流具有积极意义。

为响应"一带一路"倡议，推动"中国-中亚会计精英交流项目"更好地开展，上海国家会计学院携手中兴新云服务有限公司和 ACCA，依托"一带一路"会计研究中心，聚焦中亚国家的会计基础设施问题开展课题研究。课题组通过对中兴新云服务有限公司前期在中亚各国调研形成的翔实资料进行梳理、研究，对巴基斯坦、乌兹别克斯坦、哈萨克斯坦、阿富汗、阿塞拜疆、土库曼斯坦、塔吉克斯坦、吉尔吉斯斯坦、格鲁吉亚和蒙古国等中亚 10 国的会计准则、会计制度、会计环境和会计人才培养等问题展开比较分析，并提出完善中亚国家会计基础设施的相关建议，完成了这份课题报告。我们衷心感谢所有大力支持这项研究的合作伙伴，也希望有关中亚国家会计基础设施的研究能够为"走出去"企业提供帮助，助力"一带一路"倡议。

陈虎
中兴新云总裁

在国际化过程中，由于不同国家会计基础设施的差异，中国企业"走出去"会面临着一系列挑战：时差、语言和距离的隔阂导致总部监管钝化；会计政策和信息系统不统一导致企业账目设置混乱；金融管制和货币结算体系差异，加上远距离监管，造成资金安全失控；汇率的大幅度波动和通货膨胀会带来巨大的投资风险；税务遵从和所在国税收征管环境会导致企业税收管理面临严峻的挑战。这些都对海外财务人员的素质提出了更高的要求，需要了解当地的语言、环境、会计准则、税务法规、金融市场和其他相关法律法规等内容。

如何解决这些问题？这就要求企业全球化财务管理模式必须转型升级。总结自身实践经验和国际相关案例，我们提出了以财务共享服务中心为基础（执行），以战略财务为核心（大脑），以业务财务为网络（数字神经系统）的全球财经管理模式。在共享服务的基础上建立全球核算管理、全球资金管理、全球税务管理和全球风险管理的管理体系，从而实现会计科目、会计政策、流程标准、信息系统和数据标准的统一，最大限度地规避所在国金融环境、会计政策和会计准则、税务法规差异带来的风险和挑战。

以共享服务为基础的全球财经管理模式，从战略、经营、风险、财务四个方面培养塑造具备国际化视野和知识的财务人才，即海外财务人员要充分了解所在国的战略环境、熟悉海外经营的全部情况、识别和把控海外投资经营的各类风险，并在财务方面做到准确筹划和精准管理。

同时，基于全球财务共享中心，我们建立了全球财经知识库，包括全球会计准则、全球税务法规、全球金融知识和全球风险知识等，针对每一个国家制定了具体的国别指南，包括当地会计准则、当地税务规则、当地外汇知识和当地金融环境等。

本次，中兴新云与上海国家会计学院、ACCA 合作出具《中亚国家会计环境、准则和人才比较研究》，希望为中国企业实现国际化提供参考借鉴。在"一带一路"建设中，我们希望能够把我们的创新和经验共享给中国企业，我们愿与各界共同合作，为财务共享服务和财务信息化提供更好的支持和服务，助力中国企业的国际化之路。

白容（Helen Brand OBE）
ACCA 全球总裁

ACCA 至今已有 114 年的历史。长期以来，ACCA 始终致力于通过促进统一完善的国际准则连接财会行业。随着基础设施和科技发展，ACCA 希望可以帮助专业会计师，在跨越国界促进全球贸易方面发挥最大的作用。

作为 30 多年前首家来华开展业务的国际专业会计师组织，目前 ACCA 在中国有 11 个办事处，有 2.6 万名会员、13.3 万名学员和许多的合作伙伴提供服务。ACCA 及 ACCA 会员是中国经济迅猛发展的见证者和亲历者。对此，我们深感自豪。今天，在全球 110 家 ACCA 办事处和中心的共同支持下，我们构建起巨大的交流网络，21.9 万名会员和 52.7 万名学员遍布全球 179 个国家。

ACCA 在 20 多个"一带一路"沿线国家开展业务，包括新加坡、阿联酋、俄罗斯、巴基斯坦、哈萨克斯坦、印度尼西亚、土耳其、印度等。ACCA 在中亚地区是最受认可的专业会计师组织之一。在很多中亚国家，ACCA 作为唯一的国际专业会计师组织参与当地的会计基础设施建设和发展，与本国的监管机构、各行各业的企业、会计师事务所、教育机构建立了广泛而有效的伙伴关系，共同提升会计教育水准和资格认证水平，支持发展本国的专业会计师组织，为本国的监管机构和政策制定者出谋划策，帮助制定和实施有关会计、审计、职业操守、教育、公共部门会计的一系列准则。

ACCA 以独树一帜的方式推动全球发展，同时也推动着国际专业会计领域抓住"一带一路"倡议所带来的巨大机会，创造全球合作和繁荣的全新模式。要实现这一远大的目标，相关经济体都需要合适的人才。

2019 年 4 月，第二届"一带一路"国际合作高峰论坛期间，财政部部长刘昆正式发布五项重要成果，其中包括上海国家会计学院与 ACCA、中亚区域经济合作学院、亚洲开发银行等机构联合启动的"中国-中亚会计精英交流项目"。ACCA 将利用全球网络，通过这一项目培养与支持中国-中亚会计人才发展，将长远的公共价值理念传递到更多的国家和地区。

依托"一带一路"会计研究中心，ACCA 有幸和上海国家会计学院在此向大家报告第三份聚焦"一带一路"的联合研究报告。本报告对中亚 10 国的会计基础设施进行了比较研究，并提出了推动中亚国家会计基础设施发展的相关建议。本报告也得到了我们的长期合作伙伴中兴新云的大力支持，在此向我们的合作伙伴深表感谢。

我们由衷地期待中亚各国监管部门和政策制定者为提升本国会计基础设施做出不懈努力，也希望本报告可以襄助中国企业在"丝绸之路经济带"的广阔舞台上把握激动人心的种种机遇。

报 告 概 述

中亚区域是连接欧洲和亚洲的陆上走廊，拥有极其丰富的石油、天然气和矿产资源，其畜牧业和农业也已逐渐发达，是"一带一路"沿线国家的重要组成部分，拥有特殊的战略地位。为促进中亚区域的贸易、能源和其他重要领域的区域合作，帮助成员国的经济社会发展和减少贫困，亚洲开发银行于 1996 年倡议建立中亚区域经济合作机制（Central Asia Regional Economic Cooperation，CAREC），该机制在 2002 年提升为部长级合作。目前 CAREC 成员国有中国、蒙古国、阿塞拜疆、阿富汗、哈萨克斯坦、吉尔吉斯斯坦、塔吉克斯坦、乌兹别克斯坦、土库曼斯坦、格鲁吉亚和巴基斯坦。

为促进中亚国家的政策沟通、设施联通、贸易畅通、资金融通和民心相通，夯实会计基础设施至关重要。因此，本课题以 CAREC 成员国为研究对象，对中亚国家会计基础设施的情况作比较研究。课题报告分为四部分：第一，对中亚国家的会计环境进行比较研究，从政治环境、经济环境和法律环境三个维度展开；第二，对中亚国家的会计准则进行比较研究，从各国对国际财务报告准则（IFRS）的采纳程度、准则内容和准则制定机构等三个方面展开；第三，对中亚国家的会计人才体系进行比较研究；第四，结论与建议。

研究团队

上海国家会计学院

李扣庆教授

上海国家会计学院党委书记、院长、博士生导师

葛玉御博士

上海国家会计学院教研部副教授、硕士生导师、应用经济系主任、"一带一路"会计研究中心秘书长

刘曜榘博士

上海国家会计学院企业管理培训部 硕士生导师

李昕凝博士

上海国家会计学院研究生部副主任、硕士生导师

中兴新云

中兴新云

陈虎

中兴新云总裁

孙彦丛

中兴新云高级副总裁

郭奕

中兴新云高级副总裁

赵旖旎

中兴新云副总裁兼知识总监

ACCA

钱毓益

ACCA 中国政策研究总监

孙崔泽慧

ACCA 大中华区研究分析员

一、中亚国家会计环境比较研究

（一）中亚各国的会计环境

1. 巴基斯坦

1）政治环境

根据 1973 年宪法，巴基斯坦实行的是总统、行政首脑、司法和参众两院组成的议会民主制。总统是国家元首，由国民议会和参议院联席主席选举产生。总理是国家行政首脑，领导内阁；内阁是主管全国行政事务的职能部门，必须按国会的决定行事。议会是巴基斯坦最高立法机构，巴基斯坦 1947 年建国后长期实行一院制，1973 年宪法颁布后实行两院制，即国民议会（下院）和参议院（上院）。国民议会经普选产生，参议院按每省议席均等的原则，由省议会和国民议会遴选产生。巴基斯坦实行多党制，现有政党 200 个左右，其中最主要的政党有巴基斯坦人民党、巴基斯坦穆斯林联盟（领袖派）、巴基斯坦穆斯林联盟（简称穆盟—谢里夫派）。在 2018 年 7 月 25 日举行的国民议会（议会下院）选举中，正义运动党获得 115 个议席，成为国民议会第一大党，打破了人民党和穆斯林联盟轮流执政的局面，现年 65 岁的党魁伊姆兰·汗出任新一届政府总理。

2）经济环境

巴基斯坦国土面积为 79.6 万平方公里（不含巴控克什米尔的 1.3 万平方公里），人口达 2.1 亿。过去十几年，由于长期的结构性问题，巴基斯坦经济遇到巨大的挑战，自 2009 财年到 2013 财年，经济增长率长期处于 3% 或以下。2013 财年之后，通过结构性改革，巴基斯坦成功走上经济振兴之路，经济增长率超过 4%，2016/17 财年增长率达到 5.28%。2016/17 财年巴基斯坦国内生产总值（GDP）达到 31.86 万亿卢比，即 3 049.52 亿美元；人均 GDP15.16 万卢比，即 1 451 美元。巴基斯坦农业、工业和服务业所占的比重分别为 19.5%、20.9%、59.6%。

2016/17 财年巴基斯坦外国投资净流入 24.1 亿美元，较前一财年增长 5%，站稳 20 亿美元大关。其中，来自中国的投资达 11.86 亿美元，较上年的 10.64 亿美元增长 11%，占巴基斯坦吸收外国直接投资的 49%，继续稳居首位。除中国外，巴基斯坦其他外国直接投资（Foreign Direct Investment，FDI）主要来源国依次为荷兰、土耳其和法国，金额分别为 4.63 亿美元、1.36 亿美元和 1.19 亿美元。从行业分布看，能源、食品、建筑、电子等领域吸收 FDI 最多，投资额依次为 11.59 亿美元、4.93 亿美元、4.68 亿美元和 1.43 亿美元。

根据《2001 年外汇账户（保护）法案》，巴基斯坦不对外汇实行管制。在巴基斯坦居住的外国人，在巴基斯坦境内设立的含有外资成分的公司以及在国外登记但在巴经营的外国公司，可以在有外汇经营资格的银行开立、使用外汇账户。这些账户可以自由汇入、汇出外汇，也可在本地自由存取现金。巴基斯坦允许外国投资者将全部资本、资本所得、红利和利润汇出，上述款项的汇出将征收 10% 的代扣税。外国人携带外汇现金和旅行支票出入境没有任何限制。

世界经济论坛发布的《2017—2018 年全球竞争力报告》显示，巴基斯坦在全球最具竞争力的 137 个国家和地区中，排名第 115 位。世界银行发布的《2019 年营商环境报告》显示，在 190 个经济体中，巴基斯坦营商环境便利度排名第 136 位，较去年提升 11 位。

3）法律环境

（1）法律体系概况。巴基斯坦的法律体系以英美法系为基础，司法机构独立性较强。但司法效率较低，案件被大规模积压，因此，合同执行风险仍然很高。此外，地方高级法院和最高法院具有反政府的行为倾向，经常挑战政府倡议，并驳回对存在腐败的国际交易的指控；但在涉及武装力量的案件中，司法机关则较为谨慎。受困于能源危机，能源领域的国家合同变更风险很高，这部分反映了该国能源发展的高度政治性。

（2）投资法律制度。巴基斯坦政府推行经济改革和经济自由化、私有化，制定了较宽松、自由的投资政策。根据巴基斯坦颁布的《1976年外国私人投资（促进与保护）法案》和《1992年经济改革促进和保护法案》，巴基斯坦几乎所有经济领域均向外资开放，外国和当地投资者享有同等待遇，允许外商拥有100%的股权，允许外商自由汇出资金。此外，外商在巴基斯坦投资可以享受设备进口关税、初期折旧提存、版权技术服务费等方面优惠政策。在地区优惠政策方面，巴基斯坦政府鼓励外国企业到出口加工区和特殊经济区投资设厂，各工业区政策比较灵活。巴基斯坦现有出口加工区21个（已建成6个）。2012年，巴基斯坦颁布《特殊经济区法》，对在特殊经济区内的外商投资实施鼓励政策。近年来巴基斯坦制定的《2013年巴基斯坦投资政策》和《国家营商改革战略》（2016年制定），更加着重关注塑造更有利的营商环境，提供投资保护、改进执法效率、简化审批手续以及去除监管障碍，为投资者提供便利。

（3）税收法律制度。税法体系主要包括《所得税条例》《所得税规则》《销售税法案》《联邦消费税法案》《信德省服务销售税法案》《旁遮普省服务销售税法案》及其他省级服务销售税条例等。除此之外，巴基斯坦经济协调委员会（Economic Coordination Committee）也可通过特别法令（Statutory Regulatory Orders，SROs）的形式对特定纳税人或群体进行税务减免，这类减免的效力在税法之上。此外，巴基斯坦已与包括中国在内的47个国家和地区签署了双边投资协定，与52个国家和地区签署了避免双重征税协定。

（4）会计法律制度。巴基斯坦的会计法律规范由该国的《公司法》确定。2017年新颁布实施的《公司法》取代了在巴基斯坦施行33年之久的1984年公司法，新公司法的颁布实施是巴基斯坦迄今最为重要的法律制度改革之一，它为公司提供便利的营商手续，为投资者提供更强的保护力度，同时还将加强电子化管理，增强管理的透明标准，大幅提高政府对企业的管理水平。根据会计准则需经过巴基斯坦证券交易委员会批准才可使用，而其又将制定和采用会计标准的责任委托于巴基斯坦特许会计师协会。同时规定，巴基斯坦以公司类型来界定会计准则的使用，并明确指出了不同企业实体应适用何种会计准则：上市公司及子公司、私人公司必须遵循国际财务报告准则编制财务报表；对于其他类型的公司，要遵循相应的会计核算准则。该法还详细说明了会计核算、财务报告及其他财务报告义务发布的要求。在审计方面，按照1984年巴基斯坦公司法，在巴基斯坦的所有公司都按照由巴基斯坦特许会计师协会采用审计标准进行审计。巴基斯坦特许会计师协会已经采用了由国际审计与鉴证准则理事会颁布的2009年版的国际审计准则。国际审计与鉴证准则理事会发布的其他声明也同样被采用，包括国际业务审查准则、保证服务国际标准和国际相关服务标准。根据1997年巴基斯坦证券交易委员会法令，巴基斯坦审计监督委员会成立，监督巴基斯坦特许会计师协会的工作，以确保审计标准符合国际审计准则。

2. 阿塞拜疆

1）政治环境

阿塞拜疆现行《宪法》于1995年11月12日经全民公决通过。《宪法》规定实行总统制，立法、行政、司法三权分立。现任总统是伊利哈姆·盖达尔·奥格雷·阿利耶夫。国民议会是最高立法机关，实行一院制，主要职能是制定、批准、废除法律条约，决定行政区划，批准国家预算并监督其执行，根据宪法法院提请依照弹劾程序罢免总统，确定全民公决等。阿塞拜疆内阁是政府最高权力执行机构。总理由总统提名、议会批准。现任总理为纳吾鲁兹·马梅多夫。阿塞拜疆司法权由法院依据法律独立行使。

法院体系包括宪法法院、最高法院、经济法院及各级普通和专门法院。检察院依法独立行使检察权，最高检察机关为共和国最高检察院。在阿塞拜疆司法部注册的合法政党共 41 个，主要包括新阿塞拜疆党、阿塞拜疆人民阵线党、穆萨瓦特党、阿塞拜疆民族独立党等。

2）经济环境

阿塞拜疆国土面积为 8.66 万平方公里，全国人口约为 1 000 万。2018 年，阿塞拜疆 GDP 达 797.97 亿马纳特，约合 469 亿美元，同比增长 1.4%；人均 GDP 为 8 126.2 马纳特，约合 4 780.1 美元。2017 年阿塞拜疆农业、工业和服务业增加值占 GDP 的比重分别为 5.63%、40.04% 和 10.40%。

2017 年，外资对阿塞拜疆固定资产投资达 86.07 亿马纳特（约合 50.63 亿美元），同比下降 2.9%。联合国贸发会议发布的 2017 年《世界投资报告》显示，2016 年阿塞拜疆吸收外资流量为 45 亿美元，比上年增长 11.2%，截至 2016 年年底，阿塞拜疆吸收外资存量为 266.83 亿美元。从行业来看，60% 以上的外国直接投资投向石油开采业及公路、铁路等基础设施建设；从国家来看，2017 年阿塞拜疆约 82.3% 的外资来自英国、土耳其、马来西亚、瑞典、俄罗斯、伊朗、美国、日本和捷克。

外资企业可在当地银行开立外汇账户，用于进出口结算。贸易往来汇出外汇金额超过规定限额（5 万美元）时需要申报并提供完税证明或资金来源证明，同时缴纳手续费（一般不超过汇出金额的 1%）。在阿塞拜疆合法工作的外国人完税后可将个人收入全部汇出。外国人携带 1 000 美元以上现金出境时须向海关申报，海关对超出限额以上的现金收取 1% 的手续费，但出境携带现金总量不能超过 1 万美元。为防止资金外流，2017 年 2 月，阿塞拜疆央行对国内常住和非常住居民向境外汇款额度进行修改，允许自然人每月最多向境外汇款 3 万美元。

世界经济论坛发布的《2017—2018 年全球竞争力报告》显示，阿塞拜疆在 137 个国家和地区中位列第 35 位，较上年上升 2 个名次；世界银行发布的《2019 年营商环境报告》中显示，阿塞拜疆在全球 190 个经济体中排名第 25 位，较去年上升 32 位。

3) **法律环境**

（1）法律体系概况。阿塞拜疆以大陆法系为基础建立法治体系。阿塞拜疆现行法律的来源包括宪法、全民公投通过的法案、国民议会通过的法律和法令、部长内阁通过的决议、国际条约以及宪法法院发布的判决。

（2）投资法律制度。阿塞拜疆的《投资法》及《外国投资保护法》虽未对限制外国投资的行业做出明确规定，但在外资进入其国内金融市场等行业的市场准入方面存在一定限制。例如，外资在阿塞拜疆保险公司中的股份不得超过 49%，外国银行驻阿分支机构必须依照阿塞拜疆国内法开展经营等。目前，阿塞拜疆尚未制定有关外资并购安全审查、国有企业投资并购、反垄断、经营者集中等方面的法律，但针对具体并购项目时，须经当地审计公司进行审计，必要时，有关项目需提交阿塞拜疆紧急情况部审批。

（3）税收法律制度。阿塞拜疆实行属地和属人原则相结合的税制。阿塞拜疆的《税法》规定，实行国家、自治共和国、地区三级税制，全国实行统一的税收制度。主要税种有自然人所得税、法人利润税、增值税、消费税、营业税、财产税、土地税、开采税和道路税等。外资企业在阿塞拜疆享受国民待遇，但对重大外国投资项目，可通过签订个案合同的方式，规定项目可享受的税收优惠。例如，石油、天然气或其他矿产资源的投资开发项目，外商可根据与阿塞拜疆政府签署的合作协议享受免征进口关税、增值税等税收优惠。2016 年 10 月，阿塞拜疆议会全体会议批准对《国家规费法》的修正案。根据该修正案，凡在阿塞拜疆实施的 BOT 项目投资者将免征所有各类国家规费。

（4）会计法律制度。2004 年颁布的阿塞拜疆《会计法》规定了编制财务报表的要求，包括适用的会计准则和财务报告的要求。根据该法律，由财政部负责制定财务报告标准。而阿塞拜疆共和国审计委员会则应给予财政部有关会计制度的建议。此外，2004 年修订的《银行法》还规定了国家证券监管委员会和巴库证券交易所职权范围内机构的会计和审计要求。

3. 格鲁吉亚

1）政治环境

格鲁吉亚实行议会总统制，立法、司法和行政三权分立。1995 年 8 月 24 日，格鲁吉亚议会通过第一部《宪法》。2004 年 2 月 17 日，格鲁吉亚议会通过"关于组建内阁"宪法修正案，规定格鲁吉亚为总统制三权分立国家，总统是国家元首兼武装力量最高统帅。2010 年 9 月 26 日，格鲁吉亚议会通过宪法修正案，实行总统与总理之间相对均衡的权力分配。新《宪法》于 2013 年年底总统选举后正式生效，格鲁吉亚由此改行议会总统制。政府是执行政权的最高机关，保障实施国家内外政策，但同时对议会负责。按现行政治体制，格鲁吉亚国家实权掌握在总理手上，总统只是国家象征。

格鲁吉亚多党体制处于初始阶段，大小党派近 100 个。目前，格鲁吉亚执政党为格鲁吉亚梦想-民主格鲁吉亚党。其他较有影响的党派主要有统一民族运动党、自由运动-欧洲格鲁吉亚党、爱国者联盟、共和党、自由民主党。

2）经济环境

格鲁吉亚国土面积为 6.97 万平方公里，人口总量约为 372.96 万人。格鲁吉亚经济近年来增长较为稳定，根据格鲁吉亚国家统计局的数据，2017 年格鲁吉亚 GDP 约为 151.65 亿美元，同比增长 5.0%，人均 GDP 约 4 078.5 美元。从行业分布看，2017 年贸易占 GDP 比重最大，为 17.6%，其次是工业为 16.4%，交通通讯业为 10.2%，建筑业为 9.3%，公共行政为 8.5%，农林牧渔为 8.2%，房地产为 6.9%，医疗和社会保障业为 6.0%等。

2017 年，格鲁吉亚吸引外国直接投资（FDI）18.62 亿美元，同比增长 13.2%。阿塞拜疆为格鲁吉亚最大投资来源国，2017 年对格鲁吉亚投资 4.82 亿美元，占格鲁吉亚吸引外国投资总额的 25.9%；其次是土耳其、英国、荷兰和捷克，投资额分别为 2.79 亿美元、2.50 亿美元、2.24 亿美元和 1.33 亿美元。交通通讯业为外国最大投资领域，2017 年外国投资额

5.27 亿美元，占格鲁吉亚吸引外资的 28.3%；其次是金融业、建筑业、能源业、房地产业、酒店餐饮业、制造业、采矿业、农业以及社会医疗，投资额分别为 3.04 亿美元、2.95 亿美元、1.89 亿美元、1.59 亿美元、8 999 万美元、7 471 万美元、5 402 万美元、357 万美元、331 万美元。

根据格鲁吉亚外汇法律规定，在格鲁吉亚注册的外国企业可以在格商业银行开设外汇账户，用于办理与外币有关的结算。外汇进出格鲁吉亚无需申报，也不受限制。外汇贷款本金（凭相关协议文件）汇出时无需缴纳任何税金，偿还外汇贷款利息汇出时需缴纳汇款金额 10% 的税金，利润汇出需凭企业缴纳利润税和其他应纳税的证明办理，企业利润税率为 15%。携带外汇现金入境没有任何限制。携带现金数额超过等值 3 万拉里出境时需申报。在格鲁吉亚工作的外国人，其合法税后收入可全部转出；外国企业税后收入和撤资也可自由转往国外。

据世界经济论坛发布的《2017—2018 年全球竞争力报告》显示，格鲁吉亚在全球最具竞争力的 137 个国家和地区中，排名第 67 位。在世界银行发布的《2019 年营商环境报告》中，格鲁吉亚营商环境在 190 个国家和地区中排名第 6 位，较去年提升 3 位。

3）法律环境

（1）法律体系概况。格鲁吉亚为大陆法系国家。第一部宪法由议会于 1995 年 8 月 24 日通过。根据格鲁吉亚 2017 年通过的宪法修正案，格鲁吉亚将由半议会半总统制国家转变为议会制国家。

（2）投资法律制度。格鲁吉亚对外商投资实行国民待遇政策，没有特殊优惠待遇；允许外资并购当地企业，包括国有企业；根据该国《证券法》的相关规定，外国公司可以通过股权并购方式开展投资经营活动。格鲁吉亚有两个独特的旅游区 Anaklia 和 Kobuleti，格鲁吉亚政府为投资者在这两个地区技术条件最好的海边建造酒店，提供前所未有的优惠条件：免费使用土地、免征财产税和利润税、免费提供必需的基础设施（水、电、气等）。

（3）税收法律制度。格鲁吉亚的税制总体来说为属地税制。格鲁吉亚是目前世界上税种最少的单一税制国家之一，主要税种为个人所得税、企业利润税、消费税、增值税、财产税、博彩业税。由于享受国民待遇，《投资促进法》《工业保税区法》等法律规定的税收优惠政策对内外资均适用。比如，根据 2007 年 7 月通过的《工业保税区法》，在工业保税区开展经济活动时，企业享受免征关税、增值税、企业税和财产税等税收优惠；2016 年 1 月，格鲁吉亚出台法律，企业在海拔 800 米以上山区进行投资将享受免税政策。

（4）会计法律制度。1994 年 10 月 28 日颁布的《格鲁吉亚共和国企业家法》和 2016 年颁布的第 5386 号《会计、审计和报告法》构成了格鲁吉亚会计和审计的基本法律框架。前者规定了格鲁吉亚所有商业实体的基本财务报告框架，而后者提供了详细的会计和审计要求。2016 年 6 月，格鲁吉亚通过了一项新的《会计、审计和报告法》（第 5386 号），该法要求在财政部设立公共监督局（Public Oversight Authority）作为会计行业监管的专业机构，该项职责以前由经认可的专业组织负责。

4. 哈萨克斯坦

1）政治环境

哈萨克斯坦为总统制共和国，独立以来实行渐进式民主政治改革。总统为国家元首，任期为 5 年。国家政权以宪法和法律为基础，根据"立法、司法、行政"三权分立又相互制衡的原则行使职能。哈萨克斯坦共和国政府在总理的领导下实施行政权。其中，总理须经议会同意并由总统委任。议会为国家最高立法机构，由上下两院组成，上院 47 个席位，下院 107 个席位。上院任期 6 年，每 3 年改选一半议员，下院任期 5 年。最高法院和宪法委员会是司法权最高机关。目前哈萨克斯坦实行多党制，主要有 3 个政党，即"祖国之光"党、哈萨克斯坦共产人民党和"光明道路"民主党。

2）经济环境

哈萨克斯坦领土面积位列世界第 9，为 272.49 万平方公里，人口总量为 1 815.73 万。哈萨克斯坦是中亚地区经济发展最快、政治局势比较稳定、社会秩序相对良好的国家。2017 年，哈萨克斯坦 GDP 为 519 668 亿坚戈，约为 1 593.69 亿美元，经济增长率为 4.0%；人均 GDP 为 2 881 538 坚戈，约为 8 837 美元，同比增长为 2.9%。2017 年哈萨克斯坦第一、第二、第三产业增加值占 GDP 的比重分别为 4.5%、26.5% 和 58.05%。

截至 2018 年 7 月 1 日，哈萨克斯坦 2018 年 FDI 存量为 1 510.03 亿美元，2017 年哈萨克斯坦 FDI 流量为 208.99 亿美元。对哈萨克斯坦直接投资存量最多的国家是荷兰，投资存量为 633.75 亿美元，占 42%，其次为美国、法国、中国、日本等国。

从 2007 年 7 月 1 日起，哈萨克斯坦外汇管理制度执行欧洲国家标准，取消外汇业务许可制度，实行通报制度。企业在缴纳了各项应缴税费后，可以自由汇出利润，除银行收取的必要汇费外，无需缴纳其他费用。2010 年 3 月 9 日，哈萨克斯坦开始实施《反洗钱法》，加强了对银行外汇流动的监管。凡超过 1 万美元的金融业务都将进行监管，包括像个人在外币兑换点兑换外币的业务。

世界经济论坛发布的《2017—2018 年全球竞争力报告》显示，哈萨克斯坦在全球最具竞争力的 137 个国家和地区中，排名第 57 位。世界银行发布的《2019 年营商环境报告》显示，哈萨克斯坦在 190 个经济体中排名第 28 位，较去年提升 8 位。

3）法律环境

（1）法律体系概况。哈萨克斯坦的法律制度深受伊斯兰法和罗马法的传统影响。其法律按层级可分为：宪法、法律、普通法和条例、其他法规、规范性法令及国际条约。

（2）投资法律制度。哈萨克斯坦自独立以来，坚持奉行积极吸引外国投资的政策，并加强了有关立法工作。1997 年，哈萨克斯坦颁布了《哈萨克斯坦吸引外国直接投资的优先经济领域的清单》和《与投资者签订合同时的优惠政策》。近些年，哈萨克斯坦又先后通过了《国家支持直接投资法》等多部法律法规，对投资者做了各种保证。哈萨克斯坦于 2003 年颁布了新的《投资法》，制定了政府对内、外商投资的管理程序和鼓励办法。2015 年 10 月，哈萨克斯坦颁布了《企业经营法典》，其中设置专门章节规范国家支持投资的内容，连同《关于国家支持投资实施的若干问题》《关于批准战略性投资项目清单》《关于国家支持投资的若干问题》《投资补贴发放办法》《投资优惠申请接收、登记和审议办法》等文件，构成了当前哈萨克斯坦投资领域的法律法规体系。根据法律规定，外资在哈萨克斯坦享受国民待遇，无特殊优惠；哈萨克斯坦特别提倡外商向非资源领域投资；对于外商投资大部分没有行业限制，但对涉及国家安全的一些行业有权限制或者禁止投资。目前，哈萨克斯坦法律不允许社会公共基础设施采取政府社会资本合作模式（Public-Private Partnership，PPP）建设，哈萨克斯坦有关部门正在起草政府社会资本合作模式的法律，此法律通过后，可以实施政府社会资本模式合作参与公共基础设施建设。

（3）税收法律制度。哈萨克斯坦的税收制度遵循属地原则。现行的主要税种包括企业所得税、个人所得税、增值税、消费税、社会税、土地税、运输工具税、财产税、法人不动产税和其他税费。值得一提的是，2009 年 1 月 1 日实施的新《税法》明确规定：取消以前所有对外国投资者的税收优惠政策，所有投资者均仅享受一条税收特惠：允许投资者在 3 年内均等地或是一次性地从企业所得税中扣除投资者当初投入生产用房产、机械设备上的资金。从"产出"中抵补了相当于投资者"付出"的部分之后，一切都要按章纳税。旧法中规定的"10 年免企业所得税、5 年免财产税和土地税"等税收优惠，在新《税法》中均被取消，对外资的"优惠"已成为历史，但是《投资法》中明确的外国投资者关税优惠条件仍然保留。2014 年 6 月，哈萨克斯坦总统签署法令，对哈萨克斯坦政府鼓励投资的行业（冶金、炼油、石化、食品、农药、建材、创新和航天工业等 16 个制造行业）给予一系列税收优惠政策，包括免缴 11 年企业所得税等（需为哈萨克斯坦境内注册法人，且满足投资额等条件）。哈萨克斯坦最新《税法》于 2018 年 1 月 1 日正式生效，对税种和税率进行了适度调整，减轻了非原料领域税负，增加了原料领域税收，给予了中小企业较多优惠措施。

（4）会计法律制度。1995 年颁布的《哈萨克斯坦会计和财务报告法》确定了会计核算法的宗旨及其作用范围，对会计核算制度和监督、资产、资本、债务、收入及支出的核算和财务报表的编制等均进行了明确的规定。除财政部外，中央银行承担金融机构的财务会计和报告的法定责任，同时有权另行发布其他会计要求和法规（大多数用于监管特殊金融机构和伊斯兰金融机构）。

5. 土库曼斯坦

1）政治环境

土库曼斯坦《宪法》规定，国家实行立法、行政和司法三权分立的政治制度，体制为总统制的共和国。总统为国家元首和最高行政首脑，由全民直接选举产生。人民委员会为国家最高权力代表机关。议会又称国民会议，是国家立法机构，由各选区差额选举产生的 125 名议员组成，任期 5 年。其主要职能是通过宪法、法律并对其进行修改和补充，监督法律的执行，确定总统、议会的选举，通过内阁活动纲领，批准国家预算以及土库曼斯坦参与的国际条约等。司法机构设最高法院和检察院，最高法院为最高司法审判机关，对下属法院的审判实行监督。大法官是最高执法者，由总统任命，任期 5 年。2012 年，土库曼斯坦颁布政党法，允许公民自由结社建党，目前土库曼斯坦主要政党有民主党、工业家和企业家党、农业党。

2）经济环境

土库曼斯坦国土面积 49.12 万平方公里，人口约 684 万。2009—2014 年期间，土库曼斯坦经济保持持续快速增长。由于 2015 年以来世界油气持续下跌和低位徘徊，近年土库曼斯坦宏观经济增速放缓，GDP 增速稳定在 6%～7% 区间。2017 年，土库曼斯坦 GDP 为 406 亿美元，增速 6.5%，人均 GDP 为 5 936 美元。土库曼斯坦第一、第二、第三产业占 GDP 比重分别为 7.5%、44.9% 和 47.7%。

联合国贸发会议发布的 2018 年《世界投资报告》显示，2017 年，土库曼斯坦吸收外资流量为 23.14 亿美元；截至 2017 年年底，土库曼斯坦吸收外资存量为 342.54 亿美元。外资主要来自中国、日本、韩国、土耳其等国家，投资主要方向为能源、农业、化工、交通和通讯领域。

在土库曼斯坦注册的外国公司可在土库曼斯坦银行开设外汇账户，但不允许提取大额现金，需用美元支付时只能通过银行转账。在土库曼斯坦金融形势紧张的情况下，外国投资者的资本及其利润自由汇出有可能受到一定限制。2016 年以来，土库曼斯坦银行多次收紧外汇管制政策。具体表现为：所有银行暂停对外汇款业务，通过国际汇款公司对外汇款需经官方核准，审批条件严格且每月不得超过 1 000 美元。土库曼斯坦对外国人携带入境的美元数量无限制，但需填写海关申报单。在土库曼斯坦工作的外国人，其合法税后收入可全部转出土库曼斯坦。

土库曼斯坦未出现在世界经济论坛发布的《2017—2018 全球竞争力报告》和世界银行发布的《2018 年营商环境报告》的营商环境排名中。

3）法律环境

（1）法律体系概况。土库曼斯坦为大陆法系国家。土库曼斯坦实行高度集权的政府体制，对进出口贸易和外国投资进行严格管理，行政干预较多，商务运作规则与国际惯例存在一定差距，市场环境比较特殊。

（2）投资法律制度。土库曼斯坦自 2017 年年初起实施外籍和本国劳务不得高于 1∶9 的企业用工比例政策；自 2017 年 6 月起实施对外国供货商资质审核制度，要求土库曼斯坦进口商必须在土库曼斯坦国家商品原料交易所为外国供货商注册，否则货物不予清关。《外国投资法》是土库曼斯坦经济法律制度中最为重要的一部法律，2008 年重新修订并审议通过。根据《外国投资法》规定，外资享受的优惠政策主要包括海关优惠、进出口便利、税费减免、简化签证制度等。此外，当土库曼斯坦有关外国投资的法律发生变化并导致外国投资者、外商投资企业享受的法律待遇降低时，外国投资者有权要求将其投资注册时适用的法律保持 10 年不变。除一般性优惠政策外，土库曼斯坦政府还对在阿瓦扎国家级旅游区（属自由经济区）内开展投资活动的外国投资者提供了一系列特殊优惠。2017 年 10 月，土库曼斯坦颁布《自由经济区法》，对设立自由经济区的目的、种类、参与者、设立程序、资金来源、管理、土地使用制度、定价制度、外汇制度、税收制度、特殊海关制度、保险制度、劳动关系制度、稳定政策制度等予以明确规定，为入区企业在土地使用、合同定价、外汇使用、税收和海关政策、用工比例等方面提供优惠条件。

（3）税收法律制度。土库曼斯坦实行全国统一的税收制度，经过多年的实践和探索，土库曼斯坦已建立起以增值税、所得税为核心的税收体系。主要税种共7个，分别是增值税、消费税、矿产使用税、财产税、企业利润（所得）税、个人所得税和地方收费。

（4）会计法律制度。《土库曼斯坦会计和财务报告法》规定了土库曼斯坦会计核算和财务报告制度。根据该法，土库曼斯坦会计准则和系统由财政部和中央银行审定，其中，金融机构归中央银行确定，非金融机构的会计和财务报告制度则由财政部根据上述法律制定。所有企业都必须按照土库曼斯坦的国家会计标准编制财务报表，但根据《土库曼斯坦石油法》运营的公司不必完全采用国家会计标准，可根据《土库曼斯坦石油法》、国际惯例和相关协议的适用规定来确定。

6. 吉尔吉斯斯坦

1）政治环境

1993年5月，吉尔吉斯斯坦通过独立后的第一部《宪法》，规定吉尔吉斯斯坦是建立在法治、世俗国家基础上的主权单一制民主共和国，实行立法、司法、行政三权分立，总统为国家元首。2010年革命后，吉尔吉斯斯坦成立临时政府并举行全民公决通过了新宪法草案。根据新《宪法》，国家政体由总统制改为议会共和制，议会成为国家管理体系的主导，行政权由政府总理负责，在政府任职的官员不得兼任议会议员。议会实行一院制，由120名议员组成，任期5年。2016年12月11日，吉尔吉斯斯坦举行修宪公投，将总统部分职权移交至政府。经过多轮政权更迭，2017年10月，图尔松别科夫议长辞职，吉尔吉斯斯坦党议员朱马别科夫当选议长。2017年10月15日，吉尔吉斯斯坦举行新一届总统选举，社会民主党候选人、前总理索隆拜·热恩别科夫当选新一届总统，任期6年。2018年4

月，穆哈梅特卡雷·阿布尔加济耶夫任总理。目前，在吉尔吉斯斯坦司法部正式登记注册并开展活动的政党有 210 余个，其中主要党派有社会民主党（第一大党）、共和国-故乡党、吉尔吉斯斯坦党、进步党、共同党、祖国党等。

2）经济环境

吉尔吉斯斯坦国土面积为 19.99 万平方公里，全国人口约为 625.67 万。根据吉尔吉斯斯坦国家统计委员会公布的数据，按生产法计算，吉尔吉斯斯坦 2017 年的 GDP 约为 4 933.22 亿索姆，约 71.63 亿美元，同比增长 4.5%；人均 GDP 约 78 847 索姆，约 1 042 美元。农业产值占 GDP 比重为 12.9%，工业占比 18.5%，建筑业占比 8.6%，服务业占比 48.7%，产品净税收占比 11.3%。

2017 年，吉尔吉斯斯坦吸引外国直接投资总额为 5.9 亿美元，同比下降 27.5%。其中，中国对吉尔吉斯斯坦直接投资 2.7 亿美元，同比下降 10.4%，占比约 45%；加拿大对吉尔吉斯斯坦投资 1.18 亿美元，哈萨克斯坦对吉尔吉斯斯坦投资 4 767 万美元，俄罗斯对吉尔吉斯斯坦投资 2 389 万美元。外国投资主要领域为加工工业、科学领域、金融领域和矿产开采等领域。

吉尔吉斯斯坦实行浮动汇率制度，本国货币索姆在国内实行完全可兑换。在吉尔吉斯斯坦注册的商业银行可在吉尔吉斯斯坦境内和境外自由买进或卖出外汇。任何个人、机构、团体都可在商业银行、金融机构以及兑换点将索姆与美元进行自由兑换，无须任何手续，不受额度限制。吉尔吉斯斯坦本国公民和外国人均可自由携带、自由兑换货币出、入境，或将其汇出、入境，只需履行规定程序（海关申报，向汇款银行出示相关文件和证明）即可，不受金额限制。外资企业和商人可自由地将经营所得利润通过银行汇往国内或第三国，手续简便。

世界经济论坛发布的《2017—2018 年全球竞争力报告》显示，吉尔吉斯斯坦在全球最具竞争力的 137 个国家和地区中，排名第 102 位。据世界银行发布的《2019 年营商环境报告》显示，吉尔吉斯斯坦在全球 190 个经济体中营商便利度排名第 70 位，较去年提升 7 位。

3）法律环境

（1）法律体系概况。吉尔吉斯斯坦属大陆法系国家，法律制度包括宪法、国民会议（议会）通过的法律、总统令、政府令以及其他国家机关和地方政府批准的法规。吉尔吉斯斯坦签署的国际条约是法律制度的组成部分，并且比吉尔吉斯斯坦法律、法规拥有优先权。吉尔吉斯斯坦宪法拥有最高的法律效力。

（2）投资法律制度。为有效地吸引外资，吉尔吉斯斯坦在独立以后，很快通过了一系列鼓励外国投资的法律和法规，比如《外国投资法》《对外活动基本法》《外国租赁经营法》《关于开办和注册外资企业、合资企业、国际联合体及组织的办法条例》《自由经济区法》等。吉尔吉斯斯坦对外国投资者实行国民待遇，对外国投资者无行业限制，外国投资者可自由支配一切合法所得，可将在吉尔吉斯斯坦经营所得利润及人员的工资收入自由汇往境外，且数量不受限制。外国企业在吉尔吉斯斯坦收、并购可以咨询吉尔吉斯斯坦投资促进保护署。

（3）税收法律制度。吉尔吉斯斯坦的主要税种有所得税、利润税、增值税、消费税、地矿税、销售税、财产税、土地税和宾馆行业税。由于对外国投资者实行国民待遇，除在自由经济区注册的外资企业外，其他外资企业一般情况下不享受税收优惠；凡在吉尔吉斯斯坦政府鼓励投资的优先发展领域进行投资，以及在吉尔吉斯斯坦国家发展规划项下对特定区域进行投资，均可根据吉尔吉斯斯坦现行有关法律规定对投资者给予相应的优惠。在吉尔吉斯斯坦政府对投资法、税法进行修改或补充的情况下，外国投资者可以根据自身利益的需求，在原有法规和修改后的法规之间自由选择。

（4）会计法律制度。《会计法》规定了吉尔吉斯共和国会计和财务报告的主要原则。2013 年 2 月的《会计法》修正案根据实体的规模和公众重要性引入了差异化的财务报告要求。财政部是最主要的会计管理机构及准则制定机构，统筹吉尔吉斯斯坦的会计管理工作。而根据伊斯兰银行和金融原则运营的金融机构，应使用根据吉尔吉斯斯坦法律规定的伊斯兰财务会计标准。

7. 蒙古国

1）政治环境

蒙古国现行《宪法》为第四部宪法，于 1992 年 1 月通过。总统是蒙古国国家元首，是蒙古国人民团结统一的体现者。议会称为国家大呼拉尔，蒙古国的政治制度为宪政共和国。政府作为蒙古国最高国家权力执行机关，由总理、若干名成员组成，负责贯彻国家法律，领导经济、社会、文化建设。蒙古国法院是拥有审判权的唯一机构。蒙古国共有 16 个注册政党，主要包括蒙古国人民党、蒙古国民主党、公民意志共和党、公民意志绿党、绿党、共和党、民族新党等政党。

2）经济环境

蒙古国土面积为 156.65 万平方公里，人口总量为 323 万人。蒙古国 2018 年 GDP 约 122.09 亿美元，经济增长率为 4.3%，人均 GDP 为 3 779 美元。2017 年，蒙古国农牧业总产值占 GDP 的 10.35%，矿业总产值占 GDP 的 23.43%，制造业总产值占 GDP 的 9.04%，建筑业总产值占 GDP 的 3.67%，批发零售及机动车维修业总产值占 GDP 的 10.29%，交通和仓储业总产值占 GDP 的 4.9%；电力、燃气总产值占 GDP 的 2.13%，通信总产值占 GDP 的 1.72%。

受近年来国际市场大宗矿产品价格持续走低等外部因素的影响，2013 年至 2015 年，蒙古国吸收外国直接投资规模连续 3 年大幅下降。2014 年吸收外国投资约 5.08 亿美元，2015 年已跌至 1.21 亿美元，2017 年增长至 14.94 亿美元。中国是蒙古国最大的投资来源地，来自中国的投资占蒙古国吸收外国直接投资总额的近 30%。除中国外，荷兰、韩国、加拿大、俄罗斯、英国、美国、日本等国也是蒙古国主要投资来源地。外国公司在蒙古国主要投资领域有地质矿产勘探开采（包括石油）、房地产开发、贸易、餐饮等行业。

蒙古国内外的个人和企业均可在指定的银行开立外汇账户。出口收入和从国外转入的外汇可以存入账户，对账户中的资金使用没有限制。在蒙古国从事经营活动的外国投资者，在缴纳相应税赋后，有权将个人所得、股份红利、出售财产和有价证券所得直接汇往国外。外商在蒙古国取得外汇的基本途径：第一，携带入蒙（超过一定数额须海关申报）；第二，接到外国汇来的外汇，这两项通常无数量限制；第三，外国投资企业的出口外汇收入，这部分外汇收入需是上交国家后企业留成部分中的。大量外汇进出蒙古国需要到海关部门申报。

世界经济论坛发布的《2017—2018 年全球竞争力报告》显示，蒙古国在全球最具竞争力的 137 个经济体中，排名第 101 位。世界银行发布的《2019 年营商环境报告》显示，蒙古国在全球 190 个经济体营商便利度排名中，排名第 74 位，较去年下降 12 位。

3）法律环境

（1）法律体系概况。蒙古国法起源于大陆法系，成文法是其主要法律渊源。在蒙古国，广义上的法律可以采取多种形式，包括议会决议、总统令、内阁部委决议以及部委规章和命令。制定法律的权力仅授予政府立法部门。法律由国家大呼拉尔（the State Great Khural，相当于议会）根据其宪法规定制定。只有国家大呼拉尔、政府和蒙古国总统才能发起法律草案。所有部委和机构都有权根据国家大呼拉尔和政府的具体授权发布规范性法案。

（2）投资法律制度。根据蒙古国《投资法》，蒙古国对外商提供国民待遇，除本国法律法规禁止从事的生产和服务行业（麻醉品、鸦片和枪支武器生产等）以外，都允许外商投资，但外国国有资产法人在矿业、金融、新闻通讯领域开展经营活动且其持股比例达到 33% 或以上的，须报主管投资事务的中央行政机关（即外国投资局）进行审批。近年来，蒙古国政府积极推动在 PPP 框架下的项目建设，为蒙古国道路、电力等基础设施建设创造条件。

（3）税收法律制度。蒙古国的国家税收体制由税、费和使用费组成。蒙古国实行的是属地税法，税赋整体水平并不重，但其实行自愿报税制度，事后监督检查严格。尤其对外资企业实行两年一度的综合税务检查，对偷税漏税行为处罚严厉。《税务总法》《企业所得税法》《增值税法》《个人所得税法》《特别税法》《印花税法》《海关法》和《海关通关价格和关税法》等共同构成了蒙古国税收法律体系。2017 年 2 月，为促进经济增长，蒙古国议会通过了《企业所得税法》修订案，决定对部分行业实施税收优惠，范围包括食品、服装、纺织、建材及部分农业领域。在上述行业中，年营业收入低于 15 亿蒙图（约合人民币 415.8 万元）的企业可享受低至 1%的企业所得税优惠税率，税收优惠将立即执行，到 2021 年 1 月 1 日结束。

（4）会计法律制度。蒙古国的会计规则由新《会计法》规定，是确定会计统计工作的原则、管理和组织的法律基础。财政部负责制定和实施会计准则，但蒙古国会计师协会仍可向财政部提供有关建议，提供会计师专业培训以及建立和执行审计标准。此外，蒙古国的其他法规也对会计政策产生影响，如《商业法》通过资本弱化来防止外国公司通过其子公司或者分支机构过度举债来获得利息减税，从而在一定程度上影响了会计政策；又如《公司法》规定母公司必须编制合并报表，而《蒙古国会计法》则要求公司必须遵守 IFRS 来制作财务报告，这可能令企业在实际操作中面临困难。

8. 阿富汗

1）政治环境

2001 年 12 月，联合国与阿富汗北方联盟、前国王查希尔、普什图族反塔利班组织等阿富汗各派代表签署《波恩协议》，确定了阿富汗"三权分立"的政治重建基本框架。阿富汗行政、立法、司法机构已基本成型。总统为国家元首，是国家最高行政执行者。总统在行政、立法和司法领域具有特权。总统由全民选举产生，任期 5 年。各部部长由总统提名，议会任命。2014 年 9 月，阿富汗新一轮大选中，前财长阿什拉夫·加尼获胜，任期为 5 年。

2）经济环境

阿富汗国土面积为 64.75 万平方公里，人口约为 2 970万人。阿富汗作为世界上最不发达国家之一，其经济具有典型的"输血型"特征。据阿富汗中央统计局提供的数据，到 2018 财年阿富汗 GDP 约为 202 亿美元，同比增长 2.9%；人均 GDP 为 679 美元（数据均不含鸦片产值）。农牧业占 GDP 比重为 20.3%，工业占 GDP 比重为 22.2%，服务业占 GDP 比重为 52.6%，进口税占 GDP 比重为 4.8%。

2018 年发布的《世界投资报告》显示，2017 年阿富汗吸收外资流量为 5 394 万美元；截至 2017 年年底，阿富汗吸收外资存量为 14.3 亿美元。外商投资重点集中在建筑、航空、电信、媒体和第三产业，对加工制造业投资较少，涉农行业基本无人问津。

阿富汗允许外资企业在当地银行开设账户，对合法换汇、汇款等没有限制。不少企业，特别是商户多通过地下钱庄汇款结算。根据阿富汗政府规定，为防止洗钱，携大额现金出境（2 万美元以上）需提前向机场海关申报，违规者将受到相关法律处罚。

据世界银行发布的《2019 年营商环境报告》，阿富汗在全球 190 个经济体中营商环境排名第 167 位，较 2018 年提升 16 位。

3）法律环境

（1）法律体系概况。阿富汗法律以《古兰经》和圣训为基础，其中《古兰经》具有最高宪章性质。阿富汗宪法于 2004 年 1 月 26 日由时任总统哈米德·卡尔扎伊（Hamid Karzai）在喀布尔批准。《宪法》规定，遵守伊斯兰教的神圣宗教和伊斯兰共和主义的原则不得更改，在涉及修正基本人权时才可以对其加以改进。根据《宪法》，大支尔格会议是阿富汗人民意愿的最高体现，由议会上下两院议员、各省议会议长组成，负责制定和修改宪法，批准国家其他有关法律。

（2）投资法律制度。为支持和保护私营企业发展，阿富汗于 2005 年 12 月修改并出台了《阿富汗私营投资法》，根据该法，阿富汗对外国投资者实行国民待遇，除跨国输油气管道、采矿业和电信部门之外，其他领域均可自由投资。相关的法律还有《公司法》《合资法》《仲裁法》《调解法》等。阿富汗鼓励吸收外资，投资促进局对外资公司的设立给予方便，实行

"一站式"服务；阿富汗欢迎外国投资建设开发区、出口加工区或者工业园区，以及外国投资者以二手设备出资开展投资合作。阿富汗没有明确的地区投资鼓励政策，但在马扎里沙里夫、贾拉拉巴德、坎大哈和昆都士设有工业园，阿富汗农村金融公司对在工业园投资的企业可以提供优惠借款。阿富汗对合法换汇、汇款等没有限制，为防止洗钱，携大额现金出境（2 万美元以上）时，须提前向海关申报。近年阿富汗商工部称将修订阿富汗投资法以吸引更多投资。

（3）税收法律制度。除地方税有差异外，阿富汗实行全国统一的税收制度，共有 9 种税，分别为个人所得税、公司所得税、资本损益税、发票税、进口关税、固定税、附加税、土地税和市政税。阿富汗对于投资方面税收优惠政策的主要规定在《阿富汗国内外私营投资法》的第十一条中，根据此条规定，优惠幅度与在阿富汗投资的时间长度成正比，可享有较长的免税期以及 4%～14% 的低税率安排。其他关于外国投资的税收优惠还包括：外资公司如 3 年内无盈利可免税，直接申请最低额的公司税；投资阿富汗优先发展行业（农业及关联产业、建筑材料、电信业、交通和物流、矿业、电力、水资源和劳动密集型产业）还可享受更多优惠，如投资企业进口用于生产的机械设备可申请免税，进口建筑材料可减税等。2019年 5 月 23 日，阿富汗财政部向议会下院递交了新修订的《所得税法（草案）》，新法将对制造商免征 3 年所得税，并降低征税标准，简化缴税程序。

（4）会计法律制度。阿富汗没有专门统一的会计法，由《公司法》对该国企业会计核算和财务报表的编制要求做出规定。同时，阿富汗《银行法》和《中央银行法》还要求所有银行遵循中央银行规定的会计标准。另外，阿富汗国内目前并无证券交易所，因此，没有关于上市公司财务规范的法规。

9. 乌兹别克斯坦

1）政治环境

乌兹别克斯坦《宪法》规定：国家政权体制以三权分立原则为基础，即将立法权交于国家议会，将国家行政权交于总统领导的内阁，将司法权

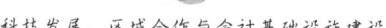

交于共和国法院，使三个权力系统各司其职、互相配合和制约。政府又称内阁，由乌兹别克斯坦共和国总理、副总理、各部部长及各国家委员会主席组成。本届政府于 2016 年 12 月 15 日组成，设 1 名总理、1 名第一副总理、6 名副总理、16 个部和 12 个委员会组成。乌兹别克斯坦司法权由法院和检察机关执行。《宪法》规定，各级法院和检察机关只服从宪法和法律，独立行使职责，不受其他任何人干扰。司法人员不能参加政党活动，不能从事经营活动，不得担任其他有酬职务。党派方面，乌兹别克斯坦登记的政党有 4 个：人民民主党、自由民主党、"民族复兴"民主党、"公正"社会民主党。

2）经济环境

乌兹别克斯坦国土面积为 44.89 万平方公里，人口总数为 3 265.39 万人。乌兹别克斯坦经济增长速度总体较为平稳。2017 年，乌兹别克斯坦 GDP 为 249.1 万亿苏姆，约 307.53 亿美元，按苏姆计价同比增长 5.3%；人均 GDP 为 760 万苏姆，约 938.27 美元，按苏姆计价同比增长 3.6%。在乌兹别克斯坦 GDP 中，非国有经济占比 81%，国有经济占比 19%；农业、工业和第三产业占比分别为 19.2%、33.5% 和 47.3%。

2017 年，乌兹别克斯坦吸引外国投资总额超过 24 亿美元，同比增长 40%，占乌兹别克斯坦社会经济全年投资总额比重为 20.4%，比 2016 年的 15.3% 上升了 5.1 个百分点。就领域而言，利用外资较集中的前三大领域为：工业领域 2 438 家，占 44.2%；贸易领域 1 055 家，占 19.1%；其他领域 993 家，占 18%。就国别而言，在乌俄罗斯企业 1 035 家，排名第 1 位；中国企业 812 家，排名第 2 位；韩国企业 510 家，排名第 3 位；土耳其企业 503 家，排名第 4 位。其他国家还包括：哈萨克斯坦企业 281 家，美国 189 家，伊朗 129 家，印度 125 家，德国 123 家，阿富汗 114 家等。

外汇管理方面，外汇汇入乌兹别克斯坦没有限制，汇出时需提供进口合同或利润证明材料。外汇汇出时需缴费，费用为汇出金额的 2%。自然人出入境时携带不超过 2 000 美元（含 2 000 美元）外汇现金的，无需书面申报；出入境时携带超过 2 000 美元外汇现金的，需填写书面报关单；乌兹别克斯坦政府不允许自然人在没有任何许可的情况下，出境时携带超过5 000美元（含5 000美元）外汇现金。

世界银行发布的《2019年营商环境报告》显示，在全球190个经济体中，乌兹别克斯坦营商环境便利度排名第76位，较去年下降了2位。

3）法律环境

（1）法律体系概况。乌兹别克斯坦属于大陆法系，很大程度上继承了苏联的法律框架，以俄罗斯民法典及独联体示范民法典为基础，采用法典化的立法模式编纂本国法律。该国法律层级为：乌兹别克斯坦共和国宪法、宪法法律、法典、普通法、总统令、内阁决议、各部门和机构的规范性条例等各种形式，其法律效力依次递减。

（2）投资法律制度。2012年，乌兹别克斯坦政府取消针对各类企业的80种许可程序和15类许可证项目，以改善投资环境，吸引各类投资。乌兹别克斯坦现任总统米尔济约耶夫上任以来签署了多份总统令，进一步完善了吸引外资政策，包括《关于进一步完善化工公司进出口业务的总统令》《关于进一步实现外贸自由化和支持企业主体的总统令》《关于外汇政策自由化优先措施的总统令》等。除上述提及的法律、法规外，目前乌兹别克斯坦吸引投资的主要法律还有《外国投资法》《投资活动法》《关于保护外国投资者权益条款及措施法》《保护私有财产和保证所有者权益法》《保证企业经营自由法》及《关于促进吸引外国直接投资补充措施》的总统令等。乌兹别克斯坦没有出台禁止、限制外国投资的法律法规，对国家垄断行业，如能源及重点矿产品开发等领域有股权限制，外资所占股份一般不超过50%，对航空、铁路等领域则完全由国家垄断，且乌兹别克斯坦目前尚无BOT方式。2017年9月5日，乌兹别克斯坦政府宣布实行自由外汇政策，取消了实行20多年的外汇管制政策。目前企业凭进口合同已能正常调汇，但对自然人的外汇管制依然存在，自然人暂时无法使用当地货币苏姆换取美元现金。

（3）税收法律制度。乌兹别克斯坦实行属地税制。2018年以来，为进一步为企业降低税负，促进经济发展，乌兹别克斯坦政府改革税收制度，制定了相关草案并征求公众意见。根据草案，乌兹别克斯坦政府将降低企业税负：将增值税税率从 20% 降低至 12%，农产品交易企业和个别食品加工企业（在乌兹别克斯坦从事农产品生产并起到抑制价格上涨作用的企业）可免缴增值税；取消法人利润税，仅对股息红利征税 25%；将个税、社会统一缴费、养老保险缴费整合为个税，税率为 25%；分阶段降低法人财产税（2019 年前降至 2.5%，2021 年前降至 1%）。此外，乌兹别克斯坦通过上文提及的一系列投资法律法规，向外资提供了减、免税的优惠政策框架，给予在偏远地区投资设厂的外资企业 3 年、5 年和 7 年不等的税收优惠待遇。

（4）会计法律制度。乌兹别克斯坦现行会计法律规范体系按照制定机构的权力级别可分为法律性文件、制度、组织性规定三个层次。第一层：法律性文件。处在最上层的是法律性文件，有宪法、所得税法、税务法、会计法等，这些法律直接或间接地规范了乌兹别克斯坦经营主体的会计行为。10 多年来，乌兹别克斯坦为创建良好的投资、对外贸易等经济环境，一直致力于完善各项法规。《宪法》同时赋予总统和政府以签发总统令和政府发布的决议的形式，对国家社会经济活动进行干预的权力，总统令和政府发布的决议属于仅次于法律的文件，具有法律效力。第二层：制度规范。现行的《国家会计准则》是在《乌兹别克斯坦共和国会计法》的基础上发展起来的，是乌兹别克斯坦共和国规范会计制度的一部分。会计准则进一步深化了会计法，对会计规则给出了明细规范及操作指导，提高会计信息的质量。第三层：组织指导性规定。它是由各单位结合以上规范的要求制定的内部会计规章制度等，如企业会计政策、具体会计科目表、会计处理流程图等。《会计法》规定：组织应根据国家调节会计活动的法律规范，结合自身的结构和行业或其他特征，独立确定其会计政策。对于会计政策，企业可以自己制定，也可以委托咨询审计公司代为制定。

10. 塔吉克斯坦

1）政治环境

1999 年 9 月 26 日，塔吉克斯坦以全民公决方式通过新《宪法》。新

《宪法》规定：在塔吉克斯坦建立世俗、民主和法治的国家。塔吉克斯坦实行单一总统制，每届任期7年。现任总统埃莫马利·拉赫蒙于1994年11月起首任总统，2013年11月第三次获得连任，任期至2020年。塔吉克斯坦议会为两院制议会，是国家最高代表机关和立法机关。上院称"马吉利西·米利"，意为民族院；下院称"马吉利西·纳莫扬达贡"，意为代表会议。司法方面包括宪法法院、最高法院、最高经济法院、军事法院、总检察院、军事检察院及各地方法院和检察院。塔吉克斯坦目前主要有7个政党：人民民主党、共产党、社会党、社会民主党、经济改革党、民主党、农业党。

2）经济环境

塔吉克斯坦国土面积为14.31万平方公里，全国总人口约为910.72万人。近年来塔吉克斯坦经济保持平稳的发展态势，2018年的GDP为688.44亿索莫尼，约73亿美元，同比增长7.3%，人均GDP为802美元。2017年，塔吉克斯坦第一产业占GDP比重为21.1%，第二产业占GDP比重为26.3%，第三产业占GDP比重为52.6%。

联合国贸发会议发布的2018年《世界投资报告》显示，2017年，塔吉克斯坦吸收外资流量为1.41亿美元；截至2017年年底，塔吉克斯坦吸收外资存量为25.54亿美元。外资主要投向公路修复、能源开发及贵金属矿开采和加工、食品加工业、发展中小企业等领域。世界银行报告显示，塔吉克斯坦吸引外资构成中，来自中国的投资占塔吉克斯坦外资总额的47.3%，来自俄罗斯的投资占外资总额的31.3%，第三大投资来源国是瑞士，其投资占外资总额的6.8%。

投资者有权在塔吉克斯坦开立本币及外币账户，完税后有权将塔吉克斯坦本国货币自由兑换成其他货币，同样可认购其他外币用于支付塔吉克斯坦境外业务。外汇汇进汇出自由，投资者有权将合法投资和经营利润所得外币收入汇出，利润汇出到中国需要缴纳8%的税费。携带3 000美元以上现金出入境需要申报。塔吉克斯坦公民每天向境外汇款上限为8.75万索莫尼（约1万美元），且无需提交随附文件。

世界经济论坛发布的《2017—2018 年全球竞争力报告》显示，塔吉克斯坦在全球最具竞争力的 137 个国家和地区中，排名第 79 位。世界银行发布的《2019 年营商环境报告》显示，塔吉克斯坦在全球 190 个经济体中营商便利度排名第 126 位，较 2018 年下降 3 位。

3）法律环境

（1）法律体系概况。塔吉克斯坦为大陆法系国家，深受伊斯兰法系及苏联法律制度的影响，一些现行法律，特别是在国家财产和土地所有权方面，有比较明显的前社会主义制度和法律框架的特征。塔吉克斯坦共和国由总统和两个立法议会管理：代表理事会（下院）和全国理事会（上院）。最高法律为 1994 年 11 月 6 日通过的《塔吉克斯坦共和国宪法》。

（2）投资法律制度。塔吉克斯坦颁布的《投资法》和其他法规及塔吉克斯坦承认的国际法向投资者提供全面、无条件的权益保护。如《投资法》发生修改和补充，投资者有权在其正式公布之日起 5 年内选择对自己更为有利的条款（本条款不适用于塔吉克斯坦《宪法》及有关国家安全、卫生、环保、精神和道德法律的修改和补充）。投资者有权依照塔吉克斯坦法律，对因国家机关颁布与塔吉克斯坦法律条文不相适应的法规及机关官员的不法行为（消极行为）带来的损害提出赔偿。塔吉克斯坦的《关于商品市场竞争及限制垄断行为法》规定了企业收、并购的相关内容，该法适用于外国投资者。塔吉克斯坦鼓励外国投资者建设科技园区，2010 年颁布了《科技园区法》，规定了在塔吉克斯坦建立科技园区的基本任务和主要内容；2012 年年末颁布了《公共私营合作法》，鼓励吸引外资参与国家建设。

（3）税收法律制度。塔吉克斯坦实行属地税制，新《税法法典》自 2013 年 1 月 1 日起生效并执行，将征税和报表形式进一步简化并增加透明度，力求更加高效、公平、公正，并以减轻纳税人负担。塔吉克斯坦的主要税种有个人所得税、法人利润税、增值税、消费税、社会税、自然资源使用税、公路使用税、皮棉和铝锭销售税、不动产税、交通工具税等。

（4）会计法律制度。塔吉克斯坦的会计和审计受《塔吉克斯坦会计和财务报告法》监管。该法在组织上建立了在塔吉克斯坦共和国进行财务会计活动和创建财务报告的法律基础、原则和规则。金融机构的财务报告方法则由国家银行制定和监管，除金融机构外的其他实体则由财政部负责。

（二）中亚各国会计环境的比较分析

1. 政治环境比较分析

中亚各国政体虽不尽相同，但基本均实行立法、司法和行政三权分立。总统为国家元首，在阿富汗、土库曼斯坦等国总统也是政府首脑，在其他国家总理为政府首脑，政府执掌行政大权；立法权归属议会，多为两院制，也有个别国家如阿塞拜疆为一院制；司法权归属法院。中亚国家均为多党制国家。

2. 经济环境比较分析

中亚各国经济环境比较如表 1 所示。中亚 10 国面积迥异，面积最大的哈萨克斯坦有 272.49 万平方公里，是世界面积第九大国家，而面积最小的格鲁吉亚只有 6.97 万平方公里。人口方面同样差别巨大，巴基斯坦人口超过 2.1 亿，是世界第六大人口大国，而人口最少的蒙古国只有 323 万。从经济发展水平来看，中亚 10 国可分为三个层次。阿富汗、塔吉克斯坦、乌兹别克斯坦、吉尔吉斯斯坦和巴基斯坦 5 国的人均 GDP 低于 1 500 美元，属于经济发展比较落后的地区；蒙古国、格鲁吉亚、阿塞拜疆和土库曼斯坦 4 国的人均 GDP 在 3 000～6 000 美元，属于经济发展水平中等的地区；哈萨克斯坦人均 GDP 超过 8 000 美元，经济发展水平较高。整体来看，中亚地区经济发展水平较为落后，远低于中国 9 780 美元的人均 GDP。从吸引外国直接投资来看，阿富汗、塔吉克斯坦和吉尔吉斯斯坦的 FDI 低于 10 亿美元，尤其阿富汗不足 1 亿美元；巴基斯坦、乌兹别克斯坦、阿塞拜疆、土库曼斯坦、格鲁吉亚和蒙古国的 FDI 在 15 亿～50 亿美元；哈萨克斯坦的 FDI 规模较大，超过 200 亿美元。从外汇管理来看，除个别国家如土库曼斯坦在金融紧张时期可能会有所限制外，中亚各国基本均允许外汇自由出入，大额外汇往往要向海关等部门进行申报。从全球竞争力来看，阿塞拜疆竞争力较强，哈萨克斯坦、格鲁吉亚和塔吉克斯坦竞争力适中，而其他国家竞争力较差，整体上中亚国家竞争力均低于中国的 27 位。从营商环境来看，格鲁吉亚高居第 6 位，阿塞拜疆排名第 25 位，哈萨克斯坦排名第 28 位，营商环境较好，高于中国的 46 位；吉尔吉斯斯坦、蒙古国和乌兹别克斯坦营商环境尚可；塔吉克斯坦、巴基斯坦、阿富汗和土库曼斯坦营商环境较差。

表 1　中亚各国经济环境比较

国家	国土面积（万平方公里）	人口（万人）	GDP（现价美元）	人均 GDP（现价美元）	FDI（亿美元）	全球竞争力排名	营商环境排名
巴基斯坦	79.6	21 016.68	3 049.52	1 451	24.1	115	136
阿塞拜疆	8.66	1 000	469	4 780.1	45	35	25
格鲁吉亚	6.97	372.96	151.65	4 078.5	18.62	67	6
哈萨克斯坦	272.49	1 815.73	1 593.69	8 837	208.99	57	28
土库曼斯坦	49.12	684	406	5 936	23.14	—	—
吉尔吉斯斯坦	19.99	625.67	71.63	1 042	5.9	102	70
蒙古国	156.65	323	122.09	3 779	14.94	101	74
阿富汗	64.75	2 970	202	679	0.54	—	167
乌兹别克斯坦	44.89	3 265.29	307.53	338.27	24	—	76
塔吉克斯坦	74.31	910.72	73	802	1.41	79	126

备注：

1. 各国人口数据为截至 2018 年统计数据。

2. 各国 GDP 为 2017 年或 2017/2018 财年数据，其中巴基斯坦为 2016/2017 财年数据，塔吉克斯坦和蒙古国为 2018 年数据，人均 GDP 数据时间同 GDP。

3. 各国 FDI 为 2017 年数据，其中阿塞拜疆为 2016 年数据。

4. 全球竞争力排名为《2017—2018 年全球竞争力报告》数据。

5. 营商环境排名为《2019 年营商环境报告》。

3. 法律环境比较分析

中亚 10 国除了巴基斯坦为英美法系，其余 9 国均实行大陆法系。由于民族、宗教、历史的原因，多数国家深受伊斯兰法系的影响，还有一些国家在一些具体法律条款上还遗留有苏联社会主义法制的印记。各国在积极引进外资的同时，多数已完成外资国民待遇的立法，但在外资准入的行业限制、投资比例限制等方面的规定各有不同。各国为鼓励投资而设置的税收优惠政策十分丰富，在简化税制、降低税率等方面也进行了许多有益尝试。具体到会计法律制度，多数国家制定了专门的会计及财务报告法，部分国家无专门法，而在公司法或其他法律中对会计核算和财务报告的编制予以明确，同时对于金融机构或伊斯兰银行等，还有特殊的制度及监管机制。总体而言，中亚各国的法律体系基本相近，但在法制性、开放性、规范性和稳定性上仍然区别较大。从法律体系对会计准则协调的影响而言，中亚各国较为相近的法律体系有助于降低国家间会计准则协调的难度，但各国会计法律制度的健全程度以及其他相关法规的差异，使得各国会计准则协调与互动趋同仍存在一定的困难。

二、中亚国家会计准则比较研究

对中亚国家开展紧密的经济合作而言，会计准则的选用极为重要。会计准则的地区性可能引起不同地区的规范和秩序之间的冲突，而会计准则的差异则往往成为人们跨地区和跨国界经济交流和投资的障碍。会计准则国际趋同则是一个国家经济发展和融入全球化的必然选择。制定全球统一的高质量会计准则不仅会对一个国家和一个地区的经济发展产生影响，还会对全球社会经济发展和社会发展产生重要影响。因此，为了使中亚各国相互间能更加强合作，会计准则趋同将会是一个重要的趋势。目前许多中亚国家已开始采用 IFRS 和 IFRS for SMEs，但仍有些许国家尚在 IFRS 的准备采纳阶段，或是尚未采用。本节将梳理比较中亚国家的会计准则情况，包含其对 IFRS 目前的采纳程度、准则内容和准则制定机构。

(一) IFRS 采纳程度分类和模式

根据国际会计准则委员会（IASB）所发布的准则，IFRS 分别有两种准则：一是全面 IFRS（Full IFRS），此准则包含了国际会计准则机构所发布的所有条款。二是中小企业 IFRS（IFRS for SMEs），此是简化版的 IFRS，专门设计给中小企业使用。在分析中亚各国是否全面采用 IFRS 时发现，即便某些国家已完全采用 Full IFRS，但其中小企业可选择使用 IFRS SMEs 或本国自身的会计准则，或被规定只能使用本国准则。有鉴于以上情况，本文首先对 Full IFRS 和 IFRS for SMEs 的使用情况进行区分而后再做分类。

本研究将 IFRS 的使用程度分为四个类别。

第一类为"要求使用"。这个类别的国家要求其公共利益实体必须使用 IFRS 或是其中小企业必须使用 IFRS for SMEs。在此 IFRS 的使用定义是指一国把 IFRS 和/或 IFRS SMEs 原封不动的作为自身的准则，或是根据国际准则稍做了修改但与原 IFRS 准则基本一致。

第二类为"允许使用"。允许使用是指一国的会计准则和 IFRS 双轨并行，企业被允许自行决定是否使用 IFRS/IFRS for SMEs 或采用本国自行制定的准则。第二类别的 IFRS 和 IFRS for SMEs 的使用定义也和第一类别一样，完全把 IFRS 照搬到本国会计制度，或是有些许修改，但和原准则基本一致。

第三类别是"趋同"。趋同是指该国当前虽有采纳保留本国特色的修改版 IFRS 或 IFRS for SMEs，且其修改版的准则与原 IFRS 仍存有较大的差异，但同时也在和 IASB 进行协商和评估，并在逐步消除当地会计准则与 IFRS 的差异。

第四类别是"未使用"。这个类别是指一国只是用本国会计准则且和 IFRS 有重大的差异。

基于以上这四种类别，CAREC 10 国对 IFRS 采纳程度的情况如表 2 所示。

表 2　中亚国家 IFRS 采纳程度比较

国家	IFRS 类别	要求使用	允许使用	趋同	未使用
巴基斯坦	Full IFRS	√			
	IFRS for SMEs	√			
阿塞拜疆	Full IFRS	√			
	IFRS for SMEs	√			
格鲁吉亚	Full IFRS	√			
	IFRS for SMEs	√			

（续表）

国家	IFRS 类别	要求使用	允许使用	趋同	未使用
哈萨克斯坦	Full IFRS	√			
	IFRS for SMEs		√		
土库曼斯坦	Full IFRS	√			
	IFRS for SMEs		√		
吉尔吉斯斯坦	Full IFRS	√			
	IFRS for SMEs		√		
蒙古国	Full IFRS	√			
	IFRS for SMEs				√
阿富汗	Full IFRS	√			
	IFRS for SMEs				√
乌兹别克斯坦	Full IFRS			√	
	IFRS for SMEs				√
塔吉克斯坦	Full IFRS			√	
	IFRS for SMEs				√

根据以上分类，下文将对每一个国家的 IFRS 采纳情况及该国会计准则、会计制度、会计制度制定者和会计相关法律规范等进行梳理和比较研究。

（二）中亚各国 IFRS 和 IFRS for SMEs 使用情况

1. 巴基斯坦

巴基斯坦是早期采纳 IAS/IFRS 的国家之一。虽然因些许特殊原因使得少数 IFRS 被豁免或未使用，但在 Full IFRS 和 IFRS for SMEs 的采用上基本已和国际财务报告准则相同，因此被分类为要求使用状态。

在巴基斯坦，2017 年新制定的巴基斯坦《公司法》（The Companies of 2017）确定了会计准则需经过巴基斯坦证券交易委员会（Securities and Exchange Commission of Pakistan；SECP）批准才可使用。但 SECP 将制定和采用会计标准的责任委托给了巴基斯坦特许会计师协会（Institute of

Chartered Accountants of Pakistan；ICAP）。而对于何种企业实体需采用何种会计准则，巴基斯坦的《公司法》给予了明确的表述。根据《公司法》，巴基斯坦以公司类型来界定会计准则的使用。表3列出了目前需采用当前巴基斯坦已采纳的 IFRS 的实体。

表 3　巴基斯坦需采纳 IFRS 的实体

上市公司	公共利益实体	大型未上市企业
包含在巴基斯坦上市的外国注册公司	公共部门公司	已支付资本超过 200 百万卢比，或年营业额超过 10 亿卢比
	公用事业	
	金融机构	
	上市过程中的公司	

巴基斯坦同时也允许中小企业使用 IFRS for SMEs。目前所有中型企业除了已被界定为上市公司、公共利益实体、大型企业和小型企业，皆可选择使用巴基斯坦已采纳的 IFRS 或是 IFRS for SMEs。ICAP 同时也制定了本国的小企业会计和财务报告法规（AFRS for SSEs）。适用于此法规的企业必须符合以下小型企业的规定：已支付资本未超过 2 500 万卢比或年营业额未超过 1 亿卢比。

但同时，适用巴基斯坦小企业会计和财务报告的小企业也可选择使用当前巴基斯坦已采纳的 IFRS 或是中小企业 IFRS[①]。

另外，巴基斯坦 SECP 也规定在巴基斯坦证券市场上市的外国注册公司也必须使用当前巴基斯坦已接受的 IFRS。但值得注意的是，之前巴基斯坦未采纳的准则（如 IFRS 1、IFRS 7、IFRS 9、IFRS 14、IFRS 15 和 IFRS 17）现也已使用或已有计划使用。其中 IFRS 15（客户收入）在 2018 年 7 月 1 日开始实施，而 ICAP 也建议 SECP 在 2019 年 6 月 30 日开始实施 IFRS 14（监管延期账户）。IFRS 9（金融工具）在 2019 年 6 月 30 日也

---

① 经过了解，能使用 AFRS for SSEs 的极小型企业在巴基斯坦的数量并不大，其对整体经济的影响也微乎其微，经过多方考虑后决定把巴基斯坦 IFRS for SMEs 的使用情况并入要求使用。

开始实行。原本 IFRS 9 的实施日期是在 2018 年的 7 月 1 日，为便于执行以及在许多公司的要求下，SECP 把 IFRS 9 的生效日期推迟至 2019 年 6 月 30 日或之后，若是有巴基斯坦企业希望在生效日前就采用此准则，SECP 也允许其提早使用。值得注意的是，巴基斯坦所有银行都对 IFRS 9 进行了影响评估，预计 SBP 将要求银行在不久的将来采用新的金融工具标准。另外，在巴基斯坦从事投资金融服务、贴现服务以及住房金融服务的银行和非银行金融公司均豁免使用 IFRS 7（金融工具：披露）。IFRS 7 和 IAS 39（金融工具：识别和测量，后被 IFRS 9 所取代）是属于互补关系，前者是关于金融工具的披露规定，后者是关于金融工具的识别和测量，因此当 IAS 39 被搁置后，IFRS 7 也同时被豁免使用。而决定搁置和豁免这两个准则的原因是巴基斯坦国家银行（SBP）已通过审慎的法规制定了其金融工具的计量/认可和信息披露要求，由此巴基斯坦企业采用 SBP 所制定的准则即可。

再有，根据以往惯例，许多国家首次采用 IFRS 时，IFRS 1（首次采用国际财务报告准则）应是第一个被采纳的规章，但巴基斯坦并未和其他的国家一样仿照一般的程序采用 IFRS 1。这是因为巴基斯坦是最初使用 IASB 推出的 IAS（International Accounting Standends）国际会计准则（IFRS 前身）的国家之一。当 IFRS 1 推出时，巴基斯坦认为自身早已实施了国际会计准则，且本身 90% 以上的企业已使用 IFRS，因此并不算是初次使用 IFRS，无必要再重新走一遍 IFRS 1 的流程。最后，目前巴基斯坦 ICAP 和 SECP 也在审阅 IFRS 17 保险合同并和 IFRS 委员会保持积极的沟通，希望在未来能够实施 IFRS。

2. 阿塞拜疆

在阿塞拜疆，财政部具有制定会计准则的法定权利，而另一个机构，阿塞拜疆共和国审计委员会（简称 CAAR）则有职责给财政部有关会计制度的建议。阿塞拜疆的会计准则有 IFRS、IFRS for SMEs、本国会计准则以及简易版的本国会计准则。准则的使用界定由《阿塞拜疆共和国会计法》（Republic of Azerbaijan Accounting Law）来规定，并以此来规范何种企业需要使用何种法规。《阿塞拜疆共和国会计法》规定以下种类的公共利益实体企业必须使用 IFRS：

  a. 保险公司。

  b. 投资基金。

  c. 非国有（私营）社会基金。

  d. 信贷机构。

  e. 在证券交易所上市的证券的法人实体。

  f. 在编制财务报表之日，由相关执行机构核定后确认超过两个门槛（年度收入、财政年度平均雇员人数和资产负债表总额）的商业组织。

  除此之外，根据《阿塞拜疆共和国会计法》第十条之二，所有商业组织（公共利益实体和极小型企业除外）若拥有一个或一个以上的子公司，在编制财务报表之日，由相关执行机构核定后确认超过两个门槛（年度收入、财政年度平均雇员人数和资产负债表总额）则必须编制符合 IFRS 的合并财务报表。但根据《会计法》第十条之三，若是没有超过两个门槛，则需使用阿塞拜疆自身的会计准则来制定合并报表。

  其他种类商业组织（除小型企业）则可选择采用 IFRS 或是中小企业 IFRS。若有商业组织（公众利益实体和极小型企业除外）选择不使用 IFRS 或是中小企业 IFRS，则必须采用阿塞拜疆财政部基于 IFRS 所制定的阿塞拜疆国家会计准则。符合极小企业定义的公司则可选择使用中小企业 IFRS 准则、阿塞拜疆国家会计准则或是阿塞拜疆财政部制定的极小企业专用特殊简易会计法规。表 4 显示在阿塞拜疆的法规中，极小企业的定义如下。

表 4 阿塞拜疆极小企业定义

在工业和建筑行业	在农业行业	在批发行业	在零售、贸易、运输、服务行业和其他形式的经济活动
少于 50 名员工	少于 25 名员工	少于 15 名员工	少于 10 名员工
年度营业额为 AZN①500 000	年度营业额为 AZN250 000	年度营业额为 AZN1 000 000	年度营业额为 AZN250 000

---

  ① AZN 为阿塞拜疆马纳特。ANZ 1 = USD 0.589 4（大约）。

2018 年 5 月，阿塞拜疆已立法修改其《会计法》，在 2019 年 1 月 1 日后，中小企业 IFRS 将会取代阿塞拜疆国家会计准则，而中小企业除了中小企业 IFRS 外也可选择使用完整的 IFRS。

3. 格鲁吉亚

在 2016 年之前，根据 2012 年版的《格鲁吉亚会计和财务审计法》（Law of Georgia on Accounting and Financial Audit），格鲁吉亚的会计准则是由公认的专业协会制定的，如格鲁吉亚专业会计师和审计师联合会（Georgian Federation of Professional Accountants and Auditors，GFPAA）。2016 年 6 月，格鲁吉亚政府通过了《格鲁吉亚会计、报告和审计法》，进一步促使其会计准则以及会计实务和国际会计准则趋同。2017 年，格鲁吉亚政府更是在财政部下成立了会计、报告和审计监督服务下属机构（SARAS）。SARAS 的主要职责为监督 IFRS 的执行、接收和发布财务和非财务报表，以及审计行业和审计师的监督。

在格鲁吉亚，《格鲁吉亚企业家法》（Law of the Republic of Georgia on Entrepreneurs）和《格鲁吉亚会计、报告和审计法》分别设立了格鲁吉亚公司所需遵守的会计规章和报告法规。前者为格鲁吉亚的所有企业实体提供基本的财务报告框架，而后者则规定了详细的会计和审计要求，并界定了哪些公司适用何种条例。

格鲁吉亚财政部以本质和大小来划分企业或机构的。根据《格鲁吉亚会计、审计和报告法》（Law of Georgia on Accounting、Auditing and Reporting）第一章第二条项目 S～V 和项目 X，格鲁吉亚企业和机构可被分为四个规模类别和公共利益实体：

（1）第一种类（企业实体在财务报告期末应至少满足下述三个标准中的两个）：

a. 总资产价值超过 GEL①50（百万）。

b. 营业额超过 GEL 100（百万）。

---

① GEL 为格鲁吉亚里拉。GEL 1 = USD 0.375 3（大约）。

c. 平均员工数在财务报告期间超过 250 人。

（2）第二种类（企业实体不代表第四类和第三类企业以及在财务报告期末应至少满足下述三个标准中的两个）：

a. 总资产价值不超过 GEL 50（百万）。

b. 营业额不超过 GEL 100（百万）。

c. 平均员工数在财务报告期间不超过 250 人。

（3）第三种类（企业实体不代表第四类企业以及在财务报告期末应至少满足下述三个标准中的两个）：

a. 总资产价值不超过 GEL 10（百万）。

b. 营业额不超过 GEL 20（百万）。

c. 平均员工数在财务报告期间不超过 50 人。

（4）第四种类（企业实体在财务报告期末应至少满足下述三个标准中的两个）：

a. 总资产价值不超过 GEL 1（百万）。

b. 营业额不超过 GEL 2（百万）。

c. 平均员工数在财务报告期间不超过 10 人。

（5）公共利益实体类：

a. 财务报告实体，其证券根据《格鲁吉亚证券市场法》（Law of Georgia on Securities Market），在格鲁吉亚证券市场进行交易。

b. 商业银行或符合格鲁吉亚国家银行的《格鲁吉亚组织法》（Organic Law of Georgie）的合格信贷机构。

c. 符合《格鲁吉亚小额信贷组织法》（Law of Georgia on Microfinance Organisations）的微型金融组织。

d. 符合《格鲁吉亚保险法》（Law of Georgia on Insurance）的保险公司。

e. 符合《格鲁吉亚非国家养老保险和福利法》（Law of Georgia on Non-State Pension Insurance and Welfare）的非国家养老金计划的创始法人。

f. 符合《格鲁吉亚投资基金法》（Law of Georgia on Investment

Funds）的投资基金。

g. 符合《格鲁吉亚非银行存款机构法——信用社》（Law of Georgia on Non-Bank Deposit Institutions — Credit Union）的非银行存款机构法——信用合作社。

h. 被格鲁吉亚政府定义为公共利益实体的企业。

除五大类外，还附加一类为非创业（非营利）法人实体。目前格鲁吉亚有三种会计法规，IFRS、中小企业 IFRS 以及公共监督局所设立的国内会计准则。根据《格鲁吉亚会计、报告和审计法》第二章第三条之八和十规定，格鲁吉亚企业和机构应按照以下规定来制定会计和财务报告：

a. 企业和第一类企业需要根据 IFRS 进行会计和财务报告。

b. 第二类和第三类企业应按照 IFRS for SMEs 进行会计和财务报告；这两类企业也可自行判断是否使用 Full IFRS。

c. 第四类企业和非企业（非营利）法人实体应按照 SARAS 所制定的格鲁吉亚第四类企业简化财务报告标准进行会计和财务报告。

4. 哈萨克斯坦

IFAC 和 IFRS 资料显示，《哈萨克斯坦会计和财务报告法》（The Law on Accounting and Financial Reporting）和《审计活动法》（The Law on Audit Activities）分别授权哈萨克斯坦财政部来决定会计和审计政策以及根据协商委员会（Consultative Board）成员（来自政府机构、国有企业、专业会计和审计组织、商业和学术界）的意见来采取相关的监管法案。哈萨克斯坦中央银行（National Bank of Kazakhstan）则被赋予对金融机构的会计和财务报告的法定责任。

在哈萨克斯坦，《会计和财务报告法》规范了何种企业需要用何种会计法规。除了《会计和财务报告法》，其他监管机构比如哈萨克斯坦中央银行亦有权力另行发布 IFRS 未规定的其他会计要求和法规（大多数用于监管特殊金融机构和伊斯兰金融机构）。

哈萨克斯坦国家银行行文规定，自 2003 年起，部分哈萨克斯坦的银行和金融机构皆需采用 IFRS。而自 2004 年后，所有银行必须根据 IFRS 来

制作财务报表。自2005年1月1日开始，所有哈萨克斯坦的上市公司（银行除外）均必须完全采用IFRS。这项政策在2007年也被纳入了《会计和财务报告法》的第二百三十四条里。此条文规定，制定财务报告应使用和参考哈萨克文和俄文翻译版本的IFRS和中小企业IFRS。

另外，哈萨克斯坦财政部、哈萨克斯坦国家银行以及哈萨克斯坦证券交易所亦明文规定所有上市公司金融机构和大型上市公司都需采用国际财务报告准则标准。这项规定把所有银行、保险公司、大型企业（员工人数超过250人或年营业额超过2 000万美元）、上市公司和其他非银行类的金融机构都囊括在内。值得注意的是，《会计和财务报告法》第二章第四条规定金融机构、特殊金融公司和伊斯兰特殊金融公司除了按照国际标准维护会计和财务报告外，也需遵循哈萨克斯坦共和国国家银行关于会计和财务报告的法规。

哈萨克斯坦的《会计和财务报告法》也规定了SMEs需采用国际会计准则。中型的SMEs和国有企业必须在IFRS或是中小企业IFRS两者之中择其一。小型和微型的SMEs则除上述两种选项外，也可使用哈萨克斯坦财政部所制定的国家财务报告准则。根据IFRS资料表明，国家财务报告准则虽是哈萨克斯坦国内的自主准则，但其也是在中小企业IFRS规章的基础上所编制的。最后，所有在哈萨克斯坦证券市场交易债务证券和资本证券的哈萨克斯坦本国注册公司必须使用IFRS来制作合并报表。在哈萨克斯坦公开市场有证券交易的非本国注册公司，其合并报表可选择使用IFRS或是美国GAAP会计准则。综上所述，哈萨克斯坦在很大程度上已向国际会计准则靠拢。

5. 土库曼斯坦

目前土库曼斯坦的会计制度正在建立。根据《土库曼斯坦的会计和财务报告法》(Law of Turkmenistan on Accounting and Financial Reporting)第四章第一条，土库曼斯坦会计准则和系统是由财政部和土库曼斯坦中央银行所审定。土库曼斯坦财政部有权设立所有在土库曼斯坦企业（除信贷机构外）的会计和财务报告法规。信贷机构会计和财务报告规定则由中央银行根据国际会计准则和《土库曼斯坦的会计和财务报告法》所设定。

现有的土库曼斯坦国家会计准则是由土库曼斯坦财政部参考 IFRS 所修订。所有企业，包括在土库曼斯坦经营的外国公司之分支机构和代表处，都必须按照土库曼斯坦的国家会计标准编制财务报表。但根据《土库曼斯坦石油法》运营的公司不必完全采用国家会计标准。石油业务企业的会计以及财务报告应由承包商和分包商根据《土库曼斯坦石油法》、国际惯例和相关协议的适用规定来维护。另外，所有会计的记账币种必须是土库曼马纳币，若是涉及外币的交易，必须在交易发生日时按照土库曼斯坦中央银行的法定汇率转换成土库曼马纳币数额。

目前从种种法规和政府文献可见土库曼斯坦正在从国家会计制度转向为 IFRS。根据《土库曼斯坦的会计和财务报告法》第二章第十条会计政策规定，土库曼斯坦企业的会计政策是根据自身以及国际会计准则所设立。关于中小企业的财务报告，《土库曼斯坦的会计和财务报告法》第三章第十六条之二亦表明财政部根据本国和 IFRS for SMEs，建立了一套简化的财务报表和中级简化财务报表。另外，根据 2018 年 12 月所召开的内阁会议结果显示，土库曼斯坦有意并打算开展所有过渡到 IFRS 必要的初步程序和流程，包括起草方法指南、引进软件和组织研讨会，以使本地的会计和财务报告系统符合现有的国际标准。土库曼斯坦的总统也签署了一项法令，从 2019 年 1 月开始，所有企业和机构（信贷机构除外），不论所有权形式如何，都需改为实施 IFRS。但因关于土库曼斯坦会计的信息非常少，目前并未收到关于土库曼斯坦是否已完全实施 IFRS 的信息。

6. 吉尔吉斯斯坦

在吉尔吉斯斯坦，会计、财务报告和审计政策由吉尔吉斯斯坦共和国政府领导的国家金融市场监管局制定。2001 年，吉尔吉斯斯坦通过了关于"吉尔吉斯共和国国际财务报告准则"的政府法令（第 593 号），标志着从国家会计准则转向《国际财务报告准则》。2002 年吉尔吉斯斯坦颁布了《吉尔吉斯共和国会计法》，并于 2013 年 2 月进一步修订。修订后的法律引入了基于实体规模和公众重要性的财务报告要求。例如，《吉尔吉斯共和

国会计法》第一章第 1.2 条指出，所有公共利益实体，不论所有权如何，在编制会计和财务报表时都必须遵循《国际财务报告准则》。公共利益实体可以包括：

    a. 证券在交易所上市的发行实体。

    b. 吉尔吉斯共和国国家银行许可的银行或其他金融机构。

    c. 投资基金。

    d. 保险公司。

    e. 私人养老基金。

2013 年 10 月，"吉尔吉斯共和国中小企业国际财务报告准则"法令生效，小企业会计和报告准则也于同年出台。这两份法律文件进一步为吉尔吉斯斯坦中小企业和微型企业的会计实务提供了基础。例如，除公共利益实体外的所有实体，不论其所有权如何，都必须使用中小企业 IFRS。中小企业也可根据其内部管理机制选择使用全面 IFRS 或中小企业 IFRS 编制财务报表。而个体工商户和微型企业可以自愿采用吉尔吉斯共和国政府制定的简化会计规则或中小企业 IFRS。此外，根据《吉尔吉斯共和国国家银行、银行和银行活动法》第十一章第五十五条，吉尔吉斯共和国国家银行也需根据 IFRS 对其经营和财务状况进行报告和核算。

因吉尔吉斯斯坦亦是伊斯兰国度，其许多金融机构并未实施西方的金融系统，而是遵循伊斯兰银行和金融的原则和体系。因此，《吉尔吉斯共和国会计法》规定，使用伊斯兰体系的金融机构必须按照吉尔吉斯斯坦伊斯兰财务会计准则来编撰财务报告。

7. 蒙古国

在蒙古国，财政部负责制定和实施会计准则。此外，财政部，特别是会计政策部，负责监督实体的 IFRS 和国际公共部门会计准则（IPSAS）的实施。在该职位上，它负责制定、批准指导和解释其他相关文件。此外，财政部还为会计师组织研讨会，以协助实施国际会计、审计和评估标准。虽然财政部是唯一的官方会计准则制定机构，但属于非政府组织的蒙古国会计师协会（Mongolian Institute of Certified Public Accountants,

MonICPA）仍可向财政部提供有关采用 IFRS 标准的建议以及提供会计师专业培训和建立、执行审计标准。

作为蒙古国政府改革计划中的一环，蒙古国的会计制度在 2015 年也作了修改，并在 2016 年 1 月开始实施。在旧的会计制度中，蒙古国公司（中小企业除外）必须使用 IFRS，但中小企业 IFRS 并未被政府列入实施范围中。从 2016 年开始，新版本的《蒙古国会计法》（Law of Mongolia on Accounting）给予了蒙古国公司选择的弹性。除了规定中的企业外，其他企业可自行选择使用 IFRS 或中小企业 IFRS。但值得注意的是，虽然蒙古国中小企业的 IFRS 已合法化，但由于缺乏政策或指导方针来支持用户了解标准实施的模式和实际操作的适用性，目前企业对于该准则应如何遵守和操作仍不明确。

在新的会计法里，以下类型的实体是必须要使用 IFRS：

a. 任何在本地或国际证券交易所上市的股份公司。

b. 已申请在本地或国际证券交易所上市的公司。

c. 持有《商业活动许可法》（Law of Mongolia on Licensing）第 15.2①、第 15.3②、第 15.4③、第 15.10.5④、第 15.10.6⑤ 和第 15.10.13⑥ 条规定的许可证的实体。

d. 中央政府或地方政府所拥有和部分拥有的实体。

e. 提供电力、供水或供暖的公共服务实体。

f. 政党和根据《蒙古国政府法》（Law on Government of Mongolia）第十九条，在合同基础上履行政府职能的非政府组织。

g. 在商业银行行业作为特殊目的公司或投资基金来营运的商业实体。

新《会计法》也规范了何种企业应当使用中小企业 IFRS。表 5 列出了

---

① 银行业
② 证券行业
③ 金融和经济行业
④ 矿产勘探行业
⑤ 矿产开采行业
⑥ 油生产和批发行业

何种企业该使用中小企业 IFRS。

表 5　蒙古国允许使用中小企业 IFRS 的企业标准

根据合同或劳动协议工作的实体或公民	批发商	零售商	服务类企业	服务类企业
员工少于或等于 199 人	员工少于或等于 149 人	员工少于或等于 199 人	员工少于或等于 49 人	总员工少于或等于 19 人
年营业额少于或等于 MNT①15 亿	年营业额少于或等于 MNT 15 亿	年营业额少于或等于 MNT 15 亿	年营业额少于或等于 MNT 10 亿	负责制造的员工少于或等于 9 人
—	—	—	—	年营业额少于或等于 MNT 250 百万

另外，新《会计法》也包含了关于报告语言和货币的要求。2016 年 1 月以后，所有企业必须使用蒙古国语来记账，除非财政部准许，否则不可使用外语。新《会计法》还要求企业的记录和财务报告里的币值均必须使用蒙古国图格里克。此外，新《会计法》也规定拥有一个或多个子公司的商业实体需要编制合并财务报表。集团形式的情况下，比如子公司也拥有自己的子公司，最终母公司需要编制合并财务报表。如果最终母公司是国外注册的公司，则在蒙古国注册的控股公司（或许也是整个国际集团的子公司）将根据其所有子公司的财务数据编制合并中期财务报表。这一项新要求是用于防止蒙古国中间控股公司利用 IAS 27 中的豁免条款（若最终母公司已编制了合并财务报表，其中间控股公司无需再制作合并财务报表）来避免编制和其子公司的合并报表。新颁发的《公司法》也规定，子公司必须分别发布自身的财务报告，而母公司应与子公司一齐签发合并财务报告。

和旧《会计法》一样，新《会计法》也要求所有蒙古国企业必须使用 IFRS，甚至还加大了其使用力度。但值得注意的是，一些新《公司法》和

①　MNT 为蒙古国图格里克。MNT1 = USD 0.0004（大约）。

新《会计法》的条款可能会和 IFRS 的法规在应用上有冲突。比如在合并报表上，两套新法都要求子公司必须编制合并报表，但 IFRS 10 却只要求控股公司编制即可。除此之外,《蒙古国公司法》(Company Law of Mongolia) 对于子公司的定义和 IFRS 10 也有所不同。《蒙古国公司法》第六条之四表明若一家公司被其控股公司直接或间接拥有超过 50% 股权时即为其控股公司之子公司。但 IFRS 10 对所谓受控实体的界定是在于母公司是否对其受控实体有控制能力而非持股水平（控股水平可能少于 50%，但在董事会有绝对的控制权）。因定义上的不同，若发生以下两种情况，在 IFRS 法规的应用上可能会和蒙古国的《公司法》和《会计法》互相抵触。第一种情况，受控实体在董事会上有绝对控制权，但持股水平低于 50%，虽符合 IFRS 10 的定义，但不符合《蒙古国公司法》对于子公司的界定；第二种情况，控股超过 50% 符合了《蒙古国公司法》对于子公司的定义，但母公司在董事会上未有绝对的控制权，因此，不符合 IFRS 10 对于受控实体的规定。

再有，蒙古国法律和 IFRS 对于受控实体定义的不一致也会造成蒙古国公司编制合并报表的难处。比如《蒙古国公司法》规定母公司必须编制合并报表，而《蒙古国会计法》第四条之一要求公司必须遵守 IFRS 来制作财务报告，因此，合并报表就必须依照 IFRS 的合并受控实体和非受控实体的权益会计方法来编制。但这就有了问题，若是采用 IFRS，则必须遵循 IFRS 10 对于受控实体的定义。在根据母公司与子公司之间关系的性质以及持股水平为 50% 或以下的情况下，IFRS 有不同的会计处理方法。但蒙古国的《会计法》和《公司法》并未说明如何对非子公司的受控实体进行会计处理，也未提供如何合并此等子公司财务的方法。这就让蒙古国公司陷入了两难。因为就算完全遵循 IFRS 的法规也无法满足蒙古国法律的要求，而若遵循蒙古国法律则无法采纳 IFRS 来编制报表。因此，若是发生以上这两种情形，蒙古国公司在很大的程度上必须花费时间和金钱来尝试着找到满足所有要求的解决方案。为解决上述问题，蒙古国政府发布了符合 IFRS 10 的蒙古国合并财务报表编制法规，并于 2015 年经财政部

170 号令批准，自 2016 年 1 月 1 日起生效。

虽然蒙古国法律和 IFRS 的条款有些冲突，但其和 IFRS 趋同的程度上在 CAREC 会员国仍属于较成熟的。

8. 阿富汗

阿富汗法律和 IFRS 资料显示，阿富汗中央银行具有制定银行和金融机构会计准则的使用和规范的职责。但此中央银行不具有制定其他类别的企业实体会计准则的权利。从《阿富汗公司和有限责任公司法》(Corporations and Limited Liability Companies Law of Afghanistan) 和《阿富汗银行法》(Law of Banking in Afghanistan) 中可以了解阿富汗目前正部分性地实施 IFRS。《阿富汗公司和有限责任公司法》和《阿富汗银行法》第五十四条规定，所有企业（微型企业除外）都必须采用 IFRS。但在实际上真正完全使用 IFRS 的行业只有银行、金融、电信、科技、媒体、能源和开发等。

但阿富汗目前还并未实施中小企业 IFRS，因此微型企业目前仍允许使用现金基础会计。然而，由于阿富汗政府正努力使该国做好采用中小企业 IFRS 的准备，在今后的 4～7 年内该准则或被允许采纳。另外，阿富汗中央银行（Da Afghanistan Bank）所制定的《阿富汗银行法》和《阿富汗中央银行法》(Da Afghanistan Bank Law）也规定所有国内的银行和金融机构也必须使用 IFRS 规章。而在《中央银行法》的第二十八和一百零一条也明文规定阿富汗中央银行也必须遵守使用 IFRS。虽然阿富汗目前并没有实施中小企业 IFRS 规章，但世界银行在 2009 年所发布关于阿富汗会计和审计的观察报告也建议阿富汗政府可以考虑采用中小企业 IFRS。另外，因阿富汗国内目前并无证券交易所，因此，没有关于上市公司财务规范的法律。

9. 乌兹别克斯坦

乌兹别克斯坦当前正在向 IFRS 趋同，但对于 IFRS for SMEs 却仍尚未使用。以下是乌兹别克斯坦的会计发展情况。

乌兹别克斯坦共和国会计准则目前由两个政府部门来制定。财政部为私营公司和国家资助的组织制定会计标准，而乌兹别克斯坦中央银行（Central Bank of Uzbekistan，CBU）则为银行和信贷机构建立会计要求。

乌兹别克中央银行自1996年就已要求所有的商业银行必须使用IFRS，在2004年中央银行又根据IAS/IFRS 2004年的版本制定了中央银行规定，且在2005年开始实施。目前在乌兹别克的银行除了使用部分的IFRS外，也需遵循中央银行规定，但有些许不同于IFRS的法规。以下是一些不同于IFRS的中央银行规章：

a. 债券和股票投资的估值。

b. 贷款损失减值的计量。

c. 贷款费用的确认和估价。

d. 递延所得税。

e. 租赁会计。

f. 兼并。

目前中央银行所制定的2004版本的准则尚未根据IFRS后续所修正的新规定来作更新，因此有许多规章可能已过时，而且CBU所制定的审慎报告规则也已无法达到IFRS的要求。

有鉴于此，在2010年乌兹别克斯坦总统签署了一份法案（总统令第1438号）要求所有国营企业的审计在2015年后必须使用国际审计准则，而IFRS将会在未来实施。乌兹别克斯坦总统在2015年又进一步签署了总统令（第4720号）。这项法令要求所有股份公司在2015年至2018年期间，在公布年度财务报表和进行外部审计时需逐步转向IFRS和国际审计准则（ISA）。此外，1996年所修订的《会计法》在2016年作了修改，并参照2008年修订版的IFRS制定了乌兹别克国家会计准则。此外，在2018年9月19日，国会亦通过并签署了《关于进一步开展乌兹别克斯坦共和国审计活动的措施的决议》（第3946号）。该决议要求所有审计工作都必须按照乌兹别克语版的ISA规定进行，并自2020年起需在财政部网站上公布其审计结果。目前，除银行业外，乌兹别克斯坦所有其他商业实体都不需要使用国际财务报告准则，但可以遵循财政部根据2008年版国际会计准则制定的乌兹别克斯坦国家会计准则。然而，一些公司除了满足国家会计准则的规章外，也会自愿性地披露符合 IFRS 的财务报告。

现阶段，乌兹别克斯坦政府正努力使自身的会计准则和 IFRS 完全趋同，并在 2019 年发布了"关于向 IFRS 过渡的其他措施"的决议草案供国内业界和学术人士讨论。此草案计划从 2021 年起，所有股份制公司、银行、保险公司、在核定资本中持有国有股的商业实体和被列为大型纳税人的法律实体，都必须按照 IFRS 编制财务报表。

10. 塔吉克斯坦

目前关于塔吉克斯坦会计准则的信息非常之少。根据现有的资料塔吉克斯坦的会计准则由财政部和中央银行进行编制和监管。目前塔吉克斯坦已阶段性地开始使用 IFRS。塔吉克斯坦的会计和审计是受《塔吉克斯坦会计和财务报告法》(Law of the Republic of Tajikistan on Accounting and Financial Reporting) 所监管。这套法律的效力涵盖了所有的组织机构，包括非居民法律实体[①]。根据《塔吉克斯坦会计和财务报告法》第二十二条之二规定，所有财务报表以及财报附录的编制法规是根据 IFRS 或塔吉克斯坦的国家标准以及《塔吉克斯坦会计和财务报告法》所制定。这也代表一般的法律实体必须在每个财务报告期间编制以 IFRS 或以塔吉克斯坦国家会计准则为主的年度财务报告。但上市公司或是公共利益实体则必须采用 IFRS 以及遵循《塔吉克斯坦会计和财务报告法》的规定。至于金融机构（银行、金融机构和小额信贷机构），《塔吉克斯坦会计和财务报告法》第二十二条之四规定此类机构之财务报告方法由塔吉克斯坦国家银行进行监管和制定。

（三）部分中亚国家和中国会计准则比较

目前 CAREC 许多国家已从 IFRS 趋同到全面使用，其中也包括了要求和允许使用 IFRS for SMEs。而其余未使用 IFRS 的国家也仍持续保留着自身的会计制度和准则。因此，中国和 CAREC 各国的准则尚存在许多

---

① 非本国注册的法律实体。

不同之处。然而，由于资料的可得性，难以一一比较 CAREC 各国和中国会计准则的异同。在收集和整理筛选了必要的信息后，本文选择了阿富汗、吉尔吉斯斯坦和蒙古国这三个会计资料相对较详尽的国家展开比较分析。

1. 阿富汗

阿富汗在会计政策、会计科目和关联交易方面与中国会计准则有些许差异。

1）会计政策差异

在会计政策上，阿富汗使用的是国际会计准则，因此如存货、资产减值、收入确认政策等有些许不同。首先，中国会计准则和 IFRS 对收入和费用存在不同认识。中国会计准则中对收入和利得及费用和损失进行了区分，但并未对利得和损失单独设立会计要素，而是将其包括在了利润这一要素中；国际准则则没有对其进行区分，收益要素中包括了利得，费损要素包括了损失。其次，对利润要素的设置不同。中国的会计准则没有将利得和损失并入会计要素，但在计算利润时包括了利得和损失；IFRS 则没有单独设立利润要素，在收入和费用、利得和损失的设置方面，国际准则将收入和利得全部归类为收益，将费用和损失全部归类为费损。

而在对利润要素的认识方面，我国会计准则对利润的定义和国际准则也有所不同。我国准则认为利润是指企业在一定会计期间的经营成果，利润包括收入减去费用后的净额、直接计入当期利润的利得和损失等，并将利润单独设置为一个会计要素和收入与费用要素相独立。我国对利润的定义包括了收入和费用，而在归纳会计要素时，利润又成为和收入、费用要素相并列的独立要素，这样就导致利润表的三个要素收入、费用和利润不存在"收入－费用＝利润"的逻辑和数量关系。我国的会计准则要单列"利润"的目的是尊重中国的传统，而 IFRS 中没有单独的利润要素，直接原因在于国际准则将利得和损失分别归入收益和费损，认为利润是收益和费损的相抵之差，收益与费损的确认和计量从而也是利润的确认和计量，因而利润要素也就无须单独设立。

2）会计科目差异

阿富汗和中国的会计科目有以下两种差异，资产减值损失转回差异和持有待售的非流动资产与终止经营方面的差异。

资产减值损失转回方面的差异是在资产减值准备的转回方面。国际准则对企业计提的固定资产、无形资产等非流动资产减值准备允许转回，计入当期损益。而中国企业会计准则则规定此类资产减值损失一经确认不得转回。但在许多实际情况上，资产的可收回金额因为客观条件改变而会发生变化，实际价值若是能得以恢复，应该被允许转回。尤其是在市场经济比较完善、经济信息比较充分且获得信息的机制、管道比较健全和畅通的情况下，非流动资产的实际价值确实应该反映市场的实际情况，允许非流动资产减值准备的转回与企业会计准则反映市场变化的目的相一致，有助于报表使用者正确判断企业的资产状况。

持有待售的非流动资产与终止经营方面的差异是关于其处理方式的不同。在《国际财务报告准则第5号——持有待售的非流动资产和终止经营》里单独规定了持有待售的非流动资产和终止经营的会计处理。非流动资产主要是指固定资产和无形资产等；终止经营是指对企业的车间、分部、子公司等予以处置或将其划分为准备出售对象。根据该准则规定，如果企业管理层准备处置该部分非流动资产和终止经营，就应将这部分资产从非流动资产转出作为流动资产，停止计提折旧或者摊销，采用账面价值与公允价值减去销售费用孰低计量，账面价值高于公允价值减去销售费用的金额，计入当期损益。我国根据实际情况，没有单独制定这一准则项目，而是在固定资产、财务报表列报等相关准则中采用其他方式处理，达到类似的效果。

3）关联交易方面的差异

IASB认为同受国家控制的企业皆须被视为关联方，所发生的交易作为关联方交易，在财务报表中要求充分披露，而这一规定不符合中国的实际。因为中国的国有企业及国有资本占主导地位的企业较多，如按国际准则规定，大部分都是关联企业，实际上这些企业均为独立法人，如果没有投资等纽带关系不构成关联企业。因此，中国企业会计准则规定，仅同受国家控制但不存在控制、共同控制和重大影响的企业，不能认定为关联企业，从而限定了国家控制企业关联方的范围，大大降低了企业的披露成本。

2. 吉尔吉斯斯坦

吉尔吉斯斯坦和中国的会计准则在金融工具、借款费用、关联方、资产负债表日后事项、或有事项和资产减值有所差别。

1）金融工具

中国与吉尔吉斯斯坦对于金融工具在会计准则方面最大的不同在于中国会计准则接受公允价值的概念，并且在金融工具的公允价值确定方面给出了明确的指导。这一点上中国会计准则比吉尔吉斯斯坦会计准则更加与国际会计准则趋同。吉尔吉斯斯坦会计准则中目前没有金融工具的概念，因此也没有明确金融工具的准则。吉尔吉斯斯坦有债券和股票，却缺少套期保值与衍生工具的概念，同时对于新型经济业务的理解和处理也存在不足之处。

2）借款费用

在范围上，按照中国会计准则，借款费用主要包括短期借款、溢价或者折价的摊销、辅助费用以及因外币借款而发生的汇兑差额；在内容上，中国会计准则主要是对予以资本化的借款费用进行了非常详细的说明。吉尔吉斯斯坦与中国相比，在借款费用准则中不仅包括予以资本化的借款费用会计核算规定，同时也包括使其费用化的借款费用的会计核算规定，如短期借款、票据和债券的确认、计量和披露要求等。

3）关联方

中国企业会计准则第 36 号对关联方这一概念做出了明确指示：关联方是指一方控制、对另一方施加重大影响或共同控制另一方，以及两方或两方以上同受一方控制、重大影响或共同控制的，构成关联方。其中，控制是指具有决定一个企业的经营政策和财务的权力，同时能够从该企业的经营活动中获得利益；而共同控制是指通过签订合同约定共同控制某项经济活动；重大影响是指对一个企业的经营政策和财务只有参与决策的权力，但是无法控制或者与其他方共同控制这些政策的制定。相较于中国准则，吉尔吉斯斯坦关联方的定义不是使用存在控制、施加重大影响时被认为是关联方的概念，而是采用吉尔吉斯斯坦的《商品市场竞争与限制垄断法》对于关联方的定义。同时，吉尔吉斯斯坦把合作经营区分为形成经营实体与不形成经营实体两种情形。形成经营实体的情形适用于共同控制采用关联方披露准则，而不形成经营实体的情形则采用合伙企业信息披露准则。因此，吉尔吉斯斯坦对于关联方的定义与中国的定义存在相当大的差异和区别。

4）资产负债表日后事项

中国与吉尔吉斯斯坦在资产负债表日后事项准则方面的区别存在于调整事项的会计处理。根据吉尔吉斯斯坦的会计准则，调整事项在报告期间需要在结账期账户进行归集，在下一会计期间应首先对于之前记入结账期账户的调整事项进行反向冲回，再按正常的方式进行会计处理。相对于吉尔吉斯斯坦对资产负债表日后事项的处理，中国会计准则要复杂得多。

根据中国准则，企业在资产负债表日后发生的事项，要对属于调整事项以及非调整事项进行区分。对于调整事项，应对具体情况进行分析之后再分别进行处理。

对于涉及损益的事项，通过"以前年度损益调整"科目核算，有两种做法：

a. 调整增加以前年度收益或调整减少以前年度亏损的事项，以及其调整减少的所得税，均记入"以前年度损益调整"科目的贷方。

b. 调整减少以前年度收益或调整增加以前年度亏损的事项，以及调整增加的所得税，记入"以前年度损益调整"科目的借方。

对于涉及利润分配调整的事项有以下做法：

a. 直接在"利润分配——未分配利润"科目核算。

b. "以前年度损益调整"科目的贷方或借方余额，转入"利润分配——未分配利润"科目。

c. 不涉及损益以及利润分配的事项，应当调整相关科目。

在进行上述账务处理之后，还需要对会计报表相关项目的数字进行调整。而对于非调整事项不影响资产负债表日存在的状况，重大事项应在会计报表附注中进行披露。

5）或有事项

或有事项就是指由于过去的交易或者事项形成的，但其结果必须通过某些未来事项的发生或不发生才能决定的不确定事项。中国企业会计准则第 13 号中明确规定了或有事项的定义，指出或有事项应该根据履行相关的现时义务时需要支出的最佳估计数进行初始计量，但是中国的会计准则并没有预计负债费用化还是资本化，而吉尔吉斯斯坦会计准则对预计负债应作为费用计入损益这一事项进行了明确的规定。

6）资产减值

吉尔吉斯斯坦会计准则与中国以及国际会计准则目前存在的最显著的区别在于资产减值问题。中国企业会计准则第 8 号中规定，企业应当在资产负债表日判断资产是否出现减值迹象。如果资产的可回收金额低于其账面价值，那么企业需要把资产的账面价值减少到可回收金额，并且根据减值计提的金额来确认资产减值损失，计入当期损益，同时应当计提资产减值准备。其中，可回收金额是由资产未来现金流量的现值与资产负债表日资产的公允价值减去处置费用的差额两者孰高确定的。而在吉尔吉斯斯坦，公允价值的说法没有得到认可，可收回金额、可变现净值以及现值作为期末资产计量原则同样无法得到认可，这就导致吉尔吉斯斯坦在资产减值方面的处理不尽完善。在吉尔吉斯斯坦会计准则中，存货等资产减值处理方法比较简单，而固定资产期末账面价值则不进行调整，固定资产减值仅能在年初由专业评估机构评估后方能确认损失，并对账面价值进行调整。没有资产减值的概念造成吉尔吉斯斯坦许多会计准则与中国以及国际会计准则有着一定程度的区别。

3. 蒙古国

蒙古国会计政策与中国会计准则差异在于基本会计政策里的差异。因蒙古国采用的是国际会计准则，因此，蒙古国与中国的会计差异也可被视为中国和 IFRS 的差异。差异表现为以下几个方面：

（1）在现金流量表准则中，IFRS 同时允许采用直接法和间接法，中国仅允许采用直接法；对收到或支付的利息和股利，IFRS 允许在保持一贯

处理的前提下可以归入经营活动、投资活动或筹资活动，中国准则要求将支付的利息和股利列为筹资活动，将收到的利息列为投资活动。

（2）在建造合同准则中，IFRS允许将因订立合同发生的、与合同直接相关的费用作为合同成本的组成部分，中国准则要求将订立合同而发生的有关费用直接确认为当期费用。

（3）在固定资产准则中，IFRS对非同类固定资产交换产生的固定资产允许以公允价值计量，并确认利得或损失，中国准则要求以换出资产的账面价值计量，不允许确认利得或损失。对于固定资产处置产生的收益或损失，IFRS允许计入当期并包含在经营活动损益中，中国准则要求列为营业外收支。

（4）在租赁准则中，IFRS对公允价值、经济寿命和使用寿命等术语作了定义，中国准则对它们未作定义。在对经营租赁和融资租赁区分的判断上，IFRS强调公允价值，中国准则强调账面价值。

（5）在收入准则中，IFRS仅规定了收入计量的一般原则，即要求收入以已收或应收的对价的公允价值计量，中国准则却对销售商品的收入、提供劳务的收入、利息收入等确定了单独的计量原则。

（6）IFRS允许资本化的对象包括固定资产和存货，但中国使用的准则仅包括固定资产。

（7）在关联方披露准则中，IFRS所指的关联方不涉及合营企业，中国准则将合营企业视为关联方，IFRS对某些情况下如已提供合并财务报表的母公司的全资子公司、受国家控制的企业等关联方交易的披露作了一定的豁免，中国准则没有这样的豁免。

（8）在投资准则中，IFRS要求将投资成本与投资者所享有的，在被投资企业可辨认净资产公允价值中的份额之间的差额确认为商誉，并按商誉的规定进行处理。但中国准则将投资成本与投资者应享受被投资单位所有者权益的份额之间的差额作为股权投资差额，摊销并计入当期损益。

（9）在中期财务报告准则中，IFRS要求提供权益变动表，中国准则没有这一要求。

（10）在或有事项准则中，IFRS 要求按资产负债表日履行现时义务所要求支出的最佳估计值的折现金额来确认一项准备的金额，中国准则规定因或有事项确认的负债，其金额应是清偿该负债所需支出的最佳估计数，并采用了预计负债的概念。

（11）在无形资产准则中，对于资产交换产生的无形资产，IFRS 要求区分同类与非同类资产交换，并要求按收到资产的公允价值入账，中国准则要求根据非货币交易准则，按换出资产的账面价值入账等。

以上是本研究以阿富汗、吉尔吉斯斯坦和蒙古国为例与中国会计准则比较，并对其不同之处进行梳理。目前阿富汗、吉尔吉斯斯坦和蒙古国皆有些许会计准则和中国的准则有不同之处，尤其是在对于处理关联方交易和资产减值方面有所差异。在这三个国家里，蒙古国是完全使用 Full IFRS，因此，中国和蒙古国在会计准则上的不同也可被视为和 IFRS 的不同。

三、中亚国家会计人才体系比较研究

（一）中亚国家会计人才体系环境分析

中亚国家的财会行业正在发生显著变化。在这一过程中产生影响的因素众多，根据 ACCA 发布的《专业会计师：成就未来》[①] 的发现，以下三个主题有望对中亚国家财会行业产生最重大的影响。

1. 全球化和区域经济发展

近几年，中亚地区总体形势基本稳定，安全环境整体向好，区域内各个国家间关系有所缓和。在经济层面，俄罗斯经济的回升和中国经济的稳健增长给中亚国家带来的溢出效应明显，中亚各国经济增长整体向好，外贸环境有所改善，进出口有所回暖。根据国际货币基金组织 2019 年 4 月最新更新的《地区经济展望》[②]，2019 年和 2020 年，高加索和中亚地区的预计增速为 4.1%，与去年预测的 4.2% 相比，增长前景变化不大。

---

① 参见网址 https：//cn. accaglobal. com/insights/c87/Drivers _ of _ changes-87-861. html。
② 国际货币基金组织 2019 年 4 月《地区经济展望》更新高加索和中亚地区。参见网址 https：//www. imf. org/zh/Publications/REO/MECA/Issues/2019/04/17/reo-menap-cca-0419。

很多中亚国家的经济自由化程度有所提升，营商环境有所改善。根据世界银行 2018 年和 2019 年发布的《营商环境报告》①，本次研究的 9 个中亚国家（除土库曼斯坦没有排名）排名整体上升 7 位。在全球 190 个国家中，格鲁吉亚、哈萨克斯坦、阿塞拜疆的排名进入前 30 名。根据 2019 年最新的报告，阿富汗、巴基斯坦、吉尔吉斯斯坦的排名有所提升。

在国家政策层面，不少中亚国家提出 2020—2025 年的中长期战略规划，如哈萨克斯坦 2050 战略、乌兹别克斯坦"福利与繁荣年"规划、吉尔吉斯斯坦"国家稳定发展"战略、塔吉克斯坦"能源交通粮食"三大战略及土库曼斯坦建设"强盛幸福时代"发展战略。这些战略规划为本国经济建设提供了政策保障，规划的共同之处是将经济发展放在重中之重，进一步明确了本国的区位优势与发展方向，这些中亚国家有望与国际社会进一步融合。为了更加有效地利用国际、区域机制和平台，不少中亚国家已经加入上合组织、中亚区域经济合作组织、亚欧会议等。由于特殊的地缘位置，中亚地区在"一带一路"建设中居于不可替代的重要枢纽，可谓"通"中之重。除特殊的地理位置外，该地区还具有矿产资源富集、农牧业较为发达等自然禀赋。

在贸易畅通方面，自"一带一路"倡议实施以来，中国与中亚国家成为重要的贸易伙伴，贸易联系日益紧密，贸易总额持续增加，各领域合作不断深化。2017 年，中国与中亚 5 国贸易总额较 2016 年的 300.47 亿美元大幅提升，达 359.81 亿美元。其中，中哈双边贸易额为 180 亿美元，中吉为 54.48 亿美元，中塔为 13.7 亿美元，中乌为 42.2 亿美元，中土为 69.43 亿美元。通过积极参与双边与多边经贸合作，中亚已经成为"一带一路"沿线贸易额增长最快的地区之一②。

在资金融通方面，亚洲基础设施投资银行、丝路基金有限责任公司、中国-欧亚经济合作基金等金融平台，为中亚国家提供了有力的资金供给。值得一提的是，哈萨克斯坦、乌兹别克斯坦、塔吉克斯坦、吉尔吉斯斯坦

---

① 参见网址 http：//doingbusiness. org/rankings。

② 参见网址 https：//news. china. com/internationalgd/10000166/20190226/35305302 _ all. html。

是亚投行创始成员国。此外，欧洲复兴开发银行、亚洲开发银行等机构也正在开展调研，探索与中亚国家开展深入合作的可能，用于为中亚"丝绸之路经济带"建设提供更加充裕和可持续的资金供给。

然而，由于中亚各国长期存在的社会、体制等问题，安全形势潜在的风险仍然较多。部分国家仍有动荡战乱，存在恐怖主义、分裂主义和极端主义等恶性事件，这是中亚地区安全的主要威胁。在经济层面，近年来国际市场原油价格的暴涨暴跌的行情，对高度依赖大宗商品价格的不少中亚国家的外汇收支造成负面影响。不少中亚国家出口收入对 GDP 的影响很大，如蒙古国、格鲁吉亚、阿塞拜疆出口对 GDP 的贡献接近或超过 50%（见表 6）。国际金融环境动荡和自身抵御风险能力不足，中亚国家外汇市场波动较大、货币贬值压力巨大以及区域通胀水平居高不下。此外，全球贸易紧张局势和不确定性的加剧将继续给地区经济前景蒙上阴影。

随着中亚各国致力于推动本国经济、调整产业结构、提高生产技术和优化投资环境，更加深入地参与到"一带一路"倡议之中，这将为中亚国家的财会行业从业者及相关专业人士带来诸多机遇和挑战。专业会计师应了解并适应全球良好的商业实践、适应职能角色的变化、拥抱更大的责任和义务、适应不断更新的监管规定，甚至适应在新的工作地点开展工作。随着各方面都出现了新的要求，专业会计师必须获取必要的专业知识和技能，并且提升个人道德水平。

此外，中亚国家的会计准则与商业准则的协调性也在不断提高，本报告上文中介绍了中亚国家采用 IFRS 的情况。对于国际金融平台资助的项目，各国也需要提供符合国际财务报告和审计准则要求的经审计的财务报告，这使得有些中亚国家需要引进外国专业会计师开展工作。因此，我们预期中亚国家的大中型企业将增加对具有多元文化背景的国际财务工作团队的需求。掌握多国语言、了解不同国家与文化、具备在多元化团队中工作的人际交往技能，并且能够在跨文化的背景下开展有效的管理并展现领导力，这些新的素养、技能和价值观，对于专业会计师来说，最终将变成与专业知识和技能同等重要的内容。

2. 不断加强的监管和治理的要求

首先，不断强化的监管与治理将对中亚国家的财会行业产生显著的影响。中亚国家多项国家治理的关键改革工作尚未完成。例如，在采用 IFRS 方面，已有数个中亚国家对于公共利益实体或金融机构要求全面采纳 IFRS。虽然承诺采纳 IFRS 是一个良好的开始，但是最关键的是这些中亚国家要确保在应用 IFRS 时的质量和效果。

其次，随着全球增长阻力加大，脆弱的金融部门是一个潜在的风险点，因为部分国家的银行体系正在处理问题资产，包括不良贷款。这些国家包括阿塞拜疆、哈萨克斯坦和塔吉克斯坦。有关国家治理的改革进程面临不少挑战，监管和治理框架仍有较大的改善空间。

最后，由于 2014—2016 年油价暴跌等外部冲击，不少中亚国家采用了扩张的财政政策，这使得几个国家的公共债务水平上升，包括蒙古国、乌兹别克斯坦、塔吉克斯坦等（表 6）。为了确保高速、可持续且更具包容性的增长，几个中亚国家在促进私营部门发展和多样化的结构性改革方面做出了积极努力。

表 6　中亚各国对外债务水平

国家	对外债务存量（占国民总收入比例）			对外债务存量（亿美元）			税收占 GDP 的比例	
	2016 年	2017 年	变化	2016 年	2017 年	同比	2016 年	2017 年
巴基斯坦	24.4%	26.3%	1.9%	721.6	845.2	17.1%	—	—
阿塞拜疆	42.4%	39.1%	−3.3%	150.2	152.5	1.6%	14.56%	13.20%
格鲁吉亚	115.8%	109.8%	−5.9%	158.2	157.6	−0.4%	23.47%	23.76%
哈萨克斯坦	131.7%	118.4%	−13.3%	1 637.2	1674.8	2.3%	9.92%	10.55%
土库曼斯坦	1.4%	1.9%	0.5%	5.1	7.8	53.6%	—	—
吉尔吉斯斯坦	122.8%	111.2%	−11.6%	79.3	81.6	2.9%	16.95%	17.36%
蒙古国	246.9%	285.5%	38.7%	257.4	282.0	9.6%	11.35%	—
阿富汗	12.4%	12.1%	−0.2%	24.3	25.5	4.9%	8.84%	9.25%
乌兹别克斯坦	23.8%	35.0%	11.2%	162.9	177.1	8.7%	17.16%	14.551%
塔吉克斯坦	64.9%	71.3%	6.4%	53.0	58.8	10.9%	—	—

一方面，上述监管和治理环境的变化，对所有专业会计师都会产生不同程度的直接或间接影响。首先，随着中亚国家将促进贸易作为重要发展目标，企业会计师需要了解全球贸易和市场的发展、熟悉本国的贸易体系和相关法律法规的发展、清除资本自由流动障碍、遵守反洗钱的有关监管等。其次，为了更加有效地管理和监控对外债务，公共部门的会计师需要提高自身专业能力，对公共财政收支进行有效的管控。最后，由于中亚国家税收占 GDP 的比重普遍较低（表 7），随着公共财政压力的增加，不少中亚国家希望提高税收基数，这将影响许多领域的专业会计师——包括企业会计师和税务工作者。

表 7　中亚各国出口占 GDP 的比例①

国家	2015 年	2016 年	2017 年	2015—2016 年同比增长	2016—2017 年同比增长
巴基斯坦	10.6%	9.1%	8.2%	−1.5%	−0.9%
阿塞拜疆	37.8%	46.4%	48.7%	8.6%	2.3%
格鲁吉亚	44.7%	43.6%	50.3%	−1.1%	6.7%
哈萨克斯坦	28.5%	31.8%	34.4%	3.3%	2.5%
土库曼斯坦	35.7%	22.1%	22.5%	−13.5%	0.3%
吉尔吉斯斯坦	35.2%	35.8%	35.4%	0.6%	−0.4%
蒙古国	45.6%	50.2%	59.8%	4.6%	9.6%
阿富汗	10.5%	12.9%	15.7%	2.4%	2.8%
乌兹别克斯坦	19.6%	18.7%	29.8%	−0.9%	11.1%
塔吉克斯坦	10.5%	12.9%	15.7%	2.4%	2.8%

① 数据来源：世界银行。

此外，地区差异性会对监管和治理产生重大影响。例如，巴基斯坦、阿富汗、阿塞拜疆、哈萨克斯坦、乌兹别克斯坦、土库曼斯坦和吉尔吉斯斯坦、塔吉克斯坦的金融体系完全或者部分采用伊斯兰金融，随着中亚国家之间的经济往来增加，专业会计师需要了解伊斯兰金融的作用和发展，说明伊斯兰金融的应用原理和主要模式等。

3. 数字技术的普及与发展

根据国际电信联盟 2017 年发布的信息与通信技术发展指数（ICT Development Index）①（表 8），中亚 8 国（除土库曼斯坦和塔吉克斯坦没有数据）在该报告分析的 176 个国家中，平均排名第 99 名，2017 年 ICT 的平均得分为 4.67，比 2016 年上升 0.18。该指数是由全面反映信息化发展水平的 11 个要素合成的一个复合指标，涉及信息化基础设施、信息化使用、知识水平、发展环境与效果和信息消费各个方面，比如，拥有计算机的家庭数量、互联网的使用人数以及掌握的水平等，该指数可作为衡量国家或地区信息化发展程度的综合评价手段。

表 8 中亚各国信息与通信技术发展指数

国家	排名			得分		
	2016 年	2017 年	变化	2016 年	2017 年	变化
巴基斯坦	148	148	0	2.21	2.42	+ 0.21
阿塞拜疆	60	65	− 5	6.25	6.20	− 0.05
格鲁吉亚	73	74	− 1	5.59	5.79	+ 0.20
哈萨克斯坦	51	52	− 1	6.72	6.79	+ 0.07
吉尔吉斯斯坦	110	109	+ 1	4.06	4.37	+ 0.31
蒙古国	87	91	− 4	4.91	4.96	+ 0.05
阿富汗	165	159	+ 6	1.71	1.95	+ 0.24
乌兹别克斯坦	103	95	+ 8	4.48	4.90	+ 0.42
上述中亚国家平均分	100	99	+ 1	4.49	4.67	+ 0.18
中国	83	80	+ 3	5.17	5.60	+ 0.43
全球中位数				4.77	5.15	+ 0.38

数据来源：国际电信联盟 2017 年发布的信息与通信技术发展指数。

---

① 参见网址 https://www.itu.int/en/ITU-D/Statistics/Pages/publications/mis2017.aspx。

　　虽然上述中亚8国整体排名仍落后于全球中位数水平，但其中哈萨克斯坦、阿塞拜疆、格鲁吉亚在信息与通信技术发展上显著优于其他中亚国家。此外，乌兹别克斯坦、吉尔吉斯斯坦、巴基斯坦等国也将信息化建设纳入了国家发展战略，近几年在数字基础设施方面有较大的提升。

　　数字技术的普及和发展，以及由此产生的商业影响，必将转变会计实务和专业会计师需要具备的素养和能力。智能软件和系统将取代手工劳动（如记账），实现复杂和多方面的流程自动化（如财务决算）。同时，随着数字基础设施的完善，有些中亚国家（如巴基斯坦）正在积极推动财务共享服务和外包业务的发展，这将改变财务工作的流程和方法，对专业会计师的能力要求也随之改变。

　　对所有的专业会计师而言，熟知新的商业、融资、支付和服务模式将具有至关重要的意义。此外，熟练运用数字化财务软件和工具也有利于会计师更加高效地出具更高质量的财务报告，扩大预测性分析的领域，并提供财务和非财务绩效报告。而通过进一步利用社交媒体和多媒体技术，会计师能够增强协作、完善公司披露和对外信息、提高利益相关方的参与度。

　　综上所述，未来中亚国家的会计师需要具备必要的专业素养、技能和视野，满足企业对高质量、前瞻性的综合信息日益增加的需求，同时满足更多利益相关方日益频繁地对特别报告的需求。随着中亚各国更加深入地参与"一带一路"倡议，本地经济更加融入区域和全球化经济发展；不断增加的监管和治理以及数字技术的普及和发展，对内外部报告以及财务和非财务绩效的需求还将进一步增加。最重要的是，企业期望专业会计师做出专业判断，在有关职业道德、独立性和职业怀疑方面采用最高的标准。

　　相比以前，预计所有中亚国家的专业会计师的能力都将超越表面的数字，与企业其他部门人员和企业外部人员开展更加广泛的合作并建立伙伴关系。专业会计师需要能够理解并解释数字背后的意义、提供洞见和有价值的信息，帮助企业实现短期和长期目标，采取更具战略性的思维和行为方式，并越来越多地参与企业决策。

　　中亚国家的专业人才培养目前仍面临很大的挑战（表9）。在10个国家中，阿富汗尚没有本国的专业会计师组织；塔吉克斯坦和土库曼斯坦的本国会计师组织，发挥的作用有限，尚未加入国际会计师联合会（IFAC）；吉尔吉斯斯坦和乌兹别克斯坦的本国会计师组织以准会员的身份加入IFAC，但并没有遵守IFAC全部的会员义务公告（SMO）。

表9　中亚各国专业会计师组织参与IFAC的情况汇总

国家	专业会计师组织	IFAC会员	成立于	加入IFAC
巴基斯坦	巴基斯坦特许会计师协会	会员	1961年	1977年
	巴基斯坦成本和管理会计师协会	会员	1951年	1977年
	巴基斯坦公共财政会计师协会	准会员	1993年	1996年
阿塞拜疆	阿塞拜疆审计委员会	会员	1996年	2008年
格鲁吉亚	格鲁吉亚专业会计师和审计师联盟	会员	1998年	2000年
	格鲁吉亚独立会计师和审计师协会	否	未知	不适用
	审计师、会计师和财务经理联合会	否	未知	不适用
哈萨克斯坦	哈萨克斯坦审计师公会	会员	1993年	2000年
	哈萨克斯坦专业会计师协会	准会员	2011年	2011年
土库曼斯坦	经济学家联合会	否	未知	不适用
	专业会计师联合会	否	未知	不适用
吉尔吉斯斯坦	会计师和审计师联盟	准会员	1999年	2000年
	会计师和审计师协会	否	未知	不适用
	会计和审计发展研究所	否	未知	不适用
蒙古国	蒙古国注册会计师协会	会员	1996年	2012年
阿富汗	无	否	未知	不适用
乌兹别克斯坦	乌兹别克斯坦审计委员会	准会员	2000年	不适用
	全国会计师和审计师协会	准会员	1992年	2000年
塔吉克斯坦	塔吉克斯坦共和国公共专业会计师和审计师协会	否	未知	不适用

　　注：数据来源：IFAC官网。

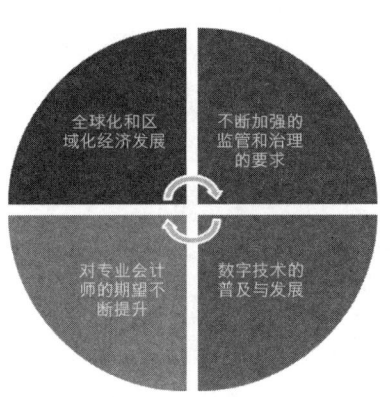

全球化和区域化经济发展
全球会计基础设施的变化和发展
提高各国会计准则、商业准则的协调性
不断提升的全球监管的复杂性
不断提高的合规的要求（工作的自动化水平也有所上升）
对掌握多种语言的员工的需求上升
与多种语言/多元文化团队的合作加强
不断提高的国际税收协定的复杂性
政府间税收行动（以及越来越多的信息共享举措，例如 BEPS）
税务和法务工作的日益增加
财务共享和外包服务的兴起
区域间经济共同体的崛起
防止外国人抢占本地就业岗位的压力

不断加强的监管和治理的要求
全球会计基础设施的变化和发展
外部监管和企业内部治理的要求不断提高、复杂性也在提升
提高各国会计准则、商业准则的协调性
不断增加的对财务与非财务报告的需求，报告范围随之扩大
财务共享和外包服务的兴起
政府间税收行动（以及越来越多的信息共享举措，例如 BEPS）

数字技术的普及与发展
自动化、智能化的会计系统的发展
新兴商业模式的崛起，与传统商业模式的交叉应用
社交媒体在企业内部运营和对外披露中的作用
普通大众的互联网接入（成本更加低廉、连接质量上升）
云计算的应用
数据挖掘和分析技术
数字出版（例如企业年报）
融资新渠道（例如互联网众筹）
数字化推动实时报告
数字化改变对外披露的方法和形式

对专业会计师的期望不断提升
财务人员需要拥有业务视角
高级财务人员需要拥有战略思维
从全球视角看待自身商业环境
日益频繁地准备特别报告
减少内外部报告之间的障碍
非财务绩效和非财务报告的重要性不断提升
实现财务流程集中化和标准化
企业全面风险管理
专注于可持续发展
满足外部利益相关方的需求（例如客户、供应商、监管机构等）
企业价值的测算方法不断改进
公众对财会行业的价值的认知不断提高

图 1　对中亚国家财会行业产生最大影响的重要驱动力

从会计和审计大学教育和专业培训来看，中亚国家普遍存在的问题是缺乏有关 IFRS 和国际审计准则的教育体系、良好的教学师资和与国际接轨的教学资料。不少国家仍然运用苏联的财务制度进行会计教学，难以适应国际财务报告准则和审计准则的要求和实践。

从会计师事务所和法定审计行业的发展来看，国际会计网络已经覆盖中亚各国（表10）。中亚国家的主要银行由这些国际会计网络的成员所负责审计。当地的中小型会计师事务所仍以提供报税为目的的财务报告审计为主。

表 10 "国际四大"在中亚国家的成员所设立情况

国家	德勤	普华永道	安永	毕马威
巴基斯坦	有（5）	有（3）	有（3）	有（3）
阿塞拜疆	有（1）	有（1）	有（1）	有（1）
格鲁吉亚	有（1）	有（1）	有（1）	有（1）
哈萨克斯坦	有（4）	有（3）	有（3）	有（5）
土库曼斯坦	无	无	无	无
吉尔吉斯斯坦	有（1）	有（1）	有（1）	无
蒙古国	有（1）	有（3）	有（1）	有（2）
阿富汗	无	无	有（1）	无
乌兹别克斯坦	有（1）	有（1）	有（1）	有（1）
塔吉克斯坦	有（1）	无	无	无

数据来源：德勤、普华永道、安永和毕马威官方网址，以下简称"国际四大"官网。
备注：括号中的数字代表当地成员所的数量。

（二）中亚各国的专业人才培养体系

1. 巴基斯坦

1）全球化及区域化经济增长

至 2018 年为止，巴基斯坦在全球范围内是第二十四大经济体、第六大人口国（一半年龄在 24 岁以下）和第三大英语国家。为了更好地适应国际化，参与区域经济发展，巴基斯坦政府制定了《2025 年远景规划》，目标将巴基斯坦从中等偏下收入国家提升到中等偏上收入国家。2018 年，巴基斯坦国内生产总值增长率已达到 4.7%，创 8 年新高。然而，巴基斯坦目前的税收为国内生产总值（GDP）的 9%～11%，是世界上最低的国家之一。为了提高巴基斯坦的税收收入，实现巴基斯坦未来的可持续经济增长，财会专业人士的支持必不可少。

作为"一带一路"倡议中的重要国家，中巴长期以来保持了紧密的伙伴关系，建立了中巴经济走廊（China-Pakistan Economic Corridor, CPEC）。据悉，中国将以股权和贷款的形式在巴基斯坦投资 700 亿美元。

除了基础设施建设欣欣向荣，巴基斯坦的服务业近几年保持着较快的发展。随着金融服务业的发展，尤其是"伊斯兰"金融体系的银行和保险业的发展对财务管理方面的专家的需求在不断提升，因为企业融资需要满足金融机构的合规要求。巴基斯坦目前有 38 家银行，超过 9 000 个分支机构遍布全国，包括德意志银行、花旗银行和渣打银行等。

除了社会和经济发展，巴基斯坦的数字技术也在不断普及和发展。根据国际电信联盟 2017 年发布的信息与通信技术发展指数（ICT Development Index），巴基斯坦在该报告分析的 176 个国家中，排名第 148 位，2017 年 ICT 的得分为 2.42，比 2016 年上升了 0.21。近年来，巴基斯坦的宽带基础设施建设在不断增加；除此之外，巴基斯坦的光纤主干网在不断拓展，互联网交换点、海底电缆逐步建设完成。这一系列的技术基础设施建设为实现"数字巴基斯坦"的愿景奠定了良好基础。

2）不断加强的监管和治理的要求

在公共部门方面，随着行业监管要求的提升，巴基斯坦政府和国际融资机构加大了对公共部门财务报告的关注，以确保公共部门切实遵守 IFRS，并且提升财务报告的透明度和可视性。对私营实体来说，它们也有义务遵守公司治理准则、地方法规，并采用更稳健的报告制度。因此，这些针对行业的监管举措都对财会专业人士提出了更高的要求。

巴基斯坦正在向 IFRS 全面趋同，并且在南亚积极推动良好的公司治理。所有的上市公司和公共部门企业需要采用公司治理准则。此外，巴基斯坦规定所有上市公司的 CFO 必须由已经加入 IFAC 的专业会计师组织的会员担任。

3）财会行业人才发展情况

（1）会计大学教育和专业培训情况。巴基斯坦特许会计师协会（ICAP）是推动巴基斯坦财会行业的教育发展重要力量，近年来，ICAP 制定了《特许会计师资格大纲》，推动了本国专业会计师教育标准①的国际化。该教育标准的教学大纲与国际会计教育准则紧密结合。要成为 ICAP 会员，必须完成 21 门科目，分为四个阶段：基本能力评估（AFC）②、会计与财务资格（CAF）③、注册财务会计（CFAP）④ 和多学科评估（MSA）⑤。每个阶段都有独立的认证，职业道德的考核也嵌入每一门学科之中。ICAP 也邀请第三方对教学大纲进行审查，以保证其符合国际会计师联合会（IFAC）和国际教育准则（IES）的要求。

为了吸引最优秀的学生加入这个行业，ICAP 提高了与国内主要大学⑥和高等教育机构的合作，从而可以更好地支持考生通过专业考试。此外，巴基斯坦高等教育委员会（HEC）承认，ACCA 是唯一一个在巴获得认可的国际专业会计师资格，通过 ACCA 的专业阶段考试相当于在巴基斯坦学习 16 年所获得的学位。在巴基斯坦的国家教育框架下，通过 ACCA 的基础阶段考试相当于取得本国 12 年的法定教育时长。

（2）专业会计师组织介绍。巴基斯坦有三个本国专业会计师组织，包

---

① Refer to IES compliance status.

② It includes subjects of Functional English, Business Combination, Quantitative Methods, and Introduction to Information Technology.

③ It includes subjects of Introduction to Accounting, Economics and Finance, Business Law, Business Management and Behavioral Studies Application, Financial Accounting and Reporting, principles of Taxation, Cost and Management Accounting and audit and assurance.

④ It includes subject of Advanced Accounting and Financial Reporting, Corporate Law, Business Management and Strategy, Business Finance Decisions, Advance Taxation and Audit, Assurance and Related Services.

⑤ It includes Financial Reporting and Assurance and Strategic Management.

⑥ National University of Science and Technology, University of Lahore, Sukkur Institute of Business Administration, Institute of Business Management, and University of Management and Technology.

括巴基斯坦特许会计师协会（ICAP）、巴基斯坦成本和管理会计师协会（ICMAP）以及巴基斯坦公共财政会计师协会（PIPFA）。

这三个本国专业会计师组织都由巴基斯坦证券交易委员会（SECP①）监管。SECP 是一个半政府半行业自律的组织，在推动巴基斯坦的公司监管和治理的法制化建设方面，SECP 与包括 ACCA 在内的国际专业会计师组织密切合作，提高工商业界和财会行业对法制化建设的教育水平。

目前②只有 ICAP 的会员可以从事公共利益实体的法定审计业务。ICAP 是 IFAC 成员，它有 8 000 多名会员。ICMAP 的会员主要在公共部门工作。近期，ICMAP 的会员被允许对注册资本小于 300 百万巴基斯坦卢比（PKR）的私营企业进行审计。PIPFA 有 2 104 名会员，大部分会员也在公共部门工作，特别集中在巴基斯坦的审计长公署。同时，PIPFA 会员也有资格按照 SECP 的要求在上市公司担任公司秘书。

此外，在巴基斯坦的国际专业会计师组织包括 ACCA、CIMA 和 ICAEW。ACCA 被巴基斯坦公认为主流专业会计师组织，拥有约 5 884 名巴基斯坦会员，其中 23%的会员在公共部门工作。巴基斯坦审计长规定优先招聘 ACCA 会员。财政部还对获得 ACCA 资格的雇员进行额外补贴。作为上市公司 CFO 的规定资格之一，ACCA 资格还被列入 2012 年颁布的《公司治理法》。

（3）会计师事务所。巴基斯坦拥有大量中小型会计师事务所和审计事务所，共有 489 家注册的执业事务所，包括 354 家独资企业和 135 家合伙企业。

（4）财务共享服务的竞争优势。巴基斯坦拥有成为全球财务共享和外包的主要市场的竞争优势。据统计，全球财务外包市场规模每年增长超过10%，2017 年该市场规模达到 350 亿美元。巴基斯坦共有22 000名专业会计师，同时拥有本国和国际专业会计师组织会员资格。

目前有 7 万名学生正在参加专业会计师资格考试。学生数量平均每年

---

① 参见网址 http：//www.secp.gov.pk/。
② 成文时间 2019 年。

增加 10%。巴基斯坦也一直是专业会计师人才的出口国。以 ACCA 为例，超过 50% 的巴基斯坦 ACCA 会员在境外工作；当地学生普遍有出国工作的想法；历史上巴基斯坦的专业会计师在国外工作的比例超过 1/3。

由于巴基斯坦会计师掌握了 IFRS 的专业知识，拥有较好的英语能力，并且人口呈年轻化，以及不断改善中的巴基斯坦信息化和电信基础设施，巴基斯坦会计师在国际财务共享和外包服务市场上表现出了竞争优势。巴基斯坦有发展知识经济的巨大潜力，有望为国际和本地市场提供更多的财务共享和外包服务。

2. 阿塞拜疆

1）全球化及区域化经济增长

阿塞拜疆的现代经济制度仍处于发展阶段。从 20 世纪 90 年代中期开始的私有化进程尚未完成，一些最重要的经济部门（如石油和天然气）基本都是国有企业。近年来，阿塞拜疆的总体投资环境有所改善，政府努力将该国经济融入全球市场，吸引外资，使其经济多样化，进一步推行必要的市场经济改革，并保持经济增长。然而，作为一个出口收入约 90% 仍依赖于石油和天然气产量的国家，世界油价的暴跌对阿塞拜疆经济造成了沉重打击。随着公共投资的减少，2016 年阿塞拜疆的实际国内生产总值下降了 3.8%，建筑业（经济中最重要的非石油行业之一）收缩了 27.6%，银行业也出现不少问题，公众信心受到了打击。

阿塞拜疆政府将四个非石油行业作为实现该国经济多元化和确保未来繁荣的关键，包括农业、交通运输业（充分发挥阿塞拜疆在新丝绸之路上的地理地位）、旅游业和信息通信技术业。近年来阿塞拜疆政府采取的措施包括简政放权、提高透明度、加快政府服务、简化海关程序和为投资者提供税收优惠。根据世界银行发布的《2019 营商环境报告》，阿塞拜疆在 190 个国家中排名第 25 位。①

作为中亚地区信息和通信技术部门发展最好的国家之一，阿塞拜疆的

---

① 参见网址 http：//doingbusiness.org/rankings。

经济发展离不开数字技术的支持。根据国际电信联盟 2017 年发布的信息与通信技术发展指数（ICT Development Index），阿塞拜疆在该报告分析的176 个国家中，排名第 65 位，2017 年 ICT 的得分为 6.20，比 2016 年下降0.05。2016—2017 年，阿塞拜疆的 ICT 得分虽略有下降，但由于阿塞拜疆政府清楚地认识到信息和通信技术在国家发展中的战略意义，因此，根据本国规划，阿塞拜疆仍将其重点放在建设高速光纤和无线接入网络、部署国际监测系统（IP 多媒体子系统）、增加传输能力、建设数据中心和卫星通信等方面。

2）不断加强的监管和治理的要求

2004 年，阿塞拜疆通过了新《会计法》，该法的重点是重新定义阿塞拜疆会计和财务报告制度并且提升其重要性，并使其与国际惯例接轨。例如，该法引入了公共利益实体（Public Interest Entity，PIE）的概念，并且要求公共利益实体采用 IFRS。

虽然阿塞拜疆与国际接轨的决心很大，但其银行业以外的会计系统，仍然以为各种监管机构和部委提供所需的统计和税务信息作为编制财务报告的主要目标。

监管机构要求银行业使用 IFRS，并且只有符合这一要求的银行才能续签银行许可证；吸引外资对油气行业至关重要，因此，油气行业也采用IFRS。但除此之外，阿塞拜疆的其他公司很少有动力自愿遵守 IFRS 或聘请合格的审计师。

3）财会行业人才发展情况

（1）会计大学教育和专业培训情况。当前，阿塞拜疆的会计大学教育和培训不能满足新的会计方面的需要。在阿塞拜疆的 42 所学术机构和大学中，有 16 所开设会计课程。其中 3 所是国家教育机构（国立经济大学、国家石油学院和合作大学），这 16 所院校中最大的是国立经济大学，它为阿塞拜疆其他大学和学院的会计课程奠定了基础。然而，该大学仍然存在资源限制，大学在教学方法以及课程设置方面主要基于旧的财务报告要求。2005 年，国立经济大学引入了关于 IFRS 的全新内容，但该内容迄今仅在会计和审计课程中以一个讲座的形式进行授课。

（2）专业会计师组织介绍。2000 年 7 月，阿塞拜疆成立了阿塞拜疆注册会计师协会（ACAA），目前有大约 400 名成员。ACAA 成立的目的是规范阿塞拜疆的专业会计师，并为引入 IFRS 的会计改革提供帮助。该组织开展了一系列培训课程。它已与财政部签署了一份合作备忘录，以协助其制定国家会计准则。

（3）会计师事务所。在阿塞拜疆，法定审计可以由持有执照的审计师或有资格的审计事务所进行。有资格的审计事务所必须雇佣至少 1 名持有执照的审计师，并支付相关许可费；国际会计网络的当地成员所也需要雇佣当地有执照的审计师并支付许可费，这一费用高于当地审计事务所支付的费用。[①] 只有阿塞拜疆公民可以获得本国审计师的执照（前提是不被法院判决禁止从业且完成 CoAA 的认证资格）。

截至 2005 年 6 月，阿塞拜疆约有 200 人持有 5 年有效期的审计许可证，并有 50 家本地审计事务所和 5 家国际会计网络的本地成员所。一些本地审计事务所的专业水平使它们能够按照国际审计准则的标准执行审计并对采用 IFRS 的财务报表发表审计意见。目前，已有不少国际会计网络在阿塞拜疆拥有成员所，包括"国际四大"（即普华永道、德勤、安永、毕马威）、致同、克瑞斯顿（Kreston）等。

3. 格鲁吉亚

1）全球化及区域化经济发展

格鲁吉亚位于西亚和东欧的连接处。自玫瑰革命以来，格鲁吉亚进行了全面的经济改革，从 2003 年几近破产的国家过渡到目前市场经济运转良好的国家。根据世界银行发布的《2019 营商环境报告》，格鲁吉亚在 190 个国家中排名第 6 位。[②] 在 2017 年的经济自由指数中排名第 13 位，在全球竞争力报告中的 128 个全球经济体中排名第 59 位。这些排名，格鲁吉亚

---

① The license fees equate to roughly US $ 15,000 for the local member firms of international audit firm networks，US $ 7,000 for local audit firms，and US $ 1,500 for independent auditors.

② 参见网址 http：//doingbusiness. org/rankings。

均远远领先于其他苏联国家。

格普吉亚的财政和货币政策侧重于低赤字、低通胀和浮动实际汇率，公共债务和预算赤字均在可控范围之中。2014 年年初，格鲁吉亚政府公布了"2020 年社会经济发展战略"计划，该计划概述了格鲁吉亚的经济政策优先事项。它强调了政府对低税收等商业友好政策的承诺，同时承诺投资于人力资本，并努力在全国范围内实现包容性增长，而不仅仅是在第比利斯。该战略还强调了格鲁吉亚作为高加索地区连接亚洲和欧洲的新丝绸之路沿线贸易和物流中心的地理潜力。2016 年，总理乔尔希·克维尔卡什维利的四点经济改革计划延续了这些主题，将改革和政府支出集中在司法和教育改革、基础设施建设和税收改革上。

2014 年 6 月，格鲁吉亚与欧盟签署了一项协议，深化发展全面的自由贸易区（DCFTA）。2012 年，美国和格鲁吉亚就贸易和投资问题建立了高级别对话，以确定增加双边贸易和投资的方式。随之在格鲁吉亚的外国投资的增加以及本国经济不断融入全球化，预期格鲁吉亚对国际化专业会计师的需求将有所上升。

除经济改革外，格鲁吉亚也在推动本国数字技术的普及与发展。根据国际电信联盟 2017 年发布的信息与通信技术发展指数（ICT Development Index），格鲁吉亚在该报告分析的 176 个国家中，排名第 74 位，2017 年 ICT 的得分为 5.79，比 2016 年上升 0.20。格鲁吉亚开放了本国电信市场，使之更具竞争力。信息和通信技术基础设施正在格鲁吉亚稳步建设，公民可以获得高质量的电信服务，从而提高他们对国家社会经济生活的参与度。

2）不断加强的监管和治理的要求

格鲁吉亚正在实施"2020 年社会经济发展战略"计划，该计划旨在改善当地的商业环境、提高其私营部门的竞争力。实施这一战略的一个重要手段是改善公司财务报告、审计标准和实践，同时加强财务信息的披露。另一个重要手段是改善各类企业的"会计缺陷"，从而减轻其融资的难度。自 2007 年至今，格鲁吉亚政府所进行的改革包括：加强公司治理，确保商业的可持续发展；提高法定审计质量，从而提高财务报告的可信度；根据企业大小及其对本国经济的重要性水平，调整行政管理的力度。

在公司财务报告领域，格鲁吉亚政府正致力于不断建立健全公司财务报告法律框架。2012 年，格鲁吉亚对财务报告法定框架进行了改革，尤其是针对新《会计和审计法》发生了立法变化。2012 年更新的《会计和审计法》要求采用国际会计准则和审计准则；法定审计师必须遵守国际会计师道德标准委员会（IESBA）① 颁布的道德准则。

随着格鲁吉亚财务报告框架的不断完善，对企业财务报告质量的要求也在不断提升，这对格鲁吉亚的会计专业人士提出了新的要求，他们需要在强化自身专业水平的基础上，不断地熟悉财会行业新的法律、执业标准以及监管要求。即便如此，在不同行业和实体公司中，财务报告的质量参差不齐，大多数监管机构仍缺乏能够有效监督和检查国际标准实施情况的技术和人才。

除了国家内部的法律改革，2014 年 6 月，格鲁吉亚与欧盟签订了联合协议。格鲁吉亚承诺修改财会行业立法并与欧盟规范保持一致，具体而言，此项联合协议要求格鲁吉亚提高财务报告、审计质量和监管以及企业责任的标准。协议签署时，格鲁吉亚现行的财务报告和法定审计框架尚未达到欧洲示范民法典草案（The EU acquis communautaire）② 的要求。为了实现这一改革目标，需要大量的财会专业人士和有效的资源配置。随着这一联合协议的签订，格鲁吉亚财政部、中央银行、各监管机构等相关政府机构与专业机构进行密切合作，从而有效地评估和执行会计和审计准则，提升审计服务质量并且提高会计专业教育水平。

3）财会行业人才发展情况

（1）财会行业的大学教育和专业培训情况。格鲁吉亚在会计和审计大

---

① IESBA is an independent standard setting board operating under the auspices of IFAC from January 2013.

② The EU acquis communautaire is the body of EU law and obligations from 1958 to the present day，which bind all the Member States together within the European Union.

学教育和专业培训仍有待加强。根据《世界银行会计和审计评估报告》，到 2017 年为止，格鲁吉亚在会计行业教育方面取得了如下进步：

格鲁吉亚的大学、学院和商学院提供基础会计和审计教育；格鲁吉亚语专业会计师资格认证自 2000 年起由格鲁吉亚专业会计师和审计师联合会（GFPAA）组织，该资格认证体系基于 ACCA 最新教学大纲中的 14 门课程体系，即 GFPAA 根据 ACCA 的资格认证体系（翻译成格鲁吉亚语），同时开展当地的会计资格认证计划。还有一些格鲁吉亚专业人士自学英语，直接报考 ACCA 组织的英语资格考试。

然而，格鲁吉亚的大学通常缺乏足够的优秀教师、会计和审计教学和参考资料，特别是格鲁吉亚语的教学资料。会计行业的教育仍需政府、高等院校以及专业会计人士的大力支持。

（2）专业会计师组织介绍。格鲁吉亚有三个本国专业会计师组织，它们分别是格鲁吉亚专业会计师和审计师联合会（GFPAA）、格鲁吉亚独立会计师和审计师协会（GAIAA）和审计师、会计师和财务经理联合会（GFAAFM）。

其中最大的专业组织 GFPAA，负责会计和审计标准的翻译和执行。另外两个组织也积极寻求国际认可，为其成员提供更广泛的服务和全面的监管支持。格鲁吉亚会计界将受益于与国际专业会计师组织之间的紧密合作，从而在本国资源有限的情况下，快速发展行业。

GFPAA 成立于 2007 年，截至 2015 年，其会员达到 7 000 多人，其中包括 65 家会计师事务所，由本地事务所和国际会计网络在格鲁吉亚的成员所构成。除了事务所之外、GFPAA 的会员还包括在会计师事务所从业的审计师、独立从业人员和顾问。GFPAA 是国际会计师联合会（IFAC）的正式成员，遵守《会员义务声明》(SMO)。GFAAFM 是格鲁吉亚另一个活跃的专业会计师组织，该组织拥有大约 250 名会员，其中包括 40 家中小型事务所。除了事务所会员外，GFAAFM 的个人会员包括簿记员、会计师和税务顾问。

除了上述的会计组织及其会员，据估计，格鲁吉亚的会计师和审计师数量约有 2 万名，他们担任会计、首席会计师、税务专家、审计师和财务经理等。目前有不少国际会计网络已经在格鲁吉亚拥有成员所，包括"国际四大"、致同、HLB International 和 UHY 等。

4. 哈萨克斯坦

1）全球化及区域经济增长

哈萨克斯坦自 1991 年独立以来，在建立市场经济方面取得了重大进展，在吸引外资方面取得了显著成果。截至 2016 年 9 月 30 日，哈萨克斯坦外商投资总股本达到 2 165 亿美元。其中，外国直接投资（FDI）为 1 397 亿美元，再加上其他投资组合的 768 亿美元。外国投资主要集中在石油和天然气领域。

该国巨大的碳氢化合物和矿产储量继续构成经济的支柱，外国投资继续流入这些部门。政府朝着通过改善投资环境来实现国家经济多元化的目标方面不断取得进展，以摆脱对采掘业的过度依赖。在世界银行发布的《2019 年度营商环境报告》中哈萨克斯坦排在 190 个国家中的第 28 名。

哈萨克斯坦于 2011 年宣布，希望加入经济合作与发展组织（OECD）。为了达到 OECD 的要求，政府需要修改该国的投资立法。OECD 于 2012 年 3 月提交了对哈萨克斯坦的投资政策审查报告[①]。简言之，OECD 的审查建议包括对国有企业进行公司治理改革、增加私人对基础设施投资的参与度、使外国投资者更容易获得生产经营用地，并为中小企业提供更好的融资支持等。

2015 年，纳扎尔巴耶夫总统宣布五项总统改革，实施"百步走"现代化计划。改革包括建立现代政府机构、加强法制、工业化建设和提升经济增长，以及建立一个透明负责的国家。因此，哈萨克斯坦在政府机构推动审计和绩效评估体系。"百步走"计划强调了外国投资对国家的重要性，其目标是吸引跨国公司参与当地加工工业、运输业、道路基础设施业、农业、节能业和旅游业。

---

① 参见网址 http://www.oecd.org/countries/hazakhstan/kazakhstan investment policy review oecd.htm。

哈萨克斯坦作为"一带一路"沿线最重要的国家之一，中国与哈萨克斯坦"2050 战略"进行了国家层面的有效对接。2015 年 12 月 14 日，"丝路基金"与哈萨克斯坦出口投资署（后改组为哈萨克斯坦投资公司）签订协议并出资 20 亿美元，设立中哈产能合作专项基金，重点支持中哈产能合作及相关领域的项目投资。

随着哈萨克斯坦营商环境的不断改善，政府改革进程取得良好成效，这将推动公共部门和私营部门对于专业会计师的需求。

此外，哈萨克斯坦也不断加快其数字化进程。根据国际电信联盟 2017 年发布的信息与通信技术发展指数（ICT Development Index），哈萨克斯坦在该报告分析的 176 个国家中，排名第 52 位，2017 年 ICT 的得分为 6.79，比 2016 年上升 0.07。哈萨克斯坦政府通过战略部署、政策安排和项目实施推动其信息和通信技术行业的发展。本国电信运营商积极参与其中，以高速稳定的通信基础设施提高了当地居民获得通信服务的质量。

2）不断加强的监管和治理的要求

哈萨克斯坦议会于 2007 年 2 月 28 日对《会计法》进行了修正。公共利益实体和大型公司被要求采用国际会计准则（IFRS）。"公共利益实体"一词的定义包括股份公司（不包括非营利组织）、金融机构、有国家参与的公司和某些采掘业公司。

新《审计法》还引入了一项重要规定，即要求专业会计师组织对其会员进行审计质量检查，质量检查每 3 年进行一次，无法通过检查将导致临时取消审计许可。

3）财会行业人才发展情况

（1）会计大学教育和专业培训情况。哈萨克斯坦在招聘具有较高素质的毕业生方面仍然存在困难，此外各类优秀教师长期短缺。大多数大学的会计和财务课程仍然基于苏联时期开发的财务报告体系。很少有大学讲师具有 IFRS 的教学经验或取得了以 IFRS 为基础的专业会计师资格。

哈萨克斯坦目前正在初步将会计职业资格的框架嵌入本国大学的教学大纲。教育部也在两所国立大学开展试点，引进国外的专业知识。但是，会计大学教育与专业培训要与快速发展中的哈萨克斯坦经济相协调，还需要做大量的工作。

（2）专业会计师组织介绍。目前，哈萨克斯坦有两个本国的专业会计师组织，即哈萨克斯坦审计师公会（COA）和哈萨克斯坦审计委员会（COIOA）。

COA 是 IFAC 会员，但是它尚未遵守所有 IFAC 会员义务声明（SMO）。新的审计法使 COA 成为审计行业的监督机构。COA 有权向财政部申请收回、暂停或撤销审计许可。并且根据新审计法的要求，COA 有权对其会员进行审计质量检查。

除了 COA 和 COIOA，还有一些其他本国专业会计师组织，如专业会计师和审计师协会（CPAA）以及哈萨克斯坦的会计师和审计师联盟。

（3）会计师事务所和法定审计师。与当前哈萨克斯坦财务报告需要进行法定审计的企业数量相比，哈萨克斯坦审计行业的规模非常小。COA 目前拥有 424 名会员和 114 名法人实体会员。截至 2005 年 11 月，财政部发布的一般审计许可证数量为：412 名个人审计师和 234 家事务所。其中，28 家事务所拥有银行审计许可证，36 家获得保险公司审计许可证，8 家获得养老基金审计许可证。不少国际会计网络均在哈萨克斯坦设有成员所，如"国际四大"在该国都有超过 3 家的成员所。

5. 土库曼斯坦

1）全球化及区域经济增长

土库曼斯坦以石油、天然气工业为支柱产业。土库曼斯坦政府报告 2018 年国内生产总值同比增长 6.2%，但也有国际报告认为由于石油价格下跌，土库曼斯坦的经济在 2018 年应有所衰退[①]。

能源、建筑和石化行业是土库曼斯坦历史上吸引投资最多的行业。2010 年 5 月，土库曼斯坦政府通过了土库曼斯坦社会经济发展国家计划（2011—2030 年）。该计划旨在推动经济的多样化，并承认市场和体制改革

---

① 参见网址 https：//www.state.gov/reports/2017-investment-climate-statements/turkmenistan/。

的重要性；该计划还包括中小企业私有化。2006 年 10 月，土库曼斯坦通过了油气开发计划（2007—2030 年）。2012 年，政府宣布将投资 806 亿美元，到 2020 年在全国建设 450 个工业和社会设施，并推行国家农村转型计划。

土库曼斯坦经营的外商投资企业面临着实现投资回报的巨大障碍，包括政府不能履行付款承诺，无法遵守合同法有关规定，企业无法将当地货币转换为硬通货用于向境外股东支付利润、股息和向外国供应商付款。包括可口可乐和卡特彼勒在内的美国公司已经在当地市场上经营多年并经营得相当成功，但政府延迟向这些外国公司付款并且限制将其经营收益转换为硬通货并汇出国外，这使得在土库曼斯坦的投资前景更加复杂。据报道，随着能源相关收入的下降，2016 年在土库曼斯坦的法国、韩国和土耳其公司也面临类似问题。

一般来说，经济领域的改革将会提高对于会计和审计质量的需求，同时，高质量的会计和审计成果也会进一步推动土库曼斯坦的经济发展。

除了经济发展，土库曼斯坦也在加强其信息和通信基础设施建设。土库曼斯坦正与国际组织合作，制定新的通信行业发展方案，正在大力实施信息和通信技术发展项目。例如，电信行业正在全国迅速发展，现代光纤和卫星通信线路正逐步覆盖土库曼斯坦领土。

2）不断加强的监管和治理的要求

为了让土库曼斯坦逐步融入国际市场。政府改革的一个主要方面是加强和进一步发展财会行业。因此，土库曼斯坦当局正在努力完善本国财务报告体系，使其与国际接轨，并且开始在银行业和碳氢化合物行业引入IFRS。

近年来，土库曼斯坦在会计和审计方面取得了一些进展，但仍有许多工作要做，以确保土库曼斯坦符合国际最佳实践。《会计法》和《审计法》是土库曼斯坦管理财务报告的基本法律。土库曼斯坦中央银行对银行业制定了单独的要求。由于很难找到土库曼斯坦已公布的财务报表，因此无法评估在实际操作中财务报告是否符合会计法和审计法的要求。

1999 年，审计师资格认证委员会根据当时有效的《国际会计师协会职业道德守则》制定了适用于土库曼斯坦的《职业道德守则》。然而，土库曼斯坦道德准则的法律地位尚未明确，还缺少确保遵守其规定的法律机制。

3）财会行业人才发展情况

（1）会计大学教育和专业培训情况。作为在本国领先的教育机构，土库曼斯坦经济管理学院每年可培养约 50 名财会专业人士，还有一些会计行业的专家在国外学习。但是对于整个国家来说，财会专业人士能接受的良好的专业教育的机会是十分有限的。

除了本国的专业注册会计师学位/国际注册会计师（SBP/SMPB）之外，土库曼斯坦没有引入任何国际专业会计师资质。因此，极少数会计人员熟悉现代会计准则和会计实务。大多数会计师都是在苏联制度下接受教育的，在目前的教育体系中，主要是根据本国的立法规范来制定课程大纲，并不强调会计核算和审计领域的国际准则和实践。

（2）专业会计师组织。土库曼斯坦会计师和审计师的行业发展尚处于起步阶段。土库曼斯坦有 2 个本国的专业会计师组织，经济学家联合会（SE）和专业会计师联合会（SPB）。两个组织都是自律性组织，没有任何一个加入了国际会计师联合会（IFAC）。两个组织大约有 50 名获得执业资格的审计师，但两个组织的作用仅限于推动会计师参与课程培训，帮助他们获得注册会计师专业学位（SBP）和国际注册会计师（SMPB）资格。目前，审计活动的监督责任由财政部与认证和许可审计委员会承担。

（3）会计师事务所。若想在土库曼斯坦从事审计业务，事务所需要聘用至少 3 名持有当地执业资格的全职审计师。自 20 世纪 90 年代以来，只有 1 家国际会计网络在当地设有成员所①。

6. 吉尔吉斯斯坦

1）全球化及区域经济增长

吉尔吉斯斯坦经济增长主要依靠的是工业、农业、建筑业、服务业等

---

① 国际四大中，仅普华永道在土库曼斯坦拥有成员所。

行业发展的拉动。其政府认为外商直接投资在未来几年将成为拉动本国经济的重要因素，因此，吉尔吉斯斯坦政府发布了战略路线图推动经济增长，并且在开设企业、税收征管方面简化申请流程，优化投资环境。2015年，吉尔吉斯斯坦吸引外商直接投资超43亿美元，其中主要来自中国、加拿大、俄罗斯、英国和哈萨克斯坦。[①]

根据"国家稳定发展战略"，吉尔吉斯斯坦积极营造良好的投资环境，所有经济部门对投资项目开放，同时外国投资者与本国投资者享有同等权利。2015年，吉尔吉斯斯坦为鼓励支持企业发展，逐步取消销售税，使得该国在中亚区域内创建了较为自由的税收制度。在"一带一路"倡议提出以来，吉尔吉斯斯坦境内共有111家公司有中国企业参与股份，其中26家大中型公司主要开发黄金等矿产资源，与中国企业的合作对该国矿产行业发展起到了重要作用。从2012年开始，该国采矿业发生了较大的变革，政策变化主要表现为去杠杆化，避免国家宏观调整对经济的影响；矿产资源的使用权更加开放。到目前为止，该国共发放了2 400个采矿许可证。

目前吉尔吉斯斯坦有25家商业银行，超过300个分支机构遍布全国。其中有10家是外资银行。随着外商投资的规模上升，吉尔吉斯斯坦亟须国际化专业财务人士。

根据国际电信联盟2017年发布的信息与通信技术发展指数（ICT Development Index），吉尔吉斯斯坦在该报告分析的176个国家中，排名第109位，2017年ICT的得分为4.37，比2016年上升0.31。吉尔吉斯斯坦的互联网市场在过去几年内大幅增长，已逐步将其固定电话网络从模拟信号转变为数字信号，预计目前的网络发展方案将提高其作为"一带一路"重要枢纽的重要性，并降低国际互联网传输成本。

2）不断加强的监管和治理的要求

吉尔吉斯斯坦在2002年发布了《会计法》，2013年2月更新了《会计法》，进一步按照企业规模和公共利益情况，对不同类别企业采用不同的

---

① 参见网址 https：//www. state. gov/reports/2017‐investment-climate-statements/kyrgyz-republic/。

财务报告编制基础。总的来说，公共利益实体需要全面采用 IFRS。2002年发布了审计法，该法规定银行、金融机构、保险公司和公开发行证券的公司都需要接受法定审计。2008 年《关于实施国际审计准则的政府决议》发布，要求从 2016 年开始采用 2010 年俄文翻译的国际审计准则（ISA）。对于采用伊斯兰金融的银行和金融机构仍按照本国的财务制度编制财务报表。

虽然吉尔吉斯斯坦在公司财务报告的法律框架和制度改革方面取得了很多进展，但在实施《会计法》和《审计法》时，仍存在很大的挑战，这主要来自法律执行的环境、专业人士的短缺等因素。根据世界银行发布的《2019 营商环境报告》，吉尔吉斯斯坦在 190 个国家中排名第 70 位。①

3) 财会行业人才发展情况

（1）会计大学教育和专业培训情况。吉尔吉斯斯坦已经开始将专业会计师资格考试的能力框架嵌入本国大学的教学大纲之中。一些大学，特别是比什凯克金融经济学院和中亚美国大学，已经将本国专业会计师资格（CAP/CIPA）②的课程嵌入他们的教学大纲中。其他拥有 IFRS 和国际审计准则教学经验的大学也为学生提供了课外课程，帮助学生准备注册会计师考试。吉尔吉斯斯坦的大学总数超过 20 所，其中一些学校开设了会计学院和会计系，另一些学校则开设了会计和审计学科。

但是目前关于 IFRS 的培训还不够充分，即使是吉尔吉斯斯坦的银行和大公司，编制符合 IFRS 的财务报表往往需要在审计师的协助下完成。这可能会影响到审计的客观性，并且限制了管理层和董事会对公司财务报表承担实际责任。

（2）专业会计师组织介绍。吉尔吉斯斯坦有 1 个受国际认可的本国专业会计师组织——会计师和审计师联盟（UAA）。UAA 成立于 1999 年，并于 2000 年成为国际会计师联合会（IFAC）的准会员，但 UAA 尚未遵守所有 IFAC 会员义务声明（SMO）。在 2007 年，它有 11 名活跃会员，

---

① 参见网址 http://doingbusiness.org/rankings。
② Certified Accounting Practitioner/Certified International Professional Accountant.

578 名正式会员和 420 名候选人①。根据 UAA 官网的最新资料，目前约有 1 100 名正式会员。② UAA 会员多在公共和私营部门工作。

UAA 得到美国国际开发署和卡拉那公司的支持，后者为 UAA 的会员提供咨询服务和培训课程。UAA 为其会员制订后续职业教育计划。任何属于 IFAC 会员组织的外国专业会计师可以直接成为 UAA 的正式会员。

除此之外，吉尔吉斯斯坦还有 2 个本国专业会计师组织——会计师和审计师协会（CAA）和会计和审计发展研究所（IAAD）。

尽管这些专业会计师组织的设立遵守有关会计和审计法的规定，但它们并没有法定的监管职能。专业会计师组织的会员资格并不能成为吉尔吉斯斯坦本国审计师的必要条件。上述吉尔吉斯斯坦本国的专业会计师组织并未实施会计和审计的专业资格认证。目前吉尔吉斯斯坦会计师和审计师可以报考的专业资格认证包括 CAP/CIPA 和 ACCA。此外，专业会计师组织并不参与审计师的执业许可颁发，也不参与制订会计和审计标准，也无权落实任何审计质量检查机制。为了使会计改革取得成功，吉尔吉斯斯坦迫切需要进一步发展专业会计师组织，使其可以对审计行业进行监管，并且受到公众监督。

（3）会计师事务所。截至 2007 年 9 月，吉尔吉斯斯坦共有 46 家审计事务所和 17 位独立从业审计师。2013 年，在吉尔吉斯斯坦的审计事务所增加到 73 家③。"国际四大"会计师事务所中，已有 3 家在吉尔吉斯斯坦设立成员所。

根据审计法的要求，985 个实体〔22 家银行、15 家保险公司、5 个投资基金、1 个私人养老基金和 942 个非银行金融机构（NBFI），如信用合作社、小额信贷机构等〕都需要进行法定审计。而吉尔吉斯斯坦的国有企业不用接受法定审计。

①　数据截至 2007 年 4 月 1 日。

②　参见网址 http：//www.oba.kg/certification/database/。

③　参见网址 https：//www.hg.org/legal-articles/accounting-and-audit-in-the-kyrgyz-republic-4921。

7. 蒙古国

1）全球化及区域化经济增长

蒙古国农产丰富、矿产储量充沛，毗邻广阔的亚洲市场，使其在中长期成为具有吸引力的外国直接投资（FDI）目的地。2016 年 6 月当选的新政府采取了一些积极的经济改革措施。2017 年，蒙古国政府与国际货币基金组织（IMF）就一项总额为 55 亿美元的"一揽子"计划达成协议，包括免除蒙古国债务，推动改革，对银行业进行评估。IMF 和蒙古国政府预计，蒙古国 2017 年和 2018 年经济增长将仍然在低位，但预计在 2019 年将恢复更高的可持续增长。

外国直接投资、国际组织的捐赠和国内经济体制的改革，都要求蒙古国有专业的会计师和审计师可以提供符合国际标准的高质量的财务信息。

此外，蒙古国有着良好的通信基础设施。根据国际电信联盟 2017 年发布的信息与通信技术发展指数（ICT Development Index），蒙古国在该报告分析的 176 个国家中，排名第 91 位，2017 年 ICT 的得分为 4.96，比 2016 年上升 0.05。蒙古国本国的电信公司在本地市场上高度竞争，这保证了该国通信基础设施质量。尽管蒙古国幅员辽阔，人口密度低，但其主干网建设良好，蒙古国主要通过与中、俄两个邻国的跨境网络连接确保与国际网络连接。

2）不断加强的监管和治理的要求

自 1993 年以来，世界银行和其他机构为蒙古国提供了财政和技术支持，帮助蒙古国制定法律框架，促进会计教育，并推动企业采用国际会计和审计准则，推动蒙古国建立新的专业会计师组织、建立注册会计师资格考试制度，并加强公共和私营部门的会计和审计工作。因此，从计划经济体制的旧会计制度改革到遵循国际良好做法的以市场为导向的会计制度的进程中，蒙古国的会计制度已经发生了重大的变化。

蒙古国的审计法赋予财政部监督审计行业的责任，但目前财政部由于没有足够的资源、能力和经验，只开展了非常有限的审计质量检查。

3）财会行业人才发展情况

（1）会计大学教育和专业培训情况。绝大部分会计专业学生在蒙古国大学学习会计和审计时没有接受过 IFRS 和国际审计准则方面的教育，大学会计课程不足以涵盖会计、审计、职业道德以及 IFRS 和国际审计准则及相关更新。蒙古国只有 3 所大学将 IFRS 和国际审计准则纳入课程体系。此外，因为几乎没有机构提供此类培训，大多数会计专业学生在大学毕业后无法获得足够的后续职业教育。

除了大学教育外，蒙古国的一些商业培训机构也对公众提供了为数众多的短期会计课程（主要是 45 天到 3 个月），但培训质量参差不齐，有些课程结业后也会颁发证书，但是这些证书并未获得相关机构的认证。

蒙古国的英语教育并未普及，鉴于国际财会方面的很多资源主要使用英语，这导致蒙古国的审计师无法有效地利用这些资源（例如英文原版教科书、国际准则和互联网资源）。

（2）专业会计师组织介绍。会计行业受审计法的管辖，该法赋予蒙古国注册会计师协会（MICPA）作为行业的监督机构的责任。MICPA 成立于 1996 年，并于 2003 年 11 月获得国际会计师联合会（IFAC）的准会员资格①。

除 MICPA 外，蒙古国还有其他一些专业会计师组织。由于蒙古国缺乏法律框架制度以及蒙古国的审计师缺少专业技术能力，蒙古国内部审计师协会、蒙古国管理会计师协会和蒙古国审计师协会尚处于早期发展阶段。这些机构没有加入 IFAC，而是主要为感兴趣的公司和个人提供培训。

（3）会计师事务所和法定审计师。只有获得财政部审计许可的事务所才有权从事法定审计业务。截至 2019 年，蒙古国共有 1 718 名注册会计师（355 名注册会计师持有终身执业证书，因为他们通过了所有三级考试；1 015 名注册会计师持有 5 年证书；348 名注册会计师持有 2 年证书）。要从事法定审计业务，注册会计师应持有 5 年证书，并且加入财政部许可的会计师

---

① MICPA 未能成为 IFAC 的正式会员仍然必须遵守有关质量保证、调查和纪律、国际教育标准和国际标准相关实践声明以及国际会计教育标准委员会（IAESB）的其他指导的会员资格声明。IFAC 会员资格声明旨在为现有和潜在的 IFAC 会员组织提供明确的遵循准则，以帮助他们确保会计师的高质量表现。

事务所。

2008 年，财政部已向 51 家会计师事务所发放许可，包括国际会计网络在当地的成员所。大多数银行和大型外商投资企业均由这些国际会计网络的成员所审计。目前"国际四大"均在蒙古国拥有成员所。而蒙古本国的事务所规模相对较小，主要协助客户编制报税用途的财务报表。

与要求接受法定审计的企业数量相比，会计和审计的专业人士队伍目前较小。蒙古国在大约 5 万家企业（银行、金融机构和私营企业）和政府机构中拥有约 10 400 名会计师。

8. 阿富汗

1）全球化及区域化经济发展

近年来，在阿富汗的外国直接投资规模有所下降，对阿富汗的投资资金主要由国际捐助者和公共部门提供。阿富汗各级政府公开强调其致力于促进私营部门主导的经济发展，吸引国内外投资开发自然资源和基础设施。此外，阿富汗政府还制定了开放准入政策，呼吁电信业自由化，目前正在等待实施。尽管有一些吸引投资的政府措施，阿富汗企业面临的挑战仍然集中在法律环境、安全、对税法的不同解释以及政府行政的影响等方面。

阿富汗的法律和监管框架以及执行机制仍需完善。目前存在三个重叠的法律体系——伊斯兰法（Sharia）、修罗法（传统法律和实践）和 2004 年宪法下的正式制度，这可能会让投资者与财务和法律专业人士感到困惑。监管机构也往往人手不足和能力不够。金融系统数据有限，是矿业和碳氢化合物等关键行业缺乏有利于投资的监管环境和决策者支持。根据世界银行发布的《2019 营商环境报告》，阿富汗在 190 个国家中排名第 167 位。[①]

阿富汗于 2016 年加入世界贸易组织（WTO），这是发展商业和贸易的积极迹象。在阿富汗经历了长期的国内冲突之后，国际社会正致力于支持

---

① 参见网址 http：//doingbusiness. org/rankings。

阿富汗的重建。此外，阿富汗当地的企业面临着严重的融资渠道不足。尽管对阿富汗的外国直接投资一直存在，但近年来投资量在下降。为了加快重建进程，财会专业人士需要在投前和投后，向资金提供者保证在当地的投资项目的财务状况和业绩成果。

此外，阿富汗也在数字技术方面加快了建设。根据国际电信联盟 2017 年发布的信息与通信技术发展指数（ICT Development Index），阿富汗在该报告分析的 176 个国家中，排名第 159 位，2017 年 ICT 的得分为 1.95，比 2016 年上升 0.24。尽管阿富汗在安全、经济和地理方面存在挑战，但其在扩大移动通信行业的普及方面取得了显著进展，这归功于富有活力且充满竞争的阿富汗通信市场。

2）不断加强的监管和治理的要求

由亚投行资助，阿富汗财政部牵头的新《会计和审计法》[①] 在阿富汗已经开始制定。该法规定了企业准备账簿、编制财务报表和审计财务报表的方式；它要求应根据 IFRS 编制财务报表，并根据国际审计准则进行审计；它要求大型实体需要采用权责发生制，而中小企业实体则可以选择采用收付实现制；该法还规定了审计师的资格标准，并委托财政部批准审计资格[②]。

新的会计和审计法的提出和制定，对在阿富汗从事会计和审计工作的专业人士提出了新的要求，专业人士需要根据国际会计和审计标准执业。

3）财会行业人才发展情况

（1）会计大学教育和专业培训情况。阿富汗政府并没有正式要求大学开设会计和财务课程。在提供专业会计教育的少数几个机构中，喀布尔大学所遵循的课程体系未引入 IFRS 或国际审计准则，而阿富汗国际大学开设了国际公认会计技师（CAT）和特许公认会计师公会（ACCA）的专业课程，这两个考试均由 ACCA 管理和认证。阿富汗国际大学还为超过 400 名政府公务员提供会计培训。在获得 ACCA 或 CAT 的正式会员资格之前，

[①]　Capacity Development Project of ADB and sponsored by the Ministry of Finance.

[②]　Licenses issued to auditors are to be renewed every two years upon proof of meeting continuing professional education (CPE)，requirements and other conditions imposed by the IAAA.

学生需要分别获得 3 年和 1 年的实践培训经验。同样，在获得专业会员师资格后，ACCA 或 CAT 会员还需要继续接受后续职业教育。由于目前的政治、经济和专业环境，阿富汗严重缺乏专业会计师事务所、合格的会计师和受到有效监管的商业实体，因此，会计学员在取得符合条件的实践经验和后续职业教育方面面临各种挑战，这也导致学员很难成为专业会计师组织的正式会员。

（2）专业会计师组织介绍。阿富汗当前没有受到认可的本国专业会计师组织。美国国际开发署资助的行业能力建设项目[①]建议设立阿富汗会计师和审计师协会（IAAA），并作为一个自律组织发挥作用。阿富汗财政部也在考虑设立会计和审计委员会对财会行业进行监管[②]。鉴于阿富汗目前的情况，会计执业能力和专业机构监管水平都相对薄弱，政府和所有利益相关方需要就这两个拟议机构之间的平衡达成协议。

当前，在阿富汗唯一的国际专业会计师组织是特许公认会计师公会（ACCA）。由于当地教育水平极为有限，阿富汗学生一般选择学习 ACCA 的 CAT 资格。

（3）会计师事务所。过去几年来，阿富汗在重建基础设施和社会经济方面取得了重大进展。在阿富汗投资支持机构（AISA）的公司注册处登记了近 10 000 家实体公司，其中以国有企业为主。虽然有新《公司法》和《有限责任公司法》，但阿富汗没有专业会计师组织、公司监管机构或行业监督机构。

根据 2009 年世界银行发布的《关于遵守标准和守则的报告——会计和审计》报告，在 AISA 注册的审计事务所有 16 家，但有一半以上的公司不活跃，而喀布尔市（阿富汗首都）的合格会计师不到 20 位。除了保险和银行法的规定以外，新设公司并不需要接受法定审计。

这些事务所大多数是南亚会计师和审计师事务所的分支机构，有些规

---

① USAID project "Capacity Development Project – Private Sector Accounting Reform" in collaboration with Ministry of Finance.

② This concept was originally proposed by the Afghanistan Government，and now is supported by ADB.

模甚至仅为一人。当地相对规模较大的事务所主要是国际会计网络的成员所。它们主导着阿富汗有限的审计市场，包括审计几乎所有在阿富汗运营的银行。这些事务所中的大多数只在喀布尔有业务，但是随着阿富汗国家安全和法律环境的改善，这些事务所可能将快速扩展网络到其他城市。目前在阿富汗只有少数国际会计网络，"国际四大"中仅安永在阿富汗拥有成员所，此外还有 Morison KSi 和克瑞斯顿（Kreston）。在阿富汗没有常设机构的外国事务所也可以审计当地实体。

由于新《会计法》和《审计法》尚在制定之中，目前没有获得专业会计师资格的人也可以在阿富汗的审计事务所担任合伙人，这种情况在阿富汗并不少见，特别是在小型事务所。由于没有《审计法》和行业监管机构，事务所也不受任何职业道德准则的约束。根据法律，审计师不承担民事责任，也没有法律规定审计师必须购买职业责任保险。

（4）严重缺乏合格会计师。除了上述正在计划设立的专业会计师组织和现有的会计师事务所之外，阿富汗严重缺乏合格的会计和审计专业人士。在喀布尔这个拥有 400 万人口的城市，估计来自国外的合格注册会计师人数不到 20 人。国际顾问和外籍会计师被高价聘用，担任各种会计、审计、咨询和顾问职位。因此，阿富汗亟须设立可持续发展的本地专业会计师组织并发展会计师队伍。根据《阿富汗每日聊望报》在 2017 年 4 月 24 日的报道，阿富汗商工会 CEO Atiqullah Nusrat 在第一届会计系统会议上表示，目前本国会计从业人员严重缺乏，导致众多私营企业不能从银行获得贷款，进而无法增加融资。与此同时，阿富汗财政部称，由于缺乏会计从业人员，许多在阿富汗的公司被迫高薪聘请外国人员从事会计工作。据悉，目前阿富汗已有约 1 300 人①前往国外学习会计。

9. 乌兹别克斯坦

1）全球化及区域化经济增长

乌兹别克斯坦国民经济支柱产业是"四金"：黄金、"白金"（棉花）、

---

① 《阿富汗每日聊望报》报道，2017 年 4 月 24 日。

"乌金"（石油）和"蓝金"（天然气）。米尔济约耶夫就任总统后在经济开放和自由化、吸引外资方面采取了系列举措，乌兹别克斯坦经济保持着向上势头。

近年来，乌兹别克斯坦整体投资环境有所改善。政府简化了商业登记流程，为外国和私人投资者提供了额外的税收激励措施，改进了私人财产保护立法，并简化了海关法规。政府鼓励外资进入出口导向型产业，油气行业传统上吸引着大多数外国直接投资（FDI）。2016 年，超过 72% 的外国直接投资和贷款进入了油气行业消费。

近年来，"一带一路"倡议与乌兹别克斯坦的"福利与繁荣年"规划实现对接，寻找契合点，为乌兹别克斯坦的发展提供了新的机遇。除此之外，2018 年 6 月，"丝路基金"与乌兹别克斯坦有关企业、金融机构签署了"一揽子"合作协议，旨在进一步深化中国和乌兹别克斯坦在能源和旅游等方面的合作。

尽管近年来投资环境有所改善，但相关问题仍然存在，仍需政府提供全面、详细的规划，实现乌兹别克斯坦的整体投资环境的根本性改善。根据世界银行发布的《2019 营商环境报告》，乌兹别克斯坦在 190 个国家中排名第 76 位。[①] 为了保持经济增长，促进经济进一步发展，降低资本成本，乌兹别克斯坦需要加强国家的会计和审计质量，以提供高质量的财务信息。

乌兹别克斯坦政府致力于发展信息和通信技术，根据国际电信联盟2017 年发布的信息与通信技术发展指数（ICT Development Index），乌兹别克斯坦在该报告分析的 176 个国家中，排名第 95 位，2017 年 ICT 的得分为 4.90，比 2016 年上升 0.42。乌兹别克斯坦通过实施有效的监管举措，保障了电信行业的发展和竞争环境。

2）不断加强的监管和治理的要求

1992 年《审计活动法》规定财政部为私营公司和国家资助的组织制定

---

① 参见网址 http：//doingbusiness. org/rankings。

会计标准，而乌兹别克斯坦中央银行则为银行和信贷机构建立会计要求。自1995年以来，乌兹别克斯坦在更新其公司财务报告法律和法定框架方面取得了稳步的进展，并逐步分为四个阶段实施改革。这些成就当中包括颁布《会计法》和《审计法》。

根据法律规定，财政部有权制定和执行审计准则。财政部发布的乌兹别克斯坦国家审计标准基于2008年生效的国际审计准则。财政部还表示，将全面采用国际审计准则作为目标，并表示2017年所有法定审计都将采用国际审计准则。作为该计划实施的一部分，2010年通过的乌兹别克斯坦共和国总统令第1438号，提出了上市公司必须在2015年开始采用国际审计准则。

2018年9月通过了《关于进一步发展乌兹别克斯坦审计活动的措施的决议》（第3946号），预计将在财会行业推动一系列改革，包括引入进一步扩大国际审计准则的适用范围、由财政部实施强制审计质量检查，以及由专业会计师组织推出专业会员资格，并授予审计师执业资格。

3）财会行业人才发展情况

（1）会计大学教育和专业培训情况。乌兹别克斯坦有24所大学和40所其他高等学校。[①] 在乌接受教育是可以选择多语言的，学生可以用乌兹别克语、俄语、英语、卡拉卡尔帕克语、哈萨克语、吉尔吉斯语或塔吉克语进行学习。

由于目前一部分财会行业从业人士是在苏联政权下接受的专业培训，因而帮助企业会计师更好地了解国家会计准则（NAS）和IFRS对于提升乌兹别克斯坦的财会行业水平至关重要。然而，当前乌兹别克斯坦现有的教育资源较为匮乏，尤其是关于IFRS、国际审计准则的教师和教学资源十分短缺。

（2）专业会计师组织介绍。乌兹别克斯坦有2个国际认可的专业会计师组织——全国会计师和审计师协会（NAAA UZ）和乌兹别克斯坦审计

---

① Source：www.gov.uz.

委员会（CHAUZ），以及2个本国认可的专业会计师组织——商业和财务学科教师协会（ATBFD）和乌兹别克斯坦会计师联合会（FAU）。

4个专业协会同时为会计师和审计师服务，但法律并没有要求会计师或审计师必须是其中任何1个专业会计师组织的会员。这些组织在行业自律方面的作用相当有限。

NAAA UZ成立于1992年，是乌兹别克斯坦历史最悠久的专业会计师组织之一。它的使命是协助会计专业的发展和推动企业采用和实施国际标准。NAAA UZ是IFAC的准会员。截至2005年，NAAA UZ个人会员包括27个国际注册会计师（CIPA）（目前在乌兹别克斯坦执业的有50个CIPA）、962个CAP和大约2 500个准会员。NAAA UZ单位会员包括国际会计网络的本地成员所，包括"国际四大"。

CHAUZ成立于2000年，由乌兹别克斯坦司法部设立，是一个自律性专业会计师组织。其任务是支持审计人员的专业发展，保护其专业利益。

乌兹别克斯坦当前唯一可用的会计专业认证方案是CAP/CIPA和ACCA。

（3）会计师事务所。乌兹别克斯坦共有超过134家会计师事务所，超过1 200名审计师。一些国际会计网络都已在乌兹别克斯坦拥有成员所，包括国际四大、克瑞斯顿（Kreston International）、致同等。

10. 塔吉克斯坦

1）全球化及区域化经济增长

近年来，塔吉克斯坦政府继续面临经济挑战，包括银行业不稳定，几家银行濒临倒闭。俄罗斯的经济衰退继续对塔吉克斯坦的经济造成负面影响。国际专家认为塔吉克斯坦的外汇收入可能会继续减少。此外，劳动力流动性减少可能导致塔吉克斯坦的失业率上升。

塔吉克斯坦于2013年3月2日成为世界贸易组织第159个成员国。2014—2016年，塔吉克斯坦政府制定了《入世后计划》，要求在入世后对法律法规进行调整和修订。塔吉克斯坦仍在考虑加入俄罗斯领导的欧亚经济联盟。

2015年，中国同塔吉克斯坦签署共建丝绸之路经济带双边合作协议。"一带一路"倡议提出以来，一大批重大项目在塔吉克斯坦落地，集中在矿业开采、电力、交通通信基础设施、农业生产等领域，这与塔吉克斯坦"实现能源独立、摆脱交通困境和保障粮食安全"的国家战略高度契合。2016年，中国成为塔吉克斯坦在投资、联合项目和国家担保贷款方面的主要合作伙伴。外国直接投资的增加对塔吉克斯坦的财会专业人士提出了更高的要求，他们需要掌握合作方的语言、了解合作国的法律和所使用的财务报告准则，才能协助本国对外贸易和合作的顺利进行。

截至2016年12月31日，塔吉克斯坦共有104家信贷机构，其中包括18家银行和一些小额信贷存贷款机构。2016年，商业银行的负债总额增加了6600万美元，累计达到了20亿美元。塔吉克斯坦的银行系统由于缺乏流动性，正处于危机状态。据悉，超过70%的贷款估计是不良贷款。政府若想妥善解决金融业危机，需要提升公共部门的财政预算和管理能力。

数字技术的普及与发展也影响着塔吉克斯坦的国家发展。2014年年初，塔吉克斯坦开放其电信市场，有150多家电信服务提供商进入该市场。新技术正逐步在塔吉克斯坦部署，塔吉克斯坦政府也在努力加强其信息和通信技术部门建设，这一系列举措有望推动塔吉克斯坦的信息和通信技术的发展。

2) 不断加强的监管和治理的要求

塔吉克斯坦的法律并没有明确规定审计所需采用的财务报告准则。虽然财政部发布了六项审计准则，但这些准则并未涵盖审计的所有关键方面，这些准则也未按照《审计法》的要求被政府采纳。债权人、投资者和其他国际第三方一般会要求使用国际审计准则进行审计。

根据世界银行发布的《2019营商环境报告》，塔吉克斯坦在190个国家中排名第126位[①]。

---

① http://doingbusiness.org/rankings.

3）财会行业人才发展情况

（1）会计大学教育和专业培训情况。在塔吉克斯坦熟练的劳动力往往供不应求，因为许多拥有市场技能的塔吉克斯坦人由于国内就业机会有限会选择移民。由于塔吉克斯坦教育体系薄弱，其国内劳动力专业技术水平普遍较低，无法提供符合国际标准的服务和管理水平。外国企业和非政府组织报告说，在各个专业上，都很难招聘到合格的工作人员。

大多数会计师都是按照苏联会计课程的设计方案在大学和学院接受的培训。截至 2009 年，该国只有 1 名注册会计师。ACCA 在中亚地区被广泛认可，但该国也没有特许公认会计师公会（ACCA）的会员。通常，在该国编制财务报表的会计师很少或根本没有接受过现代国际公认会计技术的培训。因此，尽管塔吉克斯坦试图扩大 IFRS 的适用范围，但对于报表编制者来说还需要努力理解和实施这些要求。

除上述职业教育外，教育部和大学正在修订现行的会计和审计课程，以引入 IFRS。这项改革始于 2008 年中期，要求将 15 所大学的会计和审计教育大纲现代化。为了实现这个目标，大学课程大纲会参考其他国家的培训材料，包括 CAP 和 CIPA 的培训材料。新的教学大纲从 2011—2012 学年开始实施。随着该国的会计准则与 IFRS 的协调程度更加密切，预计在专业会计师培训方面仍需要广泛的技术支持。

塔吉克斯坦在会计师和审计师的专业教育和培训方面取得了一定进展，但仍需得到进一步的支持。政府、专业培训机构和大学需要共同努力，提供更多会计师和培训，帮助现有专业人员应对当前经济环境的挑战。特别是财政部应鼓励本国审计师考取国际专业会计师资格。从长远来看，需要提高对于审计人员的后续职业教育的要求。

（2）专业会计师组织介绍。塔吉克斯坦最大的本国专业会计师组织是塔吉克斯坦共和国公共专业会计师和审计师协会（PIPAART），该机构是作为美国国际开发署资助的专业会计师培训和认证计划注册会计从业人员（CAP）和国际注册会计师（CIAP）项目的培训机构而成立的。塔吉克斯坦大约有超过 200 名持有执照的审计师，其中有 20 名是 PIPAART 会员。

据悉，2001—2006 年，约有 4 000 人参加了 PIPAART 组织的培训课程。

在塔吉克斯坦审计事务所的推动下，新的专业会计师组织正在兴起。鉴于该行业的规模较小以及缺乏财政和专业资源，多个专业会计师组织的出现未必有益于行业发展。

（3）会计师事务所。塔吉克斯坦的审计行业还处于起步阶段。在塔吉克斯坦只有少数国际会计网络成员所，包括"国际四大"中仅有德勤在当地有成员所，此外还有致同、BDO 等。塔吉克斯坦的银行业一般倾向于使用国际会计网络的成员所进行审计，这通常意味着国际会计网络会派遣国外审计团队到塔吉克斯坦进行审计。除了银行，塔吉克斯坦的国内商业企业接受审计的情况很少，大多是应债权人或投资者的要求进行项目审计和特别目的审计。2009 年，塔吉克斯坦本国的国有企业首次进行了审计，一些国内事务所获得了这些审计业务。在没有任何质量保证安排或审查的情况下，很难评估塔吉克斯坦少数审计事务所的工作质量。

四、建议

（一）中资企业走出去到中亚国家投资

1）"走出去"初期可"双师"并行规避会计准则和税务法规差异带来的风险

所谓"双师"是指会计师和律师（商业法律师为主）。企业需要保护自身的利益以及规避法律和税务的风险。由于不了解当地的会计准则和税务相关条例，且时常以本国会计和法律思维来处理账务，这使得中国企业在国外触犯当地法律并处以高额罚款的例子是屡见不鲜。许多欧美企业到国外投资时，前期除了先了解被投资国的基本情况外，会计和税务的差异也是研究的重心。除了依靠自身拥有的国际会计人才，也会大量使用当地的会计师和律师。因此，在跨境投资或成立分部初期时，先行和当地的会计师和律师接触可让企业先行了解到当地的会计准则和税务法规。这可帮助企业更好地制定国际税务策略来规避税务风险以及知晓在当地该如何遵循当地的会计准则。因此，"双师"并行是"走出去"初期规避风险的重要方法。

2）与高校或培训机构合作培养企业所需的国际会计人才

"走出去"的企业需要培养通晓 CAREC 国家会计准则和税务法规的精英人才。企业可通过与高校和培训机构的合作举办内部培训班来增强自身财务人员对国际会计准则的认知。由于许多 CAREC 国家目前已开始使用国际会计准则，而国内的企业所聘用的财务人员或 CFO 在高校多半是学习中国会计准则（CAS），因此在对国际会计准则的认知和实践上还需加强。企业可和高校合作举办 IFRS 学习班，或开办针对某一个 CAREC 国家会计准则的培训课程用于加强财务人员的国际会计观和实务操作技巧。2018 年，上海国家会计学院和 ACCA 携手针对走出去的中资企业开办了"中交集团暨中国交建国际化财务管理人才培养项目"，探索了中国企业国际化人才培养新模式。

3）探索我国国际化注册会计师人才培养模式

为了更好地服务走出去的中国企业，中国注册会计师行业需要进一步探索我国国际化高端注册会计师的人才培养模式，进一步吸引具有国际专业资格的财务人士获取中国注册会计师会员资格。世界上主要国家（英、美等国）的会计专业组织都与其他专业组织存在一定程度的"互认"安排。中国注册会计师协会可以探索与国际知名会计专业组织建立会员互认或免考制度等合作安排。建立会员互认或免考制度等合作安排可以为中国注册会计师申请成为境外会计专业组织会员，并在境外工作提供快速通道，进一步为中国的会计师事务所承接的国际业务提供有力的人才保障，加速我国注册会计师国际业务的开展。此举也会吸引更多海外的专业人才成为中国注册会计师，更加有效地建立一支更加国际化、多元化的注册会计师的队伍，并在全球范围内增强中国注册会计师的国际影响力。

4）基于财务共享服务，构建全球财务管理体系

企业在海外的经营过程中，面临着不同的经济政治环境以及会计法律制度，加上时差、语言和文化的差异，分散的财务管理模式带来的风险表现为：组织效率低下、管理成本增加、风险难以管控等。面对海外经营的

复杂性和不确定性，企业可以将海外各个分支机构的会计核算、资金、税务等业务流程进行优化和标准化，并建立统一全球财务共享服务中心进行集中处理。

企业通过建立全球财务共享服务中心，实现全球会计核算的"五个统一"：统一会计科目、统一会计政策、统一流程标准、统一信息系统及统一数据标准，保证业务的合法合规，有效降低因为会计准则差异导致的财务风险。

在共享服务模式的支持下，企业可进一步建立全球化的财经管理模式，即：公司层面控制管理的战略财务，建立全球化视野的战略财务部门，实现战略级的支持和风险控制；全价值链财务管理支持的业务财务，融入业务单位，创造价值；建立财务核心职能的研究能力，聚焦国际化规则，有效应对全球化瞬息万变的局势。全球化财务管理能力的建设，将稳定地支撑企业的快速成长与发展。

（二）中国政府和专业机构助力中亚国家会计基础设施完善的建议

1）举办中亚国家会计论坛以协调会计准则差异

中国政府和会计专业机构可定期举办中亚国家会计准则协调的论坛和交流会，邀请中亚国家政府官员、会计专业组织人员和企业代表共同参与，从各国会计准则修订进展，到核算方法、确认收益、合并报表等具体问题展开研讨，并充分考虑中亚各国自身的金融法规要求，尤其是伊斯兰国家如巴基斯坦和乌兹别克斯坦等伊斯兰金融体系的特点，增进彼此了解，减少差异。在此基础上，考虑到中亚部分国家发展相对落后，制度体系不健全，中国政府和专业机构也可分享中国经验，助力中亚国家会计制度体系的不断完善。

2）建立中亚会计人才培养机制

中国政府或专业会计机构可倡导建立中亚会计人才培养机制，从中国和中亚国家选拔政界、学界和企业界的会计人才，就各国会计准则、会计制度、企业运作过程中遇到的会计、税收问题展开系统、深入地研讨，突出问题导向，助力中亚各国与中国会计准则协调和企业运作。比如，上海国家会计学院与中亚学院、亚洲开发银行、ACCA 等机构联合启动的"中国-中亚会计精英交流项目",旨在达成四方面的目标:第一,促进各国完善包括制度建设、人才培养和监管体系建设等在内的会计体系建设;第二,构建由政府部门、工商企业人士组成的中国-中亚会计精英网络,促进各国加强在制度建设、会计服务、会计监管等领域的交流合作;第三,增进中国-中亚社会各界的相互理解,为中国与中亚国家之间的货物畅通和资金融通构建更加宽广的人文基础;第四,研究探讨"一带一路"合作中面临的主要会计内容及相关问题,探索解决方案。中国-中亚会计精英交流项目每期的实施周期为 2 年,将通过定期研讨、访问交流和建设虚拟社区等多种形式,围绕会计制度体系建设、会计人才培养体系建设、会计监管体系建设、会计服务体系建设和技术变革与会计发展等内容进行深入研讨和交流。

(三)中亚国家建设会计人才体系

1)中亚国家政府和行业监管机构能力的建设

中亚国家政府和行业监管机构可以考虑在以下三方面为行业发展提供必要的资源,更加有效地推动本国的专业会计师行业的发展:

(1)为会计师事务所制订执业准则和审计工作标准指引;有效监督和执行审计执业质量检查〔目前中亚 10 国中,仅格鲁吉亚的审计监管部门参加了国际独立审计监管机构论坛(IFIAR),并且对外提供年度工作报告。因此,研究团队无法获知其他国家的执业质量检查情况〕。

(2)组织实施专业会计师统一考试,并充分参考国际专业会计师教育的全球标准(IFAC 职业会计师国际教育准则),在本国范围内制定、实施、协调教育标准和要求,促进本国会计大学教育和专业培训制度的完善,为本国专业会计师的准入教育和后续执业教育建立良好的技术标准,确保本国专业会计师能够始终提供符合公众利益的高质量服务。

(3)组织推动会员培训和行业人才的建设工作。中亚国家的大学会计和审计教育普遍缺少有国际准则教学经验的师资,也缺少嵌入国际标准与国际接轨的教学材料。大学需要与国际专业机构、企业密切合作,继续支持师资培训，以发展适合本国社会经济发展所需要的专业学位课程。

2）简化对具备适当资格的境外财会专家的签证和工作许可证要求

由于存在着较大的专业会计师缺口，中亚国家政府应考虑简化对具备适当资格的境外财会专家的签证和工作许可证要求。这些境外专家可以填补目前中亚国家在会计、审计、公共部门财务管理以及金融服务业财务管理的能力缺口。有经验的专业会计师可以带动业务发展、维护业务质量，因此，应鼓励他们贡献更多的时间为本国提供专业服务。

3）建立法定审计师和会计师事务所的公共电子登记簿

中亚国家专业会计师行业监管机构应考虑建立法定审计师和具有法定审计资格的会计师事务所的公共电子登记簿，以便相关各方能够快速查询。在各国鼓励外国直接投资的政策背景下，对公众开放、具有查询功能的公共电子登记簿（英语）可以发挥很大的作用，促进本国专业会计师和会计师事务所为境外资本提供专业服务。

"一带一路"沿线中亚国家会计信息化基础设施比较

ACCA 中国专业洞察团队

中亚区域是连接欧洲和亚洲的陆上走廊，拥有极其丰富的石油、天然气和矿产资源，其畜牧业和农业也逐渐发达，是"一带一路"沿线国家的重要组成部分，拥有特殊的战略地位。为促进中亚区域的贸易、能源和其他重要领域的区域合作，帮助成员国的经济社会发展和减少贫困，亚洲开发银行于1996年倡议建立中亚区域经济合作机制（CAREC），该机制于2002年被提升为部长级合作。目前 CAREC 成员国包括中国、蒙古、阿塞拜疆、阿富汗、哈萨克斯坦、吉尔吉斯斯坦、塔吉克斯坦、乌兹别克斯坦、土库曼斯坦、格鲁吉亚和巴基斯坦，本文即以中国之外的10个国家为研究对象，合称"中亚国家"。

为促进中亚国家的政策沟通、设施联通、贸易畅通、资金融通和民心相通，夯实会计基础设施至关重要。目前对 CAREC 国家会计基础设施的研究还存在空白。

2019 年，ACCA 联合上海国家会计学院、中兴新云发布了研究报告《中亚国家会计基础设施比较研究》，对中亚国家的会计环境、会计准则、会计人才体系进行了比较研究，收集了较为丰富的一手资料。

在全球数字经济飞速发展的背景下，"一带一路"CAREC 各国也逐渐开始关注信息化建设，这也成为各国参与区域和全球经济合作的重要保障。会计信息化建设作为会计基础设施中的重要方面，能够有效降低交易成本，为搭建"一带一路"国家合作提供基础支撑。本文将以 2019 年的《中亚国家会计基础设施比较研究》为基础，聚焦会计信息化领域，对中亚国家会计信息化基础设施发展水平进行比较研究，以期为中国企业走出去投资中亚国家提供有用的一手资料，为 CAREC 国家建设本国会计信息化基础设施提供政策建议，以及吸引广大学者对该领域学术研究的关注，推动更多高质量的研究。

一、研究方法

本文的研究分析框架借鉴了刘勤、杨寅《改革开放 40 年的中国会计信息化——回顾与展望》① 的研究结论，研究团队在对中亚国家财务信息化的人才发展水平进行分析时，主要基于政策、知识和实践三个维度展开。首先，在政策维度，不论是会计还是信息化都需要政府、行业、协会等部门颁布相关政策予以规范和引领，因此本文主要收集该国的会计相关政策，由于可获取的有效信息有限，本文将着重介绍专业会计师组织的发展和课程大纲。其次，在知识维度，理论体系是学科发展基础，借助会计理论和信息化理论，会计信息化才能形成成熟的理论体系，指导会计工作的实践和应用。因此，本文主要分析总结各国著名学府的财务会计和财务信息化的教学和研究成果。最后，在实践维度，在政策的指导下，结合理论体系，借助信息技术以及计算机语言等工具开发具有时代特点的会计信息化产品，用以处理企业不同时期的各种会计工作。因此，本文主

---

① 刘勤、杨寅. 改革开放 40 年的中国会计信息化——回顾与展望［J］. 会计研究，2019（02）：26-34.

要总结市场中会计师事务所和财务信息化相关科技公司的产品和服务的市场情况。

研究团队基于如图 1 所示的分析框架，查阅了大量中外文献平台（包括谷歌学术等），本文将从以下三方面展开。

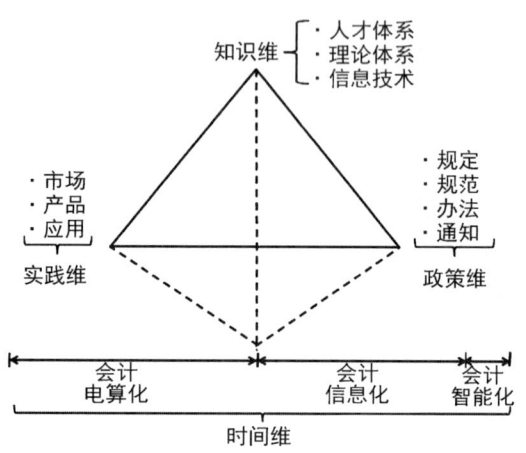

图 1　会计的四维映射

资料来源：改革开放 40 年的中国会计信息化——回顾与展望，《会计研究》2019 年第 2 期。

首先，对中亚国家财务信息化的"政策发展"情况进行比较研究。由于政策层面相关资料有限，本文将从专业会计师组织切入，主要关注中亚国家专业会计师组织的考试大纲是否包含财务信息化内容，因为它也从侧面反映出在该国活跃于财会行业的持证专业会计师所具备的能力框架。

其次，对中亚国家财务信息化"知识发展"情况进行比较研究。由于高校人才培养与国家战略层面的知识发展需求之间保持着一种适应性关系，本文将聚焦中亚国家高校信息及财务信息化人才培养的发展情况，如相关课程的开设和师资情况。

最后，对中亚国家财务信息化"实践发展"情况进行比较研究。"实践发展"涉及市场、产品、应用等多个维度，但中国研究团队能够获得的资料相对有限，因此本文主要从信息相对较为全面和透明的国际会计师事务所及相关科技公司的市场、产品、应用的发展情况着手。

二、研究正文

（一）中亚国家财务信息化的政策发展情况（专业会计师组织）

专业会计师组织在推动国家经济建设和政策导向中发挥着积极作用。它们通过与时俱进的人才培养方案，为国家经济建设输送了大批财会人才。人才资源是经济社会发展的第一资源，创新驱动实质上是人才驱动。专业会计师作为财会行业人才队伍中的骨干力量，对推动经济社会发展和科技创新起着重要的支撑作用。

中亚各国专业会计师组织财务信息化政策情况总结如表1所示。

表1　中亚各国专业会计师组织财务信息化政策情况

国家	专业会计师组织	成立于	是否 IFAC 会员	加入 IFAC 时间	考试大纲是否包含财务信息化内容
巴基斯坦	巴基斯坦特许会计师协会	1961 年	会员	1977 年	是
	巴基斯坦成本和管理会计师协会	1951 年	会员	1977 年	是
	巴基斯坦公共财政会计师协会	1993 年	准会员	1996 年	是
格鲁吉亚	格鲁吉亚专业会计师和审计师联盟	1998 年	会员	2000 年	是
	格鲁吉亚独立会计师和审计师协会	未知	否	不适用	不适用
	审计师、会计师和财务经理联合会	未知	否	不适用	不适用
吉尔吉斯斯坦	会计师和审计师联盟	1999 年	准会员	2000 年	是
	会计师和审计师协会	未知	否	不适用	不适用
	会计和审计发展研究所	未知	否	不适用	不适用
乌兹别克斯坦	乌兹别克斯坦审计委员会	2000 年	准会员	2000 年	是
	全国会计师和审计协会	1992 年	准会员	2000 年	是

（续表）

国家	专业会计师组织	成立于	是否 IFAC 会员	加入 IFAC 时间	考试大纲是否包含财务信息化内容
阿塞拜疆	阿塞拜疆审计委员会	1996 年	会员	2008 年	无
哈萨克斯坦	哈萨克斯坦审计师公会	1993 年	会员	2000 年	无
	哈萨克斯坦专业会计师协会	2011 年	准会员	2011 年	无
蒙古国	蒙古注册会计师协会	1996 年	会员	2012 年	无
阿富汗	无	未知	否	不适用	不适用
土库曼斯坦	经济学家联合会	未知	否	不适用	不适用
	专业会计师联合会	未知	否	不适用	不适用
塔吉克斯坦	塔吉克斯坦共和国公共专业会计师和审计师协会	未知	否	不适用	不适用

巴基斯坦有 3 个本国专业会计师组织，分别为巴基斯坦特许会计师协会（ICAP）、巴基斯坦成本和管理会计师协会（ICMAP）以及巴基斯坦公共财政会计师协会（PIPFA）。总体来说，巴基斯坦的专业会计师组织对于成员的财务信息化能力都有着一定的要求。ICAP 成立于 1961 年，现为 IFAC 会员。ICAP 的考试大纲包含办公室自动化软件，如 PPT、Word、Excel 的操作及 IT 系统的审计相关内容。ICMAP 成立于 1951 年，现为 IFAC 会员。ICMAP 的考试大纲中涉及 ERP 系统、微软 Office 软件、数字银行系统等数字化内容，并在继续教育模块中提供了 ERP 和 IT 系统的课程。PIPFA 成立于 1993 年，现为 IFAC 准会员。PIPFA 要求学员在通过最高级别考试时通过计算机能力测试，包含办公室自动化软件、SAP 等项目。

格鲁吉亚有 3 个本国专业会计师组织，分别为格鲁吉亚专业会计师和审计师联合会（GFPAA）、格鲁吉亚独立会计师和审计师协会（GAIAA）和审计师、会计师和财务经理联合会（GFAAFM）。GFPAA 成立于 1998 年，现为 IFAC 会员，在考试大纲中涉及商业中的信息技术和信息系统，包括信息系统、软件、会计电算化等。

吉尔吉斯斯坦的会计师和审计师联盟成立于 1999 年，现为 IFAC 准会员。考试大纲中涉及信息系统管理、IT 系统审计和自动化审计。

乌兹别克斯坦有两个本国的专业会计师组织，分别为乌兹别克斯坦审计委员会、乌兹别克斯坦全国会计师和审计师协会，两者均为 IFAC 准会员。考试大纲中涉及自动化会计系统、IT 技术的内部控制等财务信息化内容。

阿塞拜疆审计委员会于 2008 年加入 IFAC，未能在该国专业会计师组织的考试大纲中找到财务信息化的内容。

哈萨克斯坦审计师公会于 2000 年加入 IFAC，未能在该国专业会计师组织的考试大纲中找到财务信息化的内容。

蒙古注册会计师协会于 2012 年加入 IFAC，未能在该国专业会计师组织的考试大纲中找到财务信息化的内容。

土库曼斯坦、塔吉克斯坦、阿富汗目前尚没有加入 IFAC，有关财务信息化的情况无法获知。

（二）中亚国家财务信息化知识发展情况（大学教育）

为了解财务信息化在中亚的发展，本文选取中亚各国排名前 10 的著名高等院校为研究对象，了解其课程大纲中是否涉及财务信息化以及目前中亚各国财务信息化在大学教育中的发展情况。表 2 汇总了除医学类、农业类、艺术类和语言类院校外，可能涵盖财会专业的院校及其财会专业分析。研究团队发现，目前中亚各国著名大学官网信息披露程度不够，部分大学官网尚无英文版本，信息更新也不够及时，表 2 信息仅供参考。

表 2　中亚各国著名大学财会专业财务信息化汇总

国家	著名大学	学院网址	财务信息化课程
哈萨克斯坦	哈萨克斯坦国立大学	https：//www. kaznu. kz/en	有财务电算化课程
	纳扎尔巴耶夫大学	https：//nu. edu. kz/	无财会专业
	欧亚国家大学	www. enu. kz/en	无财务信息化课程
	哈萨克斯坦国立科技大学	www. kazntu. kz	无财会专业
	南哈萨克斯坦州立大学	www. ukgu. kz	无财会专业

（续表）

国家	著名大学	学院网址	财务信息化课程
蒙古国	奥特根腾格尔大学	https：//www. otgontenger. edu. mn/en/training/ programs	有财务电算化课程
	国立大学	https：//www. num. edu. mn/en/depart/	无课程大纲
	人文大学	www. num. edu. mn/en/	课程大纲无法访问
	乌兰巴托大学	http：//www. ulaanbaatar. edu. mn/	无财务信息化课程
阿塞拜疆	国立经济大学	http：//unec. edu. az/	无财务信息化课程
	巴库国立大学	http：//www. bsu. edu. az/	无财务信息化课程
	阿塞拜疆国家石油与工业大学	http：//www. asoiu. edu. az/en	无财务信息化课程
格鲁吉亚	格鲁吉亚大学	https：//www. uga. edu/	无财务信息化课程
	第比利斯国立大学	http：//www. tsu. ge/en/	无财会专业
吉尔吉斯斯坦	比什凯克金融经济学院	http：//www. keu. kg/	无财务信息化课程
	美国中亚大学	https：//auca. kg/en/ auca _ at _ a _ glance/	无财务信息化课程
	吉尔吉斯斯坦国立大学	www. knu. kg/en/	无财务信息化课程
阿富汗	喀布尔大学	http：//ku. edu. af/en/ error/500？/en	无财务信息化课程
	赫拉特大学	http：//www. hu. edu. af/ introduction-2	无财务信息化课程
土库曼斯坦	土库曼斯坦经济与管理学院	http：//science. gov. tm/ organisations/economy _ institute/	有财会专业，无财务信息化课程
	土库曼斯坦国立大学（前国立马赫图姆库里大学）	无官网	—
	国家油气学院	无官网	—

（续表）

国家	著名大学	学院网址	财务信息化课程
巴基斯坦	旁遮普大学	http：//pu. edu. pk/departments/	无财会专业
	真纳大学	http：//qau. edu. pk/academic-programmes/♯	无财会专业
	国立现代语言大学	http：//www. numl. edu. pk/♯	无财会专业
	卡拉奇大学	www. uok. edu. pk	无财会专业
	白沙瓦大学	www. uop. edu. pk	无财会专业
	国际伊斯兰大学	www. iiu. edu. pk	无财会专业
乌兹别克斯坦	世界经济与外交大学	https：//uwed. uz/en/	无财会专业
	国立塔什干大学	无官网	—
	塔什干综合技术大学	www. tuit. uz/en	无财会专业
塔吉克斯坦	塔吉克斯坦国立大学	https：//tnu. tj/index. php/en/	无财会专业
	塔吉克斯坦技术大学	www. tut. tj	无财会专业
	胡占德大学	www. hgu. tj	无财会专业

　　在上述国家中，财务信息化教育发展较为成熟的国家是哈萨克斯坦和蒙古国。哈萨克斯坦国立大学在其本科专业中开设了财会专业，并在课程大纲中明确要求，学生须在本科阶段掌握财务电算化技能，学校设立信息中心，为学术提供财务电算化学习场地；蒙古奥特根腾格尔大学同样为本科专业开设会计财会专业，并在课程大纲中指出，财会本科毕业生需掌握财会电算化技能之后才可获得会计学士学位证书。

　　巴基斯坦的财务信息化的大学教育发展水平相对有限。但是巴基斯坦高等教育委员会（HEC）承认，ACCA是唯一一个在巴基斯坦获得认可的国际专业会计师资格，通过ACCA的专业阶段考试相当于在巴基斯坦学习16年所获得的学位。在巴基斯坦的国家教育框架下，通过ACCA的基础阶段考试相当于取得本国12年的法定教育时长。因此，ACCA成为该国广受认可的专业会计师资格，为该国培养了大量国际化的专业财务人才，然而巴基斯坦的国际劳务输出较多，很多掌握了专业技能的人才会选择到国外工作。

阿塞拜疆、格鲁吉亚和吉尔吉斯斯坦的财务信息化教育发展处于第二梯度。当前阿塞拜疆国立经济大学、巴库国立大学和阿塞拜疆国家石油与工业大学虽然开设了财会专业，但是由于资源限制，尚未涉及财务信息化课程培训；格鲁吉亚大学提供基础会计和审计教育，但其中尚未涉及无财务信息化内容；吉尔吉斯斯坦大学总数超过 20 所，其中一些学校开设了会计学院和会计系，另一些学校开设了会计和审计学科，但同样尚未涉及财务信息化内容。

阿富汗与土库曼斯坦的财务信息化教育发展水平相对有限。阿富汗政府并没有正式要求大学开设会计和财务课程。喀布尔大学所遵守的课程体系也未引入 IFRS 或国际审计准则，但是阿富汗国际大学（属于培训机构）开设了特许公认会计师公会（ACCA）的专业课程，为超过 400 名政府公务员提供会计培训。作为在本国领先的教育机构，土库曼斯坦经济与管理学院每年可培养 50 名财会专业人士，对于整个国家来说，财会专业人士能接受良好的专业教育的机会是十分有限的，并且在其课程培养中并未涉及任何财务信息化内容。

乌兹别克斯坦和塔吉克斯坦各大高校中并未开设任何财会专业，财会教育发展非常有限。乌兹别克斯坦和塔吉克斯坦的一部分财会行业从业人士是在苏联政权下接受的专业培训。因而，政府、专业培训机构和大学需要共同努力，提供更多会计师的培训，帮助现有专业人员应对当前经济环境的挑战。

（三）中亚国家财务信息化实践发展情况（会计师事务所及相关科技公司市场发展为主）

1. 会计师事务所

在中亚除了四大会计师事务所外，我国的立信会计师事务所和致同会计师事务所亦在中亚国家设有办公室（以下简称六大事务所）。六大事务所在业务项目中沉淀、积累的专业知识、实践经验为财会专业人士提供了财务信息化和数字科技领域的有效培训，能够为该领域输出人才。六大事务所和跨国科技公司的全球网络帮助他们有效地将国际领先的会计信息化实践引入中亚国家的客户群体。

本文基于六大事务所官方网站披露的信息，从网络中中亚成员所数量，是否有财务信息化相关业务线，是否有相关的专业洞察，以及与本地科技公司合作情况四个维度对中亚国家财务信息化实践发展情况进行分析（表3）。

（1）中亚成员所布局数量：巴基斯坦、哈萨克斯坦、阿塞拜疆排名前列，吉尔吉斯斯坦、塔吉克斯坦的成员所分布较少，土库曼斯坦和阿富汗尚未有六大事务所进驻。

（2）财务信息化相关业务线：六大事务所围绕财务信息化开展的相关业务包括：财务信息化转型咨询、信息化系统架构设计及优化、信息化系统实施咨询等。

（3）专业洞察报告：六大事务所就财务信息化主题发布研究报告、分析文章等，研究话题涵盖数字化转型领导力等。

（4）合作模式：部分六大事务所已经与大型软件公司建立合作，例如：SAP、Oracle 和 Sage Group，为客户提供定制化服务，助力财务信息化顺利转型。

表3 六大事务所在中亚国家的布局和财务信息化相关业务发展情况

国家	六大事务所	办公室数量	是否有相关业务线	是否有洞察报告	是否与科技企业合作
巴基斯坦	德勤	5	是	是	是
	普华永道	3	是	否	否
	安永	3	是	是	否
	毕马威	3	否	否	否
	致同	3	否	是	否
	立信	4	否	否	否

（续表）

国家	六大事务所	办公室数量	是否有相关业务线	是否有洞察报告	是否与科技企业合作
阿塞拜疆	德勤	1	是	是	是
	普华永道	1	是	是	否
	安永	1	否	否	否
	毕马威	1	是	否	否
	致同	1	否	否	否
	立信	1	否	否	否
格鲁吉亚	德勤	1	是	是	是
	普华永道	1	否	是	否
	安永	1	否	否	否
	毕马威	1	否	否	否
	致同	2	否	否	否
	立信	1	否	否	否
哈萨克斯坦	德勤	4	是	是	是
	普华永道	3	是	是	否
	安永	3	是	否	否
	毕马威	5	是	否	否
	致同	2	否	否	否
	立信	3	否	是	否
乌兹别克斯坦	德勤	1	是	是	是
	致同	3	否	否	否
	其他四大	1	否	否	否
吉尔吉斯斯坦	德勤	1	否	否	否
	致同	1	否	否	否
	其他四大	0	不适用	不适用	不适用
塔吉克斯坦	德勤	1	否	否	否
	致同	1	否	否	否
	立信	2	否	否	否
	其他三大	0	不适用	不适用	不适用

（续表）

国家	六大事务所	办公室数量	是否有相关业务线	是否有洞察报告	是否与科技企业合作
蒙古国	德勤	1	是	是	是
	普华永道	3	是	否	否
	安永	1	否	否	否
	毕马威	2	否	否	否
	致同	1	否	否	否
	立信	1	否	否	否
土库曼斯坦	国际六大	0	不适用	不适用	不适用
阿富汗	国际六大	0	不适用	不适用	不适用

资料来源：六大事务所中亚成员所官网。

2. 其他科技软件公司

在我国会计信息化发展历程中，IBM、微软、SAP、甲骨文和亚马逊云计算依次进入中国。

- 20 世纪 80 年代初，市场上主要是基于 DOS 平台的核算型单机软件，并以企业的定制化会计软件为主。

- 1988 年，市场出现了商品化会计软件产品，主要侧重于会计核算。

- 1996 年，我国企业开始由会计核算型软件向管理型软件迈进，ERP 成为市场的主导。

- 2005 年，财务共享服务模式开始在集团企业应用。随着互联网的广泛应用，基于 WEB 技术的 ERP 网络财务软件开始出现。

- 2008 年，我国开始迈入会计信息化标准建设阶段，大量 XBRL 的产品得到快速应用。随着"大智移云"技术的快速发展，企业开始应用财务云、智能决策系统、RPA 等产品。

参照我国的财务信息化发展历程，科技公司的进驻情况可以反映出国家财务信息化发展水平。本文基于表 4 中亚国家财务信息化领域主要科技公司的网点/用户社群/技术支持设立情况统计，可以在一定程度上帮助读

表4　财务信息化领域主要科技公司在中亚国家网点/用户社群/技术支持设立情况

	微软	SAP	IBM	甲骨文
业务类型	财务软件	财务软件	SAP实施咨询	财务软件
官网披露进驻方式	代表处	代表处	代表处	技术支持
哈萨克斯坦	是	是	是	是
阿塞拜疆	是	是	是	是
格鲁吉亚	是	否	是	是
蒙古	否	否	是	是
乌兹别克斯坦	否	否	是	是
吉尔吉斯斯坦	否	否	否	是
巴基斯坦	是	是	是	是
土库曼斯坦	否	否	是	是
阿富汗	是	否	否	否
塔吉克斯坦	否	否	是	是

资料来源：各公司官网。

者了解中亚各国目前的发展阶段。总的来说，中亚各国目前尚处于会计信息化的阶段，尚未进入财务智能化阶段。

三、建议

（一）对于投资中亚各国的中国企业

中亚各国财务信息化人才储备较少，亟须在实践层面配置资源、着力培养本国人才。投资中亚国家的中国企业可以通过派遣中国财务人员，加速提升当地财务实操人员的能力水平，也可以考虑和相对了解当地经济、社会情况的会计师事务所和科技公司合作。

（二）对于中亚各国专业会计师组织和高校

专业会计师组织和高校应将人才培养的工作作为优先事项，提前部署，基于本国数字化发展水平，做好专业人才储备规划工作；应加强国际交流合作，充分联合国际专业会计师组织、研究机构和相关企业，建立可持续的合作机制与交流平台，借助合作伙伴的专业优势和全球网络，加速本国人才培养。

（三）对于研究人员的启示

由于地域与语言原因，研究团队在获取资料时受到了很大的限制，如部分中亚国家专业会计师组织和高校的官网只有本国语言，对于境外研究人员了解其考试大纲、人才培养方案与课程设置提出了很大的挑战。ACCA 在进行《中亚国家会计基础设施比较研究》和本次研究中，大量参考了世界银行（The World Bank）相关研究"Observance of Standards and Codes（ROSC）— Accounting & Auditing"的资料，但是遗憾的是很多研究报告都是多年前发布的。研究人员建议国际智库、国际和区域资助项目可以继续关注并支持该领域的研究，同时，中亚国家有研究和语言能力的本地研究专家应加强对本国会计基础设施相关信息的普及和推广，以此促进区域间和国际合作和交流。

下 篇

会计基础设施助推
区域经济合作

后疫情时代的经济复苏与区域
经济合作

许思涛

（德勤中国首席经济学家）

　　区域经济合作何以迫在眉睫？第一，我认为这种紧
迫感是由多种因素造成的。其中最重要的一项因素是新
冠疫情导致政府间的不信任程度上升。大家可以想象到，
在此期间人们出外旅行变得困难重重，即使旅行范围仅
限于所谓的"旅行保护圈"也是如此。相类似的，各国
政府间互认征税标准这一做法亦因各国的地方政策及彼
此之间的不信任而遭到破坏。这样的情形可谓不胜枚举。
第二，随着新冠疫情的爆发，几乎所有国家都在大幅削
减利率。然而，这种局面却使得（非指本地区，而是指
位于非洲和拉丁美洲的）发展中国家以及新兴市场的处境
十分艰难，因为许多新兴市场在降低利率的同时不得不为
债务和汇率等问题忧心忡忡。新兴市场国家债务水平在
2020 年上半年呈直线上升趋势，并且有可能持续恶化。

　　除了经济问题，据了解，诸如气候变化等全球问题
也逐渐被提上政策制定者的议事日程。与此同时，即便

是贸易、移民等问题亦令诸多全球性组织感到十分棘手，当然更不要说气候变化这样的问题。因此，区域经济合作有望成为重新建立信任感或者说导致不信任程度下降的催化剂。

我们来看一下中国地区的情况。随着新冠疫情的爆发，中国经济发生了哪些变化？在后疫情时代，中国经济将呈现怎样的发展趋势？我认为未来几年的中国经济具备以下特征。

（一）新冠疫情导致中国经济发生了一些结构性变化

很多企业日益发觉提高科技水平、接受数字化转型已刻不容缓。这种情况并非仅仅源自社交距离的扩大，而是在很大程度上是被观念所驱使的。在这个交易成本上升而信任程度下降的世界上，企业必须提高自身的灵活性和适应性。显然，在这一点上中国和其他诸多的经济体相类似。

从某种意义上来说，政府将发挥更加重要的作用。中国制定的新冠疫情抗击计划的完备程度已毋庸赘言。当然，在中国，企业离不开政府方面的支持，消费者离不开财政方面的援助。在未来几年内，中国经济除了迎来强有力的经济复苏以外，还将在一定程度上经历"康复"的过程。政府将在其中发挥更加重要的作用。

与之前观点高度相关的是，我们可以看到高科技/新经济与传统行业之间的差距日益明显。在全球经济实现全面复苏之前，这种差距或差异仍将明显存在。

如果深入了解中国经济并用一句话来形容中国经济在 2020 年的发展状况，可以说，中国经济呈 V 型复苏的趋势。这是一种厚积薄发的态势。在 2020 年第三季度，经济复苏的势头颇为强劲，几乎达到了 5%。同时，2020 年第四季度有望更进一步。由于 2021 年也将继续发挥良好的基数效应，因此，2021 年上半年有可能出现两位数的经济增长率。当然，该经济增长率还不够均衡，因为中国当前的首要任务在于实现商业复苏。但我估计中国会在 2021 年将政策重点逐步转向消费者及中小型企业。①

----

① 作者成文时间为 2020 年 11 月。

如果仔细观察中国经济，你就会发现中国经济不仅充满活力而且非常强大。但是，这也体现出中国经济在最近几年的快速增长所带来的副作用，即杠杆问题。我们认为政府将在中期内（短期内还做不到）逐步解决杠杆问题，因为经济复苏才刚刚开始。

那么中国经济的现状将产生哪些影响？随着中国经济的日趋成熟，中国将从储蓄出口国蜕变为收支更加平衡的经济体。因此，资本流入在帮助中国降低杠杆率的过程中将起到举足轻重的作用。这是导致中国经济在后疫情时代继续保持开放的另一个因素。

我们可以从各种不同的角度来看待新旧经济之间的差异。在中国，我们可以看一下 2020 年以高科技为代表的上证科创板 50 指数与传统的指数即上证综合指数之间的走势对比，也可以将中国特斯拉或专门生产电动车辆的中国高科技企业与传统汽车企业股价走势作一个对比。大家很容易就能发现新旧经济之间的差距在持续扩大。

如果我们将目光从中国转向美国，那么，我们也会看到类似的情况。首先，企业确实在致力于提高生产力。与此同时，政策制定者也在设法接受新经济。这个过程既有赢家也有输家，但从中期来看它仍将提升生产力并促进新经济的发展。

（二）新冠疫情对各国政府的治理能力提出了严峻的考验

在后疫情时代，这场考验还将持续很长时间，因为各国经济都将步入"康复"期。

此外，还有一项不确定因素也不容忽视：即，各国经济日益依赖政府的支持将造成哪些影响。例如，我们是否将面临利润率降低或"僵尸企业"层出不穷的局面？在旧经济模式下，会计师能够审视未来的收入及其相应的最低预期回报率。而在新经济模式下，真正具备理解或评估这些数字的人员亦寥寥无几。因此，我们将不可避免地面临泡沫经济的风险。

我们要重视中国与东南亚地区其他国家之间的关系。关注本地区其他国家的情况的原因是 2020 年东盟已超过了欧盟和美国，一跃成为中国最大的贸易合作伙伴。中国和东盟国家不仅在经济上高度互补，而且彼此在文化方面也极具亲和力。东南亚国家能够深切地感受中国在经济方面所发挥的影响力。

与此同时，中国还是区域贸易框架——《区域全面经济伙伴协定》（Regional Comprehensive Economic Partnership，RCEP）的支持者。如果细心观察该地区（即东南亚地区）的金融行业，该地区的各个证券交易所，无论是在印度尼西亚、马来西亚、菲律宾、新加坡、泰国还是快速增长的市场——越南，其中的大部分市场均呈现碎片化的状态。

我们可以想象一下：有朝一日，我们会建立一个区域性的证券交易所。在这种情况下，会计师会不会将扮演非常重要的角色？我想答案是肯定的。

"一带一路"倡议的提出已有9年，而其本身也在经历一场变革。从最新的进展来看，中国政府强调"一带一路"倡议的高质量发展。这意味着某些在区域（如东盟）将更频繁地开展相关活动。其背后的原因如上所述。如果中美两国开展合作（当然同时也存在竞争），那么，美国企业是否有可能会参与"一带一路"的项目？我想答案是肯定的。

综上所述，在后疫情时代，中国经济将持续发生结构性变化，中国政府将发挥更加显著的作用。而且中国经济有望继续开放，这是因为中国经济已高度融入全球经济。这不同于其他一些拥有大量自然资源的大型经济体。美国大选结束后中美两国也重塑了重要的双边关系，对"一带一路"倡议会产生积极的影响。

新冠肺炎疫情、国际财务报告准则发展和未来议程

陆建桥

[国际会计准则理事会（IASB）理事]

本文重点介绍四个方面的内容：第一，理事会如何在新冠肺炎疫情背景下为全球利益相关者提供支持；第二，理事会的主旨项目——促进财务报告更好沟通；第三，理事会开展的 2020 年议程咨询，该项目结果将决定理事会未来 5 年的工作计划；第四，《可持续发展报告》。

一、应对疫情并为全球利益相关者提供支持

很显然，新冠肺炎疫情对于全球经济造成了巨大影响，对于财务报告当然也造成了深远影响。那么在疫情期间，理事会是如何应对疫情并为全球利益相关者提供相关支持的？理事会一直密切关注疫情带来的财务报告相关问题，同时也尽可能地采取措施来为利益相关者提供支持和帮助。概括来讲，相关工作主要包括以下三个方面：第一，我们根据新冠肺炎疫情的发展情况来继续支持国际财务报告准则（以下简称准则）在全球的一致应

用；第二，我们调整了部分准则项目和咨询文件发布的时间安排；第三，我们确保与利益相关者的联络不中断，能够持续和他们保持沟通，并提供必要支持。

下面将详细阐述上述三方面内容。

第一，关于我们在支持国际财务报告准则应用方面所做的主要工作。为了应对新冠肺炎疫情带来的紧急问题，确保国际财务报告准则应用的一致性，我们很早就发布了一些相关文件来指导有关会计实务。比如，早在2020年3月底之前我们就已经发布了《国际财务报告准则第9号——金融工具》的教育性材料，强调了在确定金融资产预期信用损失时充分运用所有合理和可支持的信息的重要性。我们还发布了《国际财务报告准则第16号——租赁》（以下简称国际租赁准则）的教育性材料，为如何处理由新冠疫情导致的租金减让等问题提供了指导。同时我们还非常快速地对国际租赁准则做了小范围修订，以解决承租人在新冠肺炎疫情期间运用国际租赁准则核算疫情引发的租金减让业务时的实务困难。

第二，我们调整了部分工作的时间安排，以尽量减轻全球利益相关者的负担。我们继续推进并完成了时效性要求高的项目，如《国际财务报告准则第17号——保险合同》修订项目和银行间同业拆借利率（IBOR）改革项目。我们延长了部分正在公开征求意见的准则项目的意见征询期，主要包括《通用列报与披露要求》征求意见稿、《中小主体国际财务报告准则全面审议》意见征询稿，以及《企业合并——披露、商誉和减值》讨论稿，征求意见的期间均延长3个月。我们还推迟了部分文件的生效日期，如关于《国际会计准则第1号——财务报表列报》有关流动负债和非流动负债分类的修订条款，生效日期由2022年1月1日延后至2023年1月1日。此外，我们还于2020年5月份集中发布了几项对IFRS的小范围修订。

第三，我们继续通过多种渠道保持与利益相关者的沟通与交流，满足他们的需要。我们主要通过网络会议、网络调研、在线视频以及在线研讨会等方式，保持与全球利益相关者的密切联系，此外还包括网站更新、邮件和电话等渠道强化与利益相关者的沟通。

二、促进财务报告更好沟通项目

促进财务报告更好沟通（Better Communication in Financial Reporting）是理事会自 2015 年议程咨询后所开展的主旨项目，其目的是提高财务报告的质量和透明度，向企业投资者和债权人等提供更加有用的信息。为了能够达到这样的目的，我们在以下四个方面做了相当多的努力：

（1）理事会正在针对基本财务报表（Primary Financial Statements）进行改革，特别是改进财务业绩报表，理事会拟将业绩报表中的利润按照经营活动、投资活动和筹资活动等分类列示，拟要求企业在利润表附注中披露非经常性收益或费用项目，拟规范企业管理层业绩指标（Management Performance Measures）的有关披露要求等。

（2）理事会还正在采用目标导向的方法，改进财务报表附注的信息披露要求和内容。

（3）理事会还注意到一些有用的信息披露在财务报表之外，如在企业管理层评论（Management Commentary）中披露了许多有用的信息，而投资者在据此进行投资决策。为此，理事会正在修订关于管理层评论的实务公告，拟要求企业在管理层评论中披露业务模式、战略、风险与机遇、资源与关系等方面的信息，并对有关披露目标、原则和要求进行规范。

（4）关于如何以电子格式传递财务报告信息的问题，理事会在继续及时更新和制定国际财务报告准则分类标准（IFRS Taxonomy），以满足企业电子表格或者数字化表格报告的需要。

三、2020 年议程咨询

按照国际财务报告准则基金会的应循程序，理事会每 5 年需要进行一次议程咨询，以确定未来 5 年的工作计划。因此，理事会从 2019 年开始筹备 2020 议程咨询工作，并计划于 2021 年第一季度发布意见征询稿，征求利益相关者关于理事会未来 5 年的准则项目和工作重点的意见。议程咨询的最终成果，将形成理事会 2022—2026 年工作计划。

理事会目前正在起草 2020 年议程咨询征询意见稿，在起草过程中，我们充分听取并吸纳了包括投资者、财务报告编制者、监管机构、准则制定机构以及学术机构等在内的各利益相关者的意见和建议。我们注意到，财务报告环境近年来已经发生了重大的变化。例如，新冠肺炎疫情和气候变化使企业面临着新的风险，新技术和无形资源对企业价值创造的贡献比以往任何时候都要大，数字化进程正在加速，新的商业模式不断涌现等。所有这些因素都对财务报告的发展和我们未来的准则议程产生了影响。目前，我们根据初步听取的意见，已经草拟了一份未来潜在准则项目的清单。这些项目包括借款费用、气候变化风险、加密货币、折现率、持续经营、无形资产、现金流量表及其相关事项等。所有这些项目都会被列入意见征询稿中。在收到各方的意见反馈后，理事会将讨论并确定最终的项目清单，作为理事会 2022—2026 年工作计划。

四、《可持续发展报告》

新冠肺炎疫情让我们再次认识到了可持续发展（Sustainability）的重要性。事实上，早在本次疫情爆发之前，投资者和其他利益相关者就一再指出，可持续发展信息在他们的决策中正在扮演着越来越重要的角色，他们希望有关机构，尤其是国际财务报告准则基金会能够在这方面做一些工作。

为此，国际财务报告准则基金会受托人于 2020 年 9 月发布了关于《可持续发展报告》的咨询文件。咨询文件主要就以下三个方面的问题征求全球利益相关者的意见：

第一，是否有必要制定全球性的可持续发展报告准则。

第二，如果需要制定全球可持续发展报告准则，国际财务报告准则基金会是否应当在其中发挥作用。

第三，如果国际财务报告准则基金会需要在其中发挥作用，基金会又应当如何发挥作用。咨询文件提出了一些可能的解决方案。其中之一是在国际财务报告准则基金会的治理架构下设立单独的可持续发展准则理事会，专门从事国际可持续发展准则的制定工作，与国际会计准则理事会并行。

综上所述，我想强调的是，尽管新冠肺炎疫情仍在演化，全球秩序和财务报告环境也在发生深刻的变化，理事会将继续一如既往地积极和高效地回应全球利益相关方的需求，继续致力于建立全球统一的高质量会计准则。我们将继续与包括中国以及其他亚洲各国在内的全球利益相关者一起，共同为提高全球财务透明度和金融经济的健康稳定发展做出贡献！

会计基础设施建设，助力跨国企业财务数字化转型

孙彦丛

（中兴新云高级副总裁）

一、跨国企业财务管理现状

近几年，越来越多的中国企业在国家"一带一路"倡议下走出国门，选择到境外去投资、建厂。根据商务部、国家统计局和国家外汇管理局联合发布的《2019年度中国对外投资直接统计公报》可以看到，截至2019年年底，中国在境外直接投资的企业达到4.4万家。企业规模的扩张、新兴技术的发展，以及境外面临的复杂多变的国际化环境，都对企业的财务管理提出了更高的要求。

然而，很多中国企业走出国门之后，财务管理在很多方面仍需改进。比如：在财务风险管理方面，从境内到境外，企业面临着政策、法规、融资、税务、资金、外汇管理、审计、客户回款等方方面面的风险，急需进一步提高合规风险防范能力，完善风险防范机制；在集团

管控方面，目前境内各个分支机构的财务管理水平参差不齐，财务信息系统各异，集团化整体数据基础相对比较薄弱；在财务核算和财务管理职能方面，境外的财务管理人员忙于具体事务，对于企业集团在战略规划、企业国际化经营决策支撑力度不足；在国际化人才管理方面，缺乏一支既懂当地法律法规及文化，又懂管理的国际化人才队伍，企业需要进一步完善人才梯队建设和人才发展通道。

二、财务数字化转型

1. 财务数字化转型路径

建立面向未来的全球财经管理体系，走出去的中国企业要保证在境外经营合规、风险可控，以及资产安全。在此基础上，财务团队能够有更多精力对经营和管理提供支持，特别是企业的国际化战略和国际化经营。

要做好国际化的管理，财务管理人员要实现角色的转变，即从传统的财经活动执行者转变为海外财务风险的管控者、国际财务战略的规划者、国际经营管理的驱动者等角色。这些都需要数字化的支撑。那么，跨国企业集团从信息化到数字化的转型路径是什么呢？

财务数字化转型路径可以分为三个阶段。

第一阶段：财务信息化。企业通过信息化的手段将财务的手工作业转向计算机处理，将风险控制点嵌入流程之中，从而提高财务处理流程的效率，提升用户体验，建立业务与财务的广泛连接。

第二阶段：财务智能化。企业通过 OCR 等技术智能采集数据，实现财务和业务数据的全面采集，开启财务的智能化时代。

第三阶段：未来的财务数字化。从复杂的经营过程中全面采集、分析、加工以及展示数据，实现基于数据的管理和决策支撑。

2. 会计基础设施建设

很多跨国企业海外经营和发展的会计基础相对薄弱，因此，跨国企业的全球财务数字化需要从自身的会计基础设施建设开始。2017 年上海国家会计学院李扣庆院长首次提出"会计基础设施"，其中包括国家会计制度、

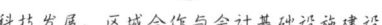

准则体系、人才体系、监管体系以及会计服务体系等。对一个企业而言，会计基础设施包括在会计准则指导之下的会计政策和会计科目体系建设、财务信息系统的搭建、财务数据体系的建设以及财务人才队伍的建设。在财务数字化过程中，会计基础设施建设工作至关重要。

对于全球会计管理来讲，我们坚持"五个统一"的管理理念，基于"五个统一"来搭建会计基础，具体包括统一会计政策、统一会计科目、统一会计流程、统一信息系统和统一数据标准。

（1）统一会计政策。对于一个跨国企业而言，它的分子公司遍布全球各地，每一个分子公司所使用的会计准则是什么？在准则指导之下如何选择当地的会计政策？又如何选择集团的会计政策？为了实现相对统一的会计政策，很多企业都做了大量尝试。

（2）统一会计科目。在会计政策相对确定之后，统一全球分子公司的会计科目体系，对纷繁复杂的经济业务进行分类、记录，是会计标准化的基础。会计科目的统一可以在源头上保证数据口径的一致性。

具体如何统一全球会计科目编码和名称，统一业务和财务核算规则，既能满足对外信息披露的要求，也能兼顾内部管理的需要，可以通过一个大型跨国集团的案例来说明。在各个国家会计准则的要求之下，选择统一的会计政策时，跨国企业需要在集团层面进行评审，搭建集团统一的会计科目体系，包括准则层、政策层、科目层和落地层。

（3）统一会计流程。每个国家分子公司和境外代表处若要实现统一的流程、统一的操作指导以及统一的数据模板，都需要由集团层面进行评估后统一搭建。

（4）统一信息系统。这也是会计基础设施建设中非常重要的环节。跨国企业集团境外各个分子公司所采用的会计信息系统往往并不一致。比如，德国子公司采用 SAP 系统，而俄罗斯子公司则采用 1C 系统。那么，面对纷繁复杂的信息系统，尤其是核算系统，跨国企业如何实现多语言展示、多币种核算、多时区配置及多个核算系统对接，如何实现整个集团信息系统的统一架构和规划，以及信息系统的国际化。事实上，对于信息系统的建设而言，跨国企业也需要在集团层面规划的基础之上，搭建一个统一的集团化信息系统平台。

（5）统一数据标准。数据是管理、分析、报告的基础，跨国企业集团需要建设标准相对统一的数据体系来完成信息的披露。比如，一个中国跨国企业在境外一般需要发布四个维度的报表，包括满足当地法规的会计核算报表、满足中国会计准则的集团合并报表、满足当地税务要求的纳税申报报表，以及满足内部管理要求的管理报表。如何实现数据标准的统一，基于一套数据体系形成报告，也是企业在会计基础建设方面的着力点之一。

3. 组织的变革——财务共享服务中心

很多大型企业集团需要通过组织的变革来实现管理的变革。比如，建设财务共享服务中心。财务共享服务中心可以通过对全球会计核算、资金、税务等基础业务的集中处理、统一规范，来实现财务报告的统一以及财务信息化，是助力集团化发展的重要管理举措和有力工具。目前，90%以上的世界500强企业，以及部分财务管理比较领先的中国跨国企业集团都已经选择采用建立财务共享服务中心的方式来支撑其全球财务管理的发展。

三、财务数字基建

企业集团走出国门之后，需要一支国际化的会计队伍，需要一套统一的数据体系，通过搭建数据体系，实现信息化建设以及未来的财务数字化转型，从而助力财务基于数据支撑管理决策。对于跨国企业集团而言，财务从信息化到数字化的未来发展，需要上升到企业"新基建"的高度去建设。财务数字基建所起的作用就像高速公路一样，通过打通和加速整个企业的经营—管理—信息体系中的数据流动，来降低企业的运营成本和提升流程效率，以数据支撑经营战略和决策，从而支撑跨国企业的全球发展。

综上所述，很多中国企业走出国门之后希望有一个能够分享经验的平台，供更多组织进行研讨、交流，如指导企业如何选择会计政策，如何做好会计实务，如何应对全球税务风险，以及如何建设全球一体化财资体系。因此，在中国企业走出去的同时，第三方的服务机构也要随着中国企业一起走出去，为跨国企业提供更好的会计、服务、律师及财务信息系统软件等。

Now More Than Ever, Public Sector Finances Need Better Understanding

Alex Metcalfe

(ACCA Head of Public Sector Policy)

As governments pour trillions of dollars into limiting the human and economic impacts of Covid-19, better measures of public sectors fiscal health are urgently required.

Having first estimated the global governmental financial response to Covid-19 at US$8 trillion, the International Monetary Fund (IMF) subsequently upped the figure to US$9 trillion.

These figures are unprecedented. The upward revision was largely due to a second wave of measures by governments as the economic fallout from the pandemic proved severer than anticipated. The total revenue and spending measures for G20 countries (US$8 trillion) account on average for 4.5% of their GDP, larger than the percentages seen during the global financial crisis more than a decade ago.

The IMF's US $ 9 trillion estimate consists of US $ 4.4 trillion in direct budget support by governments. Additional public sector loans and equity injections guarantees and other quasi-fiscal operations (such as the non-commercial activity of public corporations) account for the remaining US $ 4.6 trillion. The two figures are, however, treated differently from a public sector accounting viewpoint. The US $ 4.4 trillion is current account expenditure, but the US $ 4.6 trillion of loans and other injections sit 'below the line' in government accounts.

COVID-19 has caused a global economic downturn like no other and governments across the world have embarked on fiscal interventions of an unprecedented scale in order to minimise the long-term economic damage.

Governments have responded with conventional revenue and expenditure interventions alongside new policy interventions such as furlough schemes that subsidise firms to keep employees on their payrolls, taxable grants paid to self-employed workers affected by COVID-19, and large-scale loan guarantees to support struggling firms. The aim of these measures is to provide a lifeline to firms and households during the period governments require citizens to be economically inactive, with the hope that businesses can continue operating after restrictions are lifted.

There has also been a new focus on 'below-the-line' interventions such as guarantees and equity injections. The below-the-line interventions are not sufficiently captured in many traditional economic indicators, such as the debt-to-GDP ratio or public sector net debt. A loan guarantee, for example, would only affect debt-to-GDP if a loss is realised. These provisions or contingent liabilities can have a substantial impact on public finances if they crystallise. Between 1990 and 2014, the IMF recorded 230 contingent liability realisations with an average fiscal cost of 6.1% of the affected country's GDP. It is important, therefore, that governments adopt a balance-sheet approach to this crisis, paying attention to their public sector net worth.

In adopting a balance-sheet approach, governments will benefit from:

(1) increased clarity on the true position of the public finances, as well as an understanding of the fiscal room available for further government action

(2) improved value for money and financially sustainable policies.

(3) enhanced public sector resilience and the embedding of key financial metrics to drive performance management.

Within this ACCA and World Bank report "Sustainable Public Finances Through COVID-19", we set out the impact of COVID-19-related fiscal policy interventions on the public sector balance sheets in 10 countries, covering a diverse range of geographies and levels of development. This analysis shows that just over half of the government interventions by the 10 countries in the sample are in the form of 'below-the-line' activity.

In particular, four of the ten countries (Italy, UK, Japan and Turkey) have announced fiscal policy interventions that are dominated by 'below-the-line' interventions. For each of these countries, debt-to-GDP ratios by themselves would not accurately capture the impact of their fiscal policy responses.

The research also forecasts the net worth of the 10 countries in 2022. By then, the average net worth is forecasted to drop from negative 17% of GDP to negative 30% of GDP. The largest deteriorations in government net worth are expected to occur in the US (down 27 points) and Japan (down 20 points).

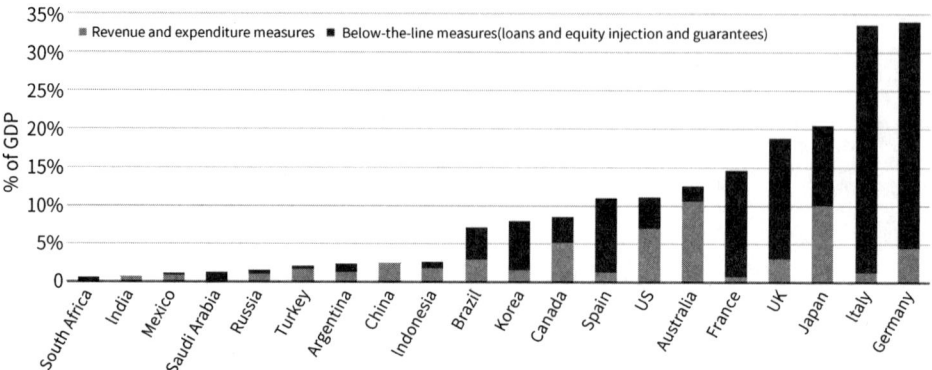

Figure 1 G20 fiscal response to the COVID-19 pandemic,

above-the-line and below-the-line measures

Source：IMF 2020a.

Table 1 Ratio of government net worth to GDP, Central scenario, 2019—2022

COUNTRY	2019	2020	2021	2022
UK	− 49%	− 59%	− 55%	− 52%
US	− 16%	− 36%	− 40%	− 43%
Japan	− 47%	− 64%	− 66%	− 67%
Italy	− 73%	− 90%	− 87%	− 85%
Brazil	− 45%	− 59%	− 60%	− 60%
South Africa	0	− 9%	− 12%	− 14%
Indonesia	10%	4%	3%	3%
Turkey	− 6%	− 13%	− 14%	− 14%
New Zealand	53%	43%	41%	40%
Canada	4%	− 3%	− 4%	− 4%

Source：Cebr analysis.

After the crisis，governments are likely to want to stabilise their spending first and then begin to rebuild their balance sheets. In the current environment，some combination of public spending cuts and tax increases will be required over time in many countries — but governments can minimise their reliance on these two measures by taking a balance-sheet approach to fostering sustainable public finances. This can be achieved through maximising the return on public assets, focusing on value for money in the use of public resources, and expanding their balance sheet analysis to take a multi-capital approach, which could include natural, human, social, and physical / financial capitals.

The central recommendation of this report is that governments must take a balance-sheet approach to managing their finances through this crisis. Balance sheet information can improve decision making, should act as the benchmark for new fiscal targets, and will support governments in using sufficient fiscal firepower to rebuild the economy for a more inclusive and greener future.

The balance-sheet approach is founded on accrual accounting but even governments operating on a cash basis can apply the mindset of balance-sheet management to their decision making. All public sector organisations maintain some form of accounting data and can consider this information when deciding whether a change represents value for money and what its implications are for net worth — even where reliable accrual information does not exist.

To be credible, public sector balance sheets must be properly prepared, audited and disclosed. Public finance professionals clearly have an important role to play in preparing the balance sheets. They can also contribute to transparency and accountability by providing clear, understandable narratives to help non-experts make decisions at a time when many countries will need to navigate a series of difficult policy choices.

Public finance professionals around the world must provide critical input to achieving sustainable public finances, applying a balance-sheet approach to the management of government decision making. It is time for balance sheet information to take primacy in informing policymakers on how to achieve an inclusive and sustainable recovery.

Summary of recommendations

The following recommendations were included in the report and are highlighted here for ease of access.

Key recommendation

In response to the COVID - 19 crisis, governments should take the following steps

（1）Governments must turn their attention to public sector balance sheets to manage their finances properly through this crisis. Balance sheet information can improve decision making, should act as the benchmark for new fiscal targets, and will support governments in using sufficient fiscal firepower to rebuild their economies for a more inclusive and greener future.

（2）Reference or implement full-accrual IPSAS, the only globally accepted accounting standards for the public sector, in the production of their general-purpose financial reports.

（3）Consider producing a consistent, multipurpose Chart of Accounts that supports the preparation of full accrual financial statements, as well as providing information for other reporting purposes.

（4）Minimise reliance on either tax increases or austerity by taking a balance-sheet approach to fostering sustainable public finances. This can be achieved through maximising the return on public assets, focusing on value for money in the use of public resources, and by expanding the scope of the public sector balance sheet to include a broader range of capitals.

(5) Consider creating an Asset and Liability Committee to provide expert advice on how best to weigh risk and return objectives to unlock the value of the public sector balance sheet.

(6) Consider the privatisation of certain public assets and services, where this will provide value for money and improve the government's financial sustainability.

① Equally, governments should avoid poor-value privatisations, which provide immediate cash but reduce public sector net worth.

② Governments not operating on a full accrual basis should be particularly careful in pursuing a policy of privatisation to fund the recovery or support the public finances, as the lack of good data increases the risk of poor value for money for citizens.

(7) Consider expanding their balance sheet analysis to take a multi-capital approach, which could include natural, human, social, and physical / financial capitals.

(8) Consider publishing a vision or overall objective that will help guide the finance function during the crisis.

(9) Reset current economic frameworks, in light of the COVID-19 crisis, and consider what fiscal rules will guide their decision making during the recovery phase.

① New frameworks should include fiscal rules that move beyond debt to GDP ratios and instead rely on public sector net worth, providing a comprehensive view of public finances that includes public assets and non-debt liabilities.

② As part of resetting fiscal limits, governments should develop medium-term plans for capital spending that support a green recovery and inclusive growth — while also considering the possible economic

multipliers arising from any public investment decision.

③ Revised fiscal frameworks should also provide a planned path to recovery, setting out how sustainable public finances will be achieved over the medium-to long-term.

(10) Consider adopting the non-authoritative guidance issued by the IPSAS Board on reporting long-term financial sustainability (RPG 1), as well as the Board's guidance on financial statement discussion and analysis (RPG 2).

(11) Direct independent fiscal policy institutions either to begin fiscal sustainability reporting or to increase its frequency. Central finance departments should be required to respond publicly to these reports in a timely manner.

(12) Require that public sector balance sheets be properly audited and disclosed. Independent audit increases the reliability and credibility of financial statements and, for qualified opinions, sets out areas of improvement.

(13) Provide Supreme Audit Institutions with the independence and necessary resources to conduct performance audits, or value for money audits, which may identify cases where public money was not used effectively, efficiently or economically in combating the COVID – 19 crisis.

(14) Finally, jurisdictions operating on a cash basis should also apply the mindset of balance-sheet management to their decision making. All public sector organisations maintain some form of accounting data, for example the purchase price of an asset from a previous financial year, and should consider this information when deciding whether a policy option represents value for money.

Policy innovations

The World Bank/ACCA study reviews innovative forms of fiscal policy that have emerged, and apply them to balance sheets to create forecasts that permit an understanding of the balance sheet effects.

Perhaps more importantly, the study will analyse the implications for recovery. "The trade-off between traditional austerity and increased taxation is going to be a really interesting dialogue in the next few months and years. But there are other ways of tackling this problem, such as looking at public sector productivity and maximising the return of public sector assets, as well as the role of public sector finance professionals within all of this." With US \$ 4. 6 trillion about to land on government balance sheets, the need for such an understanding is critical.

The role of Professional Accountant

COVID-19 has produced a health and economic crisis that is leading to acute fiscal distress for the public sector. At the same time, the sector is being called upon to support firms and households and build the foundations for a sustainable and inclusive recovery. Better financial information and thinking must be applied to help manage public finances through this crisis, in order to avoid sovereign debt defaults, a degradation of public services and — in extreme situations — civil disorder.

This is where the global accountancy profession comes in.

Professional accountants are central to building back better. First, professional accountants generate the data necessary to make the difficult, generation-defining decisions facing policymakers around the world.

Equally as important, professional accountants and professional accountancy organisations in every region of the world have been actively engaged with policymakers in devising and delivering solutions to COVID-19 related challenges. Once in place, professional accountants are on the front line of making sure those solutions function as intended and are not subject to abuse.

As a public-interest profession guided by the International Code of Ethics — and as engaged citizens — professional accountants play an instrumental role in fighting fraud and corruption. This is at the heart of what professional accountants do and is a core priority for the profession at a global level. And the data is clear: jurisdictions with greater numbers of accountants score better in international measures of corruption.

At the same time, there is a growing recognition of the link between public sector accounting and corruption, and that adoption of high-quality accrual accounting standards in the public sector leads to lower incidences of corruption. Together, professional accountants and accrual standards are the foundation of a well-functioning public sector financial ecosystem.

And integrity in this ecosystem is most critical when governments are acting quickly and decisively in the face of crises such as the COVID-19 pandemic. Looking ahead with a view to building back better, professional accountants are ensuring that governments achieve the best possible outcomes in the COVID-19 recovery and in any future crises that we must overcome.

With so much at stake, it is vital that every cent delivers on its objectives.

公共部门的财务：了解须深入，眼下正当时

亚历克斯·梅特卡夫

（ACCA 公共部门政策主管）

目前，各国政府已投入数万亿美元，力求遏制新冠疫情给人类健康和经济带来的严重影响和冲击。因此，进一步衡量公共部门的财政状况是否健康迫在眉睫。

最初，国际货币基金组织（IMF）预计全球各国政府应对新冠疫情的财政拨款总额达 8 万亿美元，随后将这一数字提高到了 9 万亿美元。

这些数字的出现是前所未有的。IMF 之所以向上修正了拨款额度，主要因为新冠疫情带来的经济影响比预期更为严重，各国政府不得不出台第二波应对措施。20 国集团（G20）国家的相关收支措施总额达 8 万亿美元，占其 GDP 的 4.5%，比 10 多年前应对全球金融危机期间的收支措施占比还高。

IMF 估算的 9 万亿美元中，各级政府提供的直接预算支持达 4.4 万亿美元，其余 4.6 万亿美元则由以下部分构成：额外的公共部门贷款、股权注入、担保和其他准财政活动（如国有企业开展的非商业目的的活动等）。但是，从公共部门会计核算的角度来看，这两笔数字的处理方式不同。4.4 万亿美元属于经常账户支出，而 4.6 万亿美元的贷款和其他形式的资金支持在政府账目中则属于"线下项目"（即非经常性项目，below-the-line activity）。

新冠疫情的蔓延已引发史无前例的全球经济衰退，世界各国政府纷纷采取规模空前的财政干预措施，旨在降低长期经济损失。

为此，各国政府出台了一系列应对措施，其中既有常规的收支干预措施，也有新的政策干预措施，如向那些推行"强制休假"计划、继续支付员工薪资的企业提供补贴、向受新冠疫情影响的个体经营者发放政府补助、为陷入困境的企业提供大规模贷款担保支持等。所有这些措施的目的只有一个，即在政府限制公民从事经济活动期间，为企业和家庭提供一条生命线，希望各企业在限制解除后的经营得以维继。

一个值得关注的重点是"非经常性"干预措施，如担保和股权注入。许多传统经济指标，如负债率（即债务占国内生产总值的比率）或公共部门净债务，都无法充分体现非经常性干预措施。例如，贷款担保只有在出现亏损的情况下才会影响负债率。如果此类准备金或者或有负债能够清楚地体现在财务报表上，人们就会看到他们对公共财政所产生的实质性影响。1990—2014 年，IMF 记录了 230 笔或有负债的实际财务影响，发现平均财政成本占到受此影响的国家 GDP 的 6.1%。有鉴于此，各国政府在应对此次疫情危机时须采用资产负债表法，时刻关注自身的公共部门资产净值。

采用资产负债表法，政府将从以下三个方面受益：

（1）更加明确公共财政的真实状况，从而了解政府采取进一步行动的财政余地有多大。

（2）提高资产配置效率，完善财务可持续政策。

（3）增强公共部门的韧性，嵌入关键财务指标，从而推动绩效管理。

在 ACCA 和世界银行联合发布了《疫情拷问全球公共财政的可持续性》报告中，我们阐述了应对新冠疫情相关的财政政策干预措施，分析了

10 个国家公共部门资产负债表的影响，样本选取充分考虑了地理范围和发展水平的多样性。该报告表明，这 10 个国家的政府干预措施，有超过半数是"非经常性"干预措施。

需要特别指出，选取的 10 个样本国家中，意大利、英国、日本和土耳其等 4 个国家已公布以"非经常性"干预措施占多数的财政政策干预措施（图 1）。对这 4 个国家而言，每一个国家的负债率均无法准确反映该国抗疫财政政策的影响。

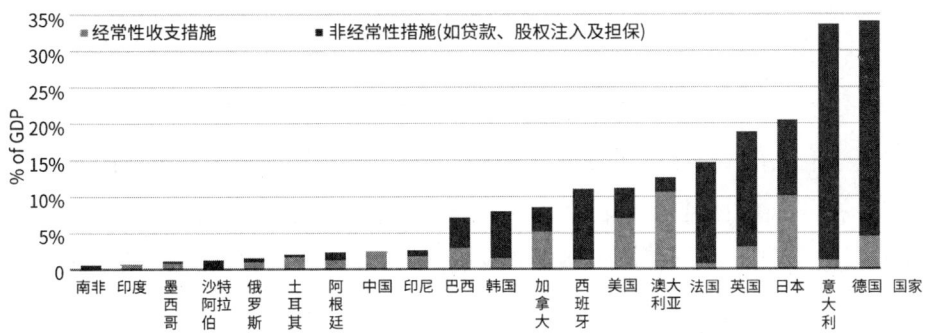

图 1　G20 各成员国针对新冠疫情采取的经常性收支措施和非经常性财政应对措施
资料来源：国际货币基金组织。

该项研究同时预测了上述 10 个国家在 2022 年的资产净值，研究认为到 2022 年，这些国家的平均资产净值将大幅下降，占 GDP 的比重将从 −17% 扩大到 −30%。这 10 个国家中，预计政府资产净值下降最多的国家是美国（下降 27%）和日本（下降 20%）（表 1）。

表 1　2019—2022 年政府资产净值占 GDP 的比重（以中央政府为编制基础）

国家	2019 年	2020 年	2021 年	2022 年
英国	−49%	−59%	−55%	−52%
美国	−16%	−36%	−40%	43%
日本	−47%	−64%	−66%	−67%
意大利	−73%	−90%	−87%	−85%

（续表）

国家	2019 年	2020 年	2021 年	2022 年
巴西	− 45%	− 59%	− 60%	− 60%
南非	0%	− 9%	− 12%	− 14%
印尼	10%	4%	3%	3%
土耳其	− 6%	− 13%	− 14%	− 14%
新西兰	53%	43%	41%	40%
加拿大	4%	− 3%	− 4%	− 4%

资料来源：英国智库经济和商业研究中心（CEBR）分析。

此次疫情结束后，各国政府很可能希望平抑自身支出，并着手重建资产负债表。在当前环境下，随着时间的推移，许多国家都需要在削减公共开支的同时增加税收，各国政府可以采用资产负债表法来提升公共财政的可持续性，从而最大限度地减少对上述两种措施的依赖。这一目标可通过以下两种方式来实现：

（1）最大限度提高公共资产的回报率，下大力气确保公共资源得以高效使用。

（2）采用多元资本的视角，扩大公共部门资产负债表的分析范围，将自然、资本、社会、实物和财务资本都纳入其中。

本报告的核心建议是：各国政府须采用资产负债表法，妥善管理自身财政，以求顺利渡过这场危机。资产负债表信息有助于各国政府制定更加完善的政策，应当成为实现全新的财政目标的基准。它将支持各国政府集中财政"火力"进行经济重建，创造更加包容、更加绿色的未来。

资产负债表法建立在权责发生制会计基础上，但即使基于现金收付制进行会计核算的各国政府，也可以在决策过程中采用资产负债表法管理思维模式。即使没有可靠的权责发生制会计信息，所有公共部门组织也都会保留某种形式的会计数据，在确定某项政策变化是否有效及其对资产净值的影响时，都采用资产负债表法管理思维模式。

为确保权责发生制会计信息的可信度，公共部门的资产负债表必须以恰当的方式编制、审计和披露。显而易见，在编制资产负债表的过程中，公共部门财会专业人士发挥着重要作用。这些专业从业者还可以清晰、易懂地对资产负债表进行解释，为非专业人士提供决策支持，从而提高公共财政透明度，改进问责制——目前，许多国家面临着一系列艰难的政策抉择，因此，财会专业人士的意见尤为重要。

世界各地的公共财会专业人士必须为实现可持续公共财政提供重要的意见，在政府决策过程中采用资产负债表法思维模式。在疫情冲击下，资产负债表信息是时候发挥主导作用，以便决策者据此信息获取真知灼见，从而实现具有包容性的、可持续的经济复苏。

本报告提出了以下建议并收录于下文以方便随时参阅。

核心建议

（1）各国政府须采用资产负债表法，妥善管理自身财政，以求顺利渡过这场危机。资产负债表信息有助于各国政府制定更加完善的政策，应当成为实现全新的财政目标的基准。它将支持各国政府集中财政"火力"进行经济重建，实现更加包容、更加绿色的未来。

（2）在编制通用财务报告时，参考或采用完整的权责发生制《国际公共部门会计准则》（IPSAS），这是全球唯一公认的公共部门会计准则。

（3）考虑制作内容一致的多用途会计科目表，以支持编制完整的权责发生制财务报表，并为其他报告目的提供相关信息。

（4）采用资产负债表法来提升公共财政的可持续性，从而最大限度地减少对增加税收或缩减政府开支的依赖性。这一目标可通过"两手抓"方式得以实现：一是最大限度提高公共资产的回报率，下大力气确保公共资源得以高效使用；二是采用多元资本的视角，扩大公共部门资产负债表的分析范围。

（5）考虑成立资产和负债委员会，提供专家建议，探讨衡量风险和收益目标的最佳方式，以释放公共部门资产负债表的价值。

（6）考虑将某些特定的公共资产和服务转为私有化运营，提升资金使用效率，改善政府的财政可持续性。

同样，各国政府应避免效率低下的私有化。这种做法虽然可以立即获取现金，但会降低公共部门资产净值；

在推行私有化政策以资助经济复苏或支持公共财政时，未完全基于权责发生制进行会计核算的政府应格外谨慎，缺乏可靠数据可能有效益低下的风险。

（7）考虑采用多元资本的视角，扩大公共部门资产负债表的分析范围，将自然、资本、社会、实物和财务资本都纳入其中。

（8）考虑发布愿景或总体目标，在疫情期间，为公共部门的财务职能部门提供指导帮助。

（9）针对新冠疫情危机，重新制定当前经济框架，并考虑在经济恢复阶段将采用的用来指导其决策的财政规则。

① 新框架在财政规则方面不应局限于负债率，而应以公共部门资产净值为基础，力图全面了解公共财政状况，同时纳入公共资产和非债务性负债。

② 作为重新设定财政限额的一部分，各国政府应制定各类中期资本支出计划，支持绿色经济复苏和包容性增长，同时还要考虑公共投资决策可能带来的经济乘数效应及其政策变化带来的连锁反应。

③ 修订后的财政框架还应提供有计划的经济复苏之路，阐明如何在中长期实现可持续公共财政。

（10）考虑采用国际公共部门会计准则委员会发布的两项指引：即《关于报告长期财务可持续性的非权威性指引（RPG 1）》，以及《关于财务报表讨论和分析的指引（RPG 2）》。

（11）指导独立的财政政策智库着手进行财政可持续性报告或增加报告频率。同时，应要求中央财政部门及时对这些报告做出公开回应。

（12）要求以恰当方式对公共部门资产负债表进行审计和披露。独立审计可提高财务报表的可靠性和可信度；若审计师给出保留意见，还应提出有待改进之处。

（13）向最高审计机构提供独立的、必要的资源，进行绩效审计或效益审计。这有助于在应对新冠疫情危机时，发现哪部分公共资金未能得到有效率、有效果或节约地使用。

（14）基于现金收付制进行会计核算的国家或地区，还应在决策过程中采用资产负债表法管理思维模式。所有公共部门组织都会保留某种形式的会计数据（比如上一财政年度的资产购买价格），在确定某项政策备选方案是否有效时，可以考虑参考该等会计信息。

政策创新

ACCA 与世界银行携手开展的联合研究审视了业已出现的财政政策创新形式，并将其应用于资产负债表，以创建预测信息，帮助各国政府了解资产负债表的影响。

或许更重要的是，这项研究将分析资产负债表对经济复苏的启示意义。在接下来的几个月乃至几年中，传统的政府开支紧缩政策与增加税收之间的权衡，将会贡献一场非常有趣的对话。但解决该问题的方法不止这一种，比如，我们还可以关注公共部门的生产力，实现公共部门资产回报最大化，以及让公共部门财务专业人士在其中各环节充分发挥作用。鉴于即将载入政府资产负债表的非经常性项目总额高达 4.6 万亿美元，清楚了解上述情况具有至关重要的意义。

专业会计师的作用

突如其来的新冠疫情，不仅带来了公共卫生危机，还引发了世界经济危机，令公共部门陷入严重的财政困境。但与此同时，公共部门成为当仁不让的领导者，不仅为企业和家庭提供支持，也为实现具有包容性的可持续经济复苏奠定基础。为避免主权债务违约、公共服务质量下降，甚至在极端情况下可能出现的内乱等，有必要运用高质量的财务信息和深刻见解，来帮助公共部门在这场危机中妥善管理好公共财政。这正是全球财会行业的切入点。

专业会计师是确保疫情后实现更好经济重建的核心所在。首先，专业会计师能够给出必要的数据，供世界各地的决策者在做出具有划时代意义的艰难决策时参考。

同样重要的是，全球每个地区的专业会计师和专业会计组织一直都在积极与相关决策者合作，共同制定并推出应对新冠疫情相关挑战的解决方案。自这些解决方案提出起，专业会计师们就一直奋战在第一线，确保方案能够发挥预期作用，且不会被挪作他用。

会计行业是接受《国际道德守则》指导的公益性行业，专业会计师作为参与其中的一员，在打击欺诈和反腐败方面发挥着重要作用。这是专业会计师一切工作的核心，也是全球范围内会计行业的核心优先事项。事实上，**数据清楚说明了一切**：会计师人数较多的国家和地区，在"国际反腐措施"一项上的得分也较高。

与此同时，公众亦日益认识到公共部门会计核算与腐败之间存在着关联，若公共部门采用高质量的权责发生制会计准则，则可降低腐败发生率。专业会计师和权责发生制会计准则共同构成了公共部门财务生态系统良性运行的基础。

面对新冠疫情等重大危机，各国政府能否迅速而果断地采取行动，很大程度上取决于这一生态系统是否完整。展望未来，为了实现重建，专业会计师正在为各国政府保驾护航，以期在疫情后的经济复苏中，以及应对我们必须克服的未来危机中，收获最为丰硕的成果。

在如此利害攸关的情况下，确保每一分钱都能花在刀刃上是至关重要的。

新冠肺炎疫情与大趋势的加速发展

汉兹·霍尔扎克

（中亚区域经济合作学院首席经济学家）

本文聚焦于因全球新冠疫情而加速发展的大趋势。本文先列举全球新兴技术，探讨这些技术对供应链和全球化组织结构的改变，以及新冠疫情对其发展的影响。然后再用部分指标来对应 CAREC（中亚区域经济合作）成员国在新兴环境中的处境，以及成员国面临的挑战及政策影响。

全球新冠疫情不仅对社会与经济产生短期冲击，也将产生长期深远的影响。疫情使得某些全球大趋势发展放缓，阻碍或逆转了部分社会事业的发展进程，如脱贫、就业、性别不平等、数据鸿沟，以及教育不平等。疫情也使某些大趋势加速了发展，最显著的是数字化趋势的加速，而碳减排，至少在欧洲也呈现出加速发展的趋势，欧洲是 CAREC 成员国碳氢化合物出口的主要市场①。全

---

① 欧盟同意从"下一代复苏基金"中拨款 30%，用于气候变化相关的支出。

球新冠疫情同时也影响了全球价值链的组织，加速了全球化运作方式的变化。部分亚洲国家，特别是中国，正在从疫情导致的经济衰退中复苏，表现优于欧美，这也加速了全球化经济重心向亚洲的转移。

这些变化意味着，CAREC 成员国不仅需要应对由疫情带来的健康威胁以及社会经济发展困境，也须加速、调整或开发相关项目，未雨绸缪，迎接因疫情而加速来临的未来。

一、技术变革

技术变革的颠覆性越来越强，以基因技术、航空技术、新材料、新型能源生产方式等为代表的技术变革从根本上改变了第二次世界大战后的世界。在几十年的发展进程中，微电子和计算机正在成为技术变革的核心。

5G 技术将进一步推动变革。新 5G 网络速率是之前技术的 100 多倍。对于工业、农业和商业用户来说，5G 最大的优势在于高容量和低时延。凭借比 4G 高出 5 倍的带宽，5G 将革新生产和分配方式。

通过市场规模体现的数字化、自动化和 3D 打印等现代技术的蓬勃发展如表 1 所示。

表 1　现代技术蓬勃发展

技术	增长
数字化 ● 物联网 ● 云计算 ● 人工现实与虚拟现实 ● 平台（区块链、电子商务、金融技术） ● 大数据分析	物联网的市场总额（物联网与分析技术收入）在五年内翻一番，从 2017 年的 2 400 亿美元增长到 2021 年的 5 200 亿美元
自动化 ● 先进工业机器人 ● AI 机器人	工业机器人库存 10 年翻了三番，从 2013 年的 130 万增长到 2022 年 400 万。专业服务机器人库存在 4 年内将近翻四番，从 2018 年 27 万台猛增至 2022 年 100 万台（主要为物流和医疗机器人）
3D 打印	增材制造的市场份额 10 年增长 10 倍，从 2015 年 50 亿美元提高到 2025 年 500 亿美元，2035 年将进一步扩大至 3 500 亿美元（复合年均增长率 2015—2035：＞20%）

资料来源：物联网数据来自贝恩咨询；工业与服务业机器人数据来自国际机器人联合会；增材制造数据来自波士顿咨询集团，引用自联合国贸发会 2020 年世界投资报告，作者对数据进行重新编排。

二、供应链重组

技术变革的浪潮改变了全球价值链的组织方式。表2展示了数字化、自动化以及3D打印如何调整生产布局。有些调整或反向而行，如内包与外包，或制造业回流与离岸外包，这取决于颠覆性技术对工业流程的影响。然而，无论全球价值链的重组具体如何体现，最终的结果极有可能是服务贸易增速高于货物贸易的现况加剧，电信、IT服务和商业服务的贸易增长更是势如破竹。

表2 全球价值链重组的新可能性

技术	影响
数字技术青睐服务化，并在碎片化的供应链中引入新的协调与控制机制	分割
先进工业机器人可以完成复杂整体序列性任务，通常把之前分割的步骤再结合	再结合
机器人减少了跨国企业利用劳动力成本差异进行套利的机会，导致生产作业从发展中国家向发达国家以及高收入新兴经济体回流	制造业回流/近岸外包
新数字技术青睐更快速、更安全有效（如区块链）的远程通信、协调与控制。3D打印实现了分布式制造，大幅扩大了生产的地理位置分布（但不一定增值）	离岸外包
高资本投资要求和制造业回流有可能降低小型第三方供应商的作用，而以跨国公司更直接的管理为主	内包
网络设备制造商和第三方供应商的服务外包日益普遍；服务化提升了第三方在生产中的地位。3D打印支持分布式生产工厂的运作和将支持性服务进行外包	外包

资料来源：联合国贸易和发展会议：《2020年世界投资报告》，数据由作者重新编排。

服务贸易不断增长，货物贸易与外商直接投资增长停滞的趋势在过去10年已经显现。新冠疫情让世界愈发趋向于无形资产类的贸易。

三、国际公司治理新形式

1990—2010年，跨国企业在联合国贸发会的跨国化指数增加了15%。

跨国公司的海外资产、海外销售和海外雇员的比例均实现增长。但是，大型跨国企业的国际化发展从 2010 年后进入了平台期。

国际化发展总体停滞的表象掩盖了三个重要的趋势：全球科技公司异军突起，中国和韩国跨国企业日益强大，轻资产式的国际投资和非股权安排下的跨国企业治理作用日趋凸显。

联合国贸易和发展会议 2019 年数据显示，在海外销售额排名前 100 的跨国企业中，科技和数字类跨国企业的比例达 18%，其海外资产占比 11%。在这些跨国科技和数字公司中，5 家来自中国和韩国：鸿海（中国台湾）、三星（韩国）、腾讯（中国）、华为（中国）以及联想（中国）。这些企业的国际化运营发展速度全球领先。

非股权、轻资产式的国际投资正逐渐成为国际公司治理的重要模式。表 3 列出了部分治理方式。

表 3 非股权模式的国际公司治理

合同制造、服务外包	在此合同关系中，1 家国际公司把自身国际价值链中的生产、服务或加工（甚至扩展到产品开发环节）承包给东道国公司。所有活动都在"外包"范畴内。服务外包通常包括支持流程的外部化，如 IT、业务和知识职能
合约农业	指国际买家与东道国农民（协会）的合同关系（包括通过中介机构），规定农产品种植和销售的条件
许可	在此合同关系中，国际公司（许可方）授予东道国公司（被许可方）使用一项知识产权的权利（如版权、商标、专利、工业设计权、商业机密）以换取报酬（特许权使用费）。许可形式可以多样，包括品牌许可、产品许可、工艺流程许可。引进授权指的是一家公司从另外一家公司获得许可；对外授权指的是向其他出售知识产权
加盟	在此合同关系中，一家国际公司（特许者）允许东道国公司（加盟商）按照特许者开发的系统模式运作业务，并获得加盟商支付的加盟费或者特许者提供的货物或服务的成本加成。特许经营包括国际区域特许经营以及单店特许经营，前者指在某市场中一家机构所有者拥有全部店面，后者指每位企业法人拥有一家或多家店面
管理式合同	在此合同关系中，一家国际公司掌握东道国资产的运营控制权，该公司作为承包商管理资产获得回报

（续表）

特许权	在此合同关系中，1家国际公司—特许经营公司掌握东道国资产的运营控制权。该公司通过管理资产来获得资产所产生的收入。特许权往往包含结构复杂的协议，如建设—拥有—移交（BOT）模式中，跨国公司可能有参股，或在特定时期内持有该资产。特许权法律架构形式多样，包括公私合作伙伴关系（PPP）
战略联盟，契约式合营	在此合同关系中，两家或更多家公司共同追求一项商业目标。合作方可以为联盟提供产品、分销渠道、生产能力、资本设备、知识、专业知识或者知识产权。战略联盟涉及知识产权转移，专业化分工合作，共摊成本，共担风险。合同规定各方的条件、义务与责任，但是不会由此构成新的法律实体

资料来源：联合国贸易和发展会议，2011年世界投资报告。

非科技公司的供应链全面数字化才刚刚起步。科技公司在轻资产式国际合作中领先于其他公司。表4按照海外销售额占公司总销售额的比例，以及海外资产占公司总资产的比例对行业进行分类，衡量海外资产在海外销售中的作用。结果显示科技公司轻资产程度最高，且随着时间的推移轻资产程度进一步加深。电力与石油精炼仍旧属于重资产行业，且有加剧之势。从工业平均水平看，2010—2019年，资产的作用没有发生变化。然而，随着新技术的进步，以及科技公司在国际经济中地位的提升，现有格局将被改变，未来将涌现更多轻资产式投资和非股权安排下的国际公司治理。

表4　海外销售与海外资产*

	2010 年			2015 年		
	海外资产比例	海外销售比例	海外销售/海外资产比	海外资产比例	海外销售比例	海外销售/海外资产比
科技公司	51%	71%	1.39	41%	73%	1.78
汽车与航空业	53%	68%	1.28	53%	71%	1.34
其他制造业	67%	75%	1.12	62%	71%	1.15
化学与医药	59%	69%	1.17	64%	68%	1.06
总比例**	62%	64%	1.03	62%	64%	1.03

（续表）

	2010 年			2015 年		
	海外资产比例	海外销售比例	海外销售/海外资产比	海外资产比例	海外销售比例	海外销售/海外资产比
食品、饮料与香烟	81%	82%	1.01	90%	87%	0.97
初级行业	68%	68%	1	76%	68%	0.89
通信	76%	65%	0.86	66%	57%	0.86
电力	61%	55%	0.9	55%	47%	0.85
石油精炼与其他相关行业	69%	63%	0.91	73%	60%	0.82
其他	47%	43%	0.91	64%	38%	0.59

注意：
① 数据基于联合国贸易和发展会议世界百强跨国公司。
② 根据 2020 年世界投资报告统计，2017—2019 年，海外资产的比例为 58%，海外销售比例为 60%。海外销售与海外资产的比例保持不变，仍为 1.03。
资料来源：联合国贸易和发展会议：《2017 国际投资报告》，数据由作者重新编制。

四、由于新冠疫情而加速的趋势

个人和企业的行为在全球新冠疫情期间发生了重大改变。网络互动的暴增将至少在部分领域成为常态。麦肯锡在新冠疫情期间做了一项美国数字化景气调查，结果显示在第一次使用数字化服务的受访者中，75%的人表示他们会在疫情结束后继续使用数字化服务。

新冠疫情极大地助推了远程办公模式的应用。在美国 IT 行业，多达 84%的人在疫情早期阶段远程办公，比疫情爆发前高出 75%。哪怕是在制造业，在家办公的比例也达到了 61%。虽然远程办公的缺点不少，如失去与同事的即兴交流，但总体上远程办公和虚拟互动仍优势颇多，它能节约成本、减少通勤时间、加速会议进程、扩大人际圈等。虽然疫情结束之后一部分人将回归办公室，但是密集的虚拟互动不会因此减少。

数字生活的普及将进一步加速数字技术在生活中各领域的应用，同时，这种普及也提升了相关技术的发展。虽然全球新冠疫情导致财务状况恶化、投资信心不足、投资减少，最终使得一些新技术的应用步伐放缓，但从中长期看，技术应用仍将提速。原因之一在于新环境适应能力差的公司将被淘汰，或者至少地位低下。

五、中亚区域经济合作何去何从

新冠疫情不仅带来短期的重大社会经济冲击，它对全球发展趋势的改变亦将对 CAREC 成员国产生长远影响。

由于全球价值链的重组，一国吸引跨国企业入驻经营，引进相关FDI，鼓励本地采购，创造当地就业的难度加大，若该国还面临基础设施缺失、合格劳动力短缺、本地供应商技术与商业水平欠缺等问题，则会使其发展雪上加霜。与此同时，参与全球价值链的机遇也在上升，但是供应链数字化将使全球价值链变得更加平台化，使资产轻量化。这意味着对数字基础设施的软硬件质量要求更高，对本地劳动力和供应商的能力要求更严。

CAREC 各成员国的数字化预备水平参差不齐。土库曼斯坦、哈萨克斯坦、格鲁吉亚的移动电话用户数量较大、整体水平比较发达，而阿富汗、巴基斯坦和乌兹别克斯坦则仍需奋力追赶。对产业发展更重要的宽带接入更能反映各国的数字化预备水平。中国、格鲁吉亚和阿塞拜疆的宽带发展水平良好，而阿富汗、塔吉克斯坦和土库曼斯坦则处于低端发展水平。

世界银行的"数字化应用指数"把哈萨克斯坦、格鲁吉亚和阿塞拜疆列为中亚国家中预备水平第一梯队，土库曼斯坦、塔吉克斯坦和阿富汗排名垫底。该指数也衡量了政府、企业与大众这三个领域的数字化应用水平。其中，吉尔吉斯斯坦、蒙古、塔吉克斯坦和土库曼斯坦在"企业"指数中表现最佳；其他所有 CAREC 成员国均在"政府"指数中排名最高。一些 CAREC 成员国电子政务项目的运作相对成功，但其对私有行业的支持力度仍需加强。

尽管国际服务贸易蒸蒸日上，除中国以外的 CAREC 成员国①服务贸易发展却停滞不前，在全球服务贸易的占比已从 2012 年顶峰时期的 0.56% 下降到 2019 年的 0.46%。这表明这些国家并未秣马厉兵，抓住服务行业，包括旅游业的时代发展机遇。另外，此区域地缘战略位置得天独厚，却未能充分利用交通要塞日进斗金。CAREC 成员国需提升性价比合理的服务能力，并认真研究中国服务进口增长给自身带来的新机遇。

除中国以外的 CAREC 成员国的服务进口同样停滞不前。部分是因为油田开发的现有阶段导致哈萨克斯坦采矿工程服务减少，更令人担忧的是停滞反映了对使用海外先进服务的需求不足，如金融服务、ICT 服务等服务和如专利、实用新型、商标和注册设计等知识产权，这会给区域经济与社会发展带来负面影响。

包括各大国际金融机构在内的众多机构正全力支持各经济体走出全球新冠疫情的阴影、重返发展轨道，它们以"高质量复苏"为口号，以全球经济的绿色发展为重要目标。

虽然大部分 CAREC 成员国的二氧化碳排放量与其人均 GDP 水平相符，但是哈萨克斯坦、土库曼斯坦、中国和蒙古国产生的二氧化碳大幅超过其人均 GDP 对应的水平。这些国家的工业结构部分导致了过高的排放量，但是随着服务业的发展，以及发电、远程供热、交通与施工建设等领域减排潜力的释放，这些国家的排放量将逐步下降。出于保护环境以及民众健康的目的，这些国家也需减少排放（二氧化碳和其他）。哈萨克斯坦和阿塞拜疆是受全球减碳行动影响最大的国家。矿石燃料占了哈萨克斯坦 2019 年出口额的 67%，矿石燃料中的 59%（占哈萨克斯坦总出口的 39%）出口至欧盟。矿石燃料占阿塞拜疆 2019 年出口额的 90%，这其中 55%（即占总出口的 50%）出口至欧盟。欧盟国家同意在"新一代复苏基金"——新冠疫情支持基金中拨款 30% 用于气候变化相关的支出。哈萨克斯坦和阿塞拜疆必须认真思索如何增加产品种类，扩大出口目的地范围，

---

① 中国的服务贸易在 CAREC 区比重太高，且战略地位特殊，因此考察该区域的指标应排除中国才能真实揭示现状。

以维持出口收入水平。

在过去 20 年，除中国以外的 CAREC 成员国的 FDI 保持了强劲增长，大部分 FDI 流向了矿业，其中哈萨克斯坦占比最高。随着项目进入成熟期，加之碳氢化合物出口前景黯淡，如今投资增长出现平缓迹象。CAREC 国家可能会遭遇外部融资减少，但因新冠抗疫对外部资金需求反而增加的窘境。通过 FDI 开展的技术转移可能会放缓，而除中国以外的 CAREC 成员国接受的非矿业领域的 FDI 微乎其微。为了应对 FDI 的匮乏，CAREC 成员国需加倍努力，用切实可行的非矿业项目吸引更多 FDI，进一步改进商业环境，提供便利的基础设施。惠及整个区域或者至少一个以上国家的区域项目合作也具有极高的重要性。此外，必须探索与轻资产投资模式相关的商业机遇，进一步发展健全法律环境，满足新兴投资模式的需求。

抗击疫情，实现"高质量复苏"，着眼长远发展，其关键前提是力争创新。创新能保证合理参与全球价值链，创造多样化收入来源，实现经济绿色发展，克服减碳挑战，创新亦是现代化发展的前提。中国、格鲁吉亚和蒙古国的创新表现不俗，其他国家则须奋发图强，建立良好的科学和体制环境，实现经济现代化。

六、结论与政策意义

全球新冠疫情将对世界和 CAREC 区域产生深远影响。它使某些发展趋势放缓，特别是在社会发展领域，但加速了技术变革，并将改变全球化和供应链组织的方式。各大全球机构和区域应竭尽心力，实现"高质量复苏"，加速减碳步伐。CAREC 成员国应顺势而为，做好以下准备：

（1）加速数字化。

（2）实现多样化发展，扩展到国际价值链的新领域。

（3）加速自身绿色发展，应对国际减碳工作。

并需采取以下行动：

（1）升级数字基础设施、电子政务与金融技术。

（2）实现区域合作，推动服务贸易，包括旅游业的发展。

（3）开展区域合作，吸引 FDI。

（4）制定相关法律和政策，促进轻资产式的投资和非股权安排下国际公司治理的发展。

（5）提升国家创新体制的效率。

（6）进一步改革高等教育和职业教育，特别是技术教育。

（7）修改税法与税收政策，把数字经济的增加值纳入征税范围。

（8）制定完整的绿色发展政策体系。

（9）制定完整的政策体系，应对技术变革加速带来的社会影响。

后　记

　　2017 年以来，上海国家会计学院积极响应"一带一路"倡议，首次提出"会计基础设施"这一重要概念，成立"一带一路"会计研究中心，聚焦"一带一路"会计基础设施问题开展年度研究，召开高层研讨会，持续发出"一带一路"会计好声音。

　　2019 年 4 月 25 日，第二届"一带一路"国际合作高峰论坛在北京举行，论坛举办期间，财政部正式发布五项重要成果，其中包括我院与中亚区域经济合作学院、亚洲开发银行、英国特许公认会计师公会（ACCA）等机构联合启动的"中国-中亚会计精英交流项目"。这一项目主要面向中国和中亚各国会计领域相关部门的官员，以及企业、行业协会、会计师事务所和其他会计理论与实务界的专家，通过定期研讨、访问交流等多种形式，围绕会计制度体系建设、会计人才培养、会计监管体系建设、会计服务体系建设、技术变革与会计发展等进行深入研讨和交流，这对于夯实中亚国家会计基础设施具有重要意义。2019 年，我院携手中兴新云服务有限公司和 ACCA，依托"一带一路"会计研究中心，聚焦中亚国家的会计基础设施问题开展课题研究，对巴基斯坦、乌兹别克斯坦、哈萨克斯坦、阿富汗、阿塞拜疆、土库曼斯坦、塔吉克斯坦、吉尔吉斯斯坦、格鲁吉亚和蒙古国等中亚 10 国的会计准则、会计制度、会计环境、会计人才培养和会计信息化等问题展开比较分析，形成了两份课题研究报告。

2019 年 7 月 10 日，有鉴于科技发展对夯实会计基础设施、助推"一带一路"的重要作用，我院联合中国会计学会、特许公认会计师公会（ACCA）、德勤中国、浪潮集团有限公司和用友网络科技股份有限公司，在立信会计出版社的特别支持下，举办了"科技发展与会计基础设施"主题高层研讨会。研讨会邀请了巴基斯坦特许会计师协会、斯里兰卡会计准则实施解读委员会、ACCA、德勤、京东集团、浪潮集团、用友网络、中兴新云、中交资产、吉贝克信息技术和立信会计出版社等企业组织的国内外嘉宾，围绕"科技改变会计""会计基础设施建设：现状与挑战""会计基础设施建设：科技创造机遇"和"科技发展与会计：畅想未来"四个专题展开讨论，取得了丰硕的成果。

2020 年，突如其来的新冠疫情对世界经济带来前所未有的冲击，加强区域经济合作来应对疫情挑战成为各国的共同选择。因此，我院联合中亚区域经济合作学院、ACCA 和德勤中国主办了"会计基础设施助推区域经济合作"线上研讨会。研讨会邀请了中亚区域经济合作学院、国际会计准则理事会、ACCA、德勤中国和中兴新云等企业组织的嘉宾，围绕"后疫情时代的经济复苏与区域经济合作：挑战与展望"和"会计基础设施与区域经济合作：创新和发展"两个专题展开了热烈的讨论。

在各方的共同努力下，特别是来自政府部门、学术界、企业界的专家们的大力支持下，在上海国家会计学院举办的两次研讨会均取得了成功，为了让更多的人士从研讨会的成果中受益，我们成立了编辑小组，请所有专家对演讲稿和研究报告进行了进一步的修改、充实和完善，并将部分专家观点翻译成中英文两个版本，便于国内外的朋友作参考。现在呈献在大家面前的就是研讨会的演讲专家、课题组成员和编辑组成员们辛勤劳动的成果。

在这本文集即将付印出版之际，我要对担任本书联合主编并发表演讲、贡献智慧的白容（Helen Brand）、刘明华、魏代森、付建华、陈虎表示衷心的感谢。我要特别感谢国际会计准则理事会（IASB）理事陆建桥、德勤中国首席经济学家许思涛、德勤中国审计及鉴证创新领导合伙人金科、京东集团副总裁蔡磊、吉贝克信息技术（北京）有限公司董事长刘世平、立信会计出版社前社长窦瀚修、中兴新云高级副总裁孙彦丛和中兴新云副总裁赵旖旎等所有演讲专家的支持。无论是研究工作的开展还是论坛的组织，抑或是这本文集的编辑出版，都是精诚合作、协同努力的结果。我还要感谢立信会计出版社的编辑们为本文集出版付出的艰苦努力。最后，我要感谢为本书出版付出巨大努力的幕后英雄们，他们是 ACCA 的梁淑屏、于翔天、朱晓云、钱毓益和赵蕾，德勤的任铮，用友网络的李春影，中兴新云的付博，以及上海国家会计学院的葛玉御、刘梅玲、刘曜榘、刘晓强、傅秋莲、吕晓雷和何榕等。

在机遇与挑战并存、逆全球化与推进全球化的力量相互交织的当今世界，面对百年未有之大变局，各国应团结一致，加强国际经济合作，共同构建人类命运共同体。作为促进互联互通商业语言的会计，应在国际经济合作中发挥更加积极的作用，愿我们携手推进会计准则协调，加强会计人才培养，夯实会计基础设施，助力"一带一路"行稳致远。

上海国家会计学院党委书记、院长

李扣庆

2021 年 7 月 7 日